Religion
vernetzt
12
KÖSEL

Religion vernetzt

Unterrichtswerk für katholische Religionslehre an Gymnasien

Herausgegeben von
Prof. Dr. Hans Mendl und Prof. Dr. Markus Schiefer Ferrari

Religion vernetzt 12

Erarbeitet von Nadine Bauer, Marcus Güll-Uhrmann, Alfred Hüttinger,
Klaus König, Hubert Limmer, Stephan Wrana, Silke Zettlmeißl

FSC Mix
Produktgruppe aus vorbildlich bewirtschafteten Wäldern und anderen kontrollierten Herkünften
www.fsc.org Zert.-Nr. GFA-COC-001298
© 1996 Forest Stewardship Council

Verlagsgruppe Random House FSC-DEU-0100
Das für dieses Buch verwendete FSC-zertifizierte Papier
Hello Fat Matt 1,1 liefert Condat, Le Lardin Saint-Lazare, Frankreich.

Zugelassen als Lehrbuch für den katholischen Religionsunterricht
von den Diözesanbischöfen von Augsburg, Bamberg, Eichstätt,
München und Freising, Passau, Regensburg und Würzburg.
Rechtschreibreformiert (2006), sofern keine urheberrechtlichen Gründe dagegenstehen.

Umschlagentwurf: Kaselow Design, München
Satz: Kösel-Verlag, München
Druck und Bindung: Kösel, Krugzell
Printed in Germany

ISBN: 978-3-466-50721-4

Der Kösel-Verlag ist Mitglied im Verlagsring Religionsunterricht (VRU).

vru verlagsring religionsunterricht

www.koesel.de

Unterrichtswerk für katholische Religionslehre
an Gymnasien

Religion vernetzt

Erarbeitet von
Nadine Bauer,
Marcus Güll-Uhrmann,
Alfred Hüttinger,
Klaus König, Hubert Limmer,
Stephan Wrana, Silke Zettlmeißl

Herausgegeben von
Prof. Dr. Hans Mendl und Prof. Dr. Markus Schiefer Ferrari

12

Kösel

Inhalt

Enzyklika
unseres Heiligen Vaters
Papst Leo XIII.
RERUM
NOVARUM

Liebe Schülerinnen, liebe Schüler in der gymnasialen Oberstufe,

im letzten Schuljahr am Gymnasium sollen Sie sich eine fundierte religiöse Grundbildung erwerben. »Religion vernetzt« will Sie dabei zum selbstständigen Denken und eigenverantwortlichen Arbeiten anregen. Sie sollen Ihr Welt- und Selbstverständnis in Auseinandersetzung mit den wesentlichen Perspektiven und Aussagen des christlichen Glaubens und mit den Anfragen von philosophischer, psychologischer und naturwissenschaftlicher Seite aus klären. Im Zentrum dieses Schuljahres stehen Fragen der Ethik sowie der verantwortlichen Welt- und Zukunftsgestaltung. Wenn Sie Ihre Schulzeit beendet haben, sollen Sie über die spezifische Art und Weise, wie Religion die Wirklichkeit in den Blick nimmt, und über das Wesen und die Grundüberzeugungen des christlichen Glaubens Auskunft geben können sowie einen eigenen, reflektierten und verantwortlichen Standpunkt in Lebens- und Glaubensfragen gewonnen haben.

Die einzelnen Kapitel sind so aufgebaut:

Das Bild auf der TITELSEITE lenkt Ihren Blick auf das Thema.

Die KONTEXT-Seiten beleuchten, in welch verschiedenen Zusammenhängen man das Thema sehen kann.

Die PINNWAND bietet viele Anregungen, wie Sie sich aktiv und selbstständig mit dem Thema beschäftigen können. Die Aufgabenstellungen beziehen sich auf verschiedene Seiten des Themenbereichs. Entscheiden Sie sich gemeinsam mit Ihrem Religionslehrer oder Ihrer Religionslehrerin in der Klasse, welche Ideen Sie umsetzen wollen! Auf der Pinnwand finden Sie außerdem zwei Informationskästen, die das Kapitelthema mit dem Wissen aus den vergangenen Jahren verknüpfen und Vernetzungen zu Fragestellungen in den anderen Kapiteln dieses Buches herstellen.

Auf den ORIENTIERUNGS-Seiten finden Sie grundlegende Informationen zum Thema: Die jeweilige Fragestellung wird von verschiedenen Blickwinkeln her systematisch erschlossen: worin die gesellschaftliche Herausforderung besteht, welche verschiedenen Positionen es gibt, was Kirche und Theologie dazu meinen, welche prinzipiellen Folgerungen sich für das Leben und den Glauben der Menschen ergeben. Die Impulse und Aufgaben regen dazu an, die Informationen gründlich zu verarbeiten, sich mit eigenen Gedanken und Gefühlen, Einstellungen und Überzeugungen mit dem Thema zu »vernetzen« und so eine eigene Position zu gewinnen.

Die PERSPEKTIVEN-Seiten stellen die Lebensbedeutung des Themas für Menschen verschiedener Zeiten heraus. Wir hoffen, dass auch Sie einladende Perspektiven und Aktionsfelder für Ihr Leben und Ihren Glauben entdecken!

Die AKZENT-Seite bringt auf ganz unterschiedliche Weise die zentralen Anliegen des Themas auf den Punkt und will zum Weiterdenken motivieren. Sie finden hier auch exemplarische Prüfungsfragen: Diese entsprechen in den Anforderungsprofilen dem Niveau der Prüfungsaufgaben für ein Abitur in katholischer Religionslehre.

In den Kapiteln finden Sie bei Begriffen oder Namen immer wieder folgendes Zeichen: (*). Damit werden Sie auf das LEXIKON »Theologie kompakt« hinten im Buch verwiesen. Hier werden die Begriffe in alphabetischer Reihenfolge mit Text und Bild erklärt.

Ihre Autorinnen, Ihre Autoren und Ihre Herausgeber

1 Ethisch handeln

Wie würden Sie entscheiden?

Diese Frage begegnet als Titel von Fernsehsendungen, im Internet in Foren, Blogs und auf Webseiten. Der Alltag ist davon geprägt, Entscheidungen zu treffen: Schon morgens steht für manche die Frage im Raum, ob der Schulweg mit dem Fahrrad oder mit dem Bus zurückgelegt wird; und abends wartet z. B. ein Telefonat, das schon so lange aussteht und jetzt geführt werden könnte ... In den meisten Situationen stehen mehrere alternative Handlungsmöglichkeiten zur Wahl.
Neben solch alltäglichen Entscheidungen werden Menschen aber auch vor Probleme gestellt, welche die Frage nach dem *richtigen* Handeln aufwerfen:

- Ist die Aussaat von gentechnisch verändertem Mais falsch?
- Soll Sterbehilfe legalisiert werden?
- Trägt der Einsatz von Blauhelmsoldaten dazu bei, auf Dauer Frieden und Stabilität zu erreichen?

So kommen zu der Frage »*Wie* würden Sie entscheiden?« noch andere hinzu: »*Warum* entscheiden Sie *so* und nicht anders?«, »Welche *Beweggründe* haben Sie, welche *Richtlinien* berücksichtigen Sie, um richtig zu handeln?«, »Gibt es Handlungsalternativen und wie sind diese jeweils zu *bewerten*?«
Am letztgenannten Beispiel oben wird deutlich, dass auch das Unterlassen einer Handlung auf einer Entscheidung beruht. Eine solche Entscheidung und das damit verbundene oder unterlassene Handeln geschehen nicht isoliert, sondern beides betrifft andere Menschen als Einzelpersonen oder als Gemeinschaft. Die Vernetzungen individuellen Lebens und der Welt sowie die Fülle der Entscheidungssituationen zwingen dazu, Regeln festzulegen, die dem Handeln einen Orientierungsrahmen setzen. Dazu gibt die Moral Lebensregeln vor und die Ethik* entwirft die Theorie der Lebensführung.

In diesem Kapitel des Schulbuchs werden Sie vertraut mit den Grundlagen ethischen Denkens und ethisch begründeten Handelns. Durch die Betrachtung konkreter Beispiele – z. B. einer Kontaktaufnahme in einem Chatroom (9) – sollen u. a. die Fragen »Wie würden Sie *in diesem konkreten Fall* entscheiden?« und »Welche Gefühle, Motive, Werthaltungen, Gesetze und Normen (18 f.) veranlassen Menschen, auf eine bestimmte Weise zu denken bzw. zu handeln?« beleuchtet werden. Auch wenn es in der Gesellschaft eine Vielzahl an Lebensanschauungen und damit einen Markt an Möglichkeiten gibt, der bei einer Entscheidung befragt werden kann, steht hier vor allem die Frage nach dem richtigen Handeln im Horizont christlicher Ethik im Mittelpunkt.
Gerade der Wertepluralismus macht deutlich, dass Werte wie z. B. die unbedingte Achtung menschlichen Lebens oder der Respekt vor geistigem Eigentum immer wieder hinterfragt werden. Durch die Einflussnahme der Medien, insbesondere des Internets, auf nahezu alle Lebensbereiche und die damit häufig verbundene Anonymität der Nutzer (vgl. »Webciety«, 10) können das Wertebewusstsein und die Akzeptanz von Normen verändert werden. Trotz des Wertewandels und der damit verbundenen Normenentwicklung gibt es im christlichen Glauben Grundwerte und Modelle der Normenbegründung (18 ff.), welche die Basis für das Verständnis von Welt und Mensch bilden. Sie können in konkreten Entscheidungssituationen und Gewissenskonflikten herangezogen werden und ermöglichen mithilfe der Schritte zur ethischen Urteilsfindung (16) eine mit dem Gewissen vereinbare Entscheidung.

- ▶ Erstellen Sie eine Liste mit fünf Werten, die für Ihr Leben von zentraler Bedeutung sind.
- ▶ Zeigen Sie die Werte aus Ihrer Liste auf, die auch für die Gesellschaft als gültig und wichtig bezeichnet werden können. Welche der bisher genannten Werte würden Sie jenseits einer individuellen Wahl als allgemeingültig für die Weltgemeinschaft bezeichnen?
- ▶ Beschreiben Sie nach einer kurzen Durchsicht des gesamten Kapitels in eigenen Worten, welche Dimension ethischen Entscheidens und Handelns auf der jeweiligen Doppelseite thematisiert wird.

Zwischen Freiheit und Verantwortung

Für die jüdisch-christliche Ethik ist der Mensch das Wesen, das über sich und sein Verhalten nachdenken und zu sich selbst kritisch Stellung beziehen kann. Diese Fähigkeit zur Selbstreflexion ist zugleich die Grundlage, dass der Mensch in Entscheidungssituationen frei und bewusst handeln kann. Er kann jedoch für sein Tun auch zur Rechenschaft gezogen werden, denn nach biblischem Verständnis der Gottebenbildlichkeit des Menschen ist der Mensch für sein Tun auf besondere Weise auch verantwortlich.
Folgende Begebenheit fordert eine ethische Entscheidung heraus und stellt die Frage nach der Verantwortlichkeit: *Wie würden Sie hier entscheiden?*

Sara (19) arbeitet schon zwei Jahre als Grafikerin in einer Werbeagentur. Abends vertreibt sie sich ihre Zeit oft in Chatrooms, weil sie nach der Trennung von Kevin noch keinen neuen Freund gefunden hat. Eigentlich möchte sie nur entspannen und ein bisschen Spaß haben.
Eines Abends beginnt sie einen Chat mit Albert, der sich als 22-jähriger Student vorstellt. In dessen Leben passt momentan überhaupt nichts mehr, nachdem er sich von seiner Freundin getrennt hat und durch die Zwischenprüfung an der Uni gefallen ist. Seine Eltern drängen ihn, nebenbei noch mehr zu arbeiten, damit er ihnen nicht so sehr auf der Tasche liege.
Innerhalb einer Woche entwickelt sich zwischen Sara und Albert ein intensiver Austausch über das Internet und sie entdecken viele Gemeinsamkeiten und gleiche Interessen. Sara erzählt Albert auch, dass sie sich heimlich Geld verdiene, indem sie Internet-Seiten in ihrer Freizeit designe und programmiere, was ihr laut ihrem Arbeitsvertrag eigentlich verboten wäre. Beide schicken sich Bilder voneinander, und Sara findet ihre neue Internetbekanntschaft richtig hübsch. Albert unterliegt aber Stimmungsschwankungen, sodass sich Sara oftmals wie eine Therapeutin vorkommt. Meist kann sie ihn aufrichten und der Chat macht auch ihr wieder große Freude. Eines Abends bekommt sie eine Nachricht, der sie entnimmt, dass Albert total verzweifelt ist. Seine Eltern haben den Geldhahn völlig zugedreht und seine Mitbewohner aus der Studenten-WG wollen ihn offensichtlich noch vor Monatsende loswerden. Albert bittet Sara, ihm Geld zu leihen, das er ihr nach und nach wieder zurückzahlen wolle, da er ja einträgliche Jobs in Nachtlokalen habe. Er übermittelt ihr eine Postfach-Nummer mit der Bitte, 500 Euro in einem Umschlag dorthin zu bringen, und gibt ihr seine Handy-Nummer. Sara antwortet auf die Mail, versucht Albert aber deutlich zu machen, dass sie ihm das Geld nicht geben wolle, da sie ihn noch zu wenig kenne. Daraufhin lädt Albert sie ein, am kommenden Abend in das Nachtlokal zu kommen, in dem er momentan arbeite, das aber – wie Sara herausfindet – in einer »verrufenen« Gegend liegt. Deshalb geht sie auch auf diese Bitte nicht ein.
Kurz vor Mitternacht kommt dann noch eine Nachricht von Albert: Er könne einfach nicht mehr, denn nun habe er auch noch seinen Job verloren ...

- Zeigen Sie in Form eines Mindmaps mögliche Handlungs- bzw. Entscheidungsalternativen auf, die Sie für Sara sehen.
- Benennen Sie Faktoren, die Sara bei ihrem Vorgehen berücksichtigen muss.
- Erörtern Sie, welche Gefühle, Motive, Werthaltungen, Gesetze und Normen (14 f.) Menschen veranlassen, wie Sara oder Albert zu denken bzw. zu handeln.

Gesellschaft und Normen im Wandel

In regelmäßigen Abständen belegen Sozialforscher durch Studien, dass und inwiefern sich die Gesellschaft wandelt. Mit veränderten Einstellungen z. B. zu Politik, Umwelt oder der Zukunft gehen nicht selten auch Veränderungen im Wertesystem einher. *Werte* sind Leitvorstellungen, die ein wünschenswertes und allgemein akzeptiertes Ziel (z. B. Gerechtigkeit) bezeichnen und so das ethische Handeln bestimmen. Dieses Ziel ist umfassender als eine Norm, weil es den Menschen noch nicht auf eine bestimmte Handlungsweise festlegt, sondern die Basis vieler möglicher Handlungen sein kann. Werte können aussterben (z. B. »hövescheit« – gesittetes Benehmen und Handeln am »Hofe«), ihre Bedeutung verändern (z. B. Demut – jmd. demütigen) oder auch neu entstehen (z. B. Lebensqualität). Norm im Alltagsgebrauch meint einen nach pragmatischen Gesichtspunkten festgelegten Maßstab (z. B. DIN-Norm) oder einen Durchschnittswert (»normal«).
Normen in der Ethik sind Regeln, Maßstäbe und Vorschriften, denen meist Werte zugrunde liegen. Sie bieten Hilfe für verantwortliches Handeln und erleichtern die (Gewissens-)Entscheidung des Einzelnen, damit ein geordnetes Zusammenleben der Menschen möglich wird. Normen und Werte sind zeit-, situations- und kulturabhängig (vgl. 14 f.).

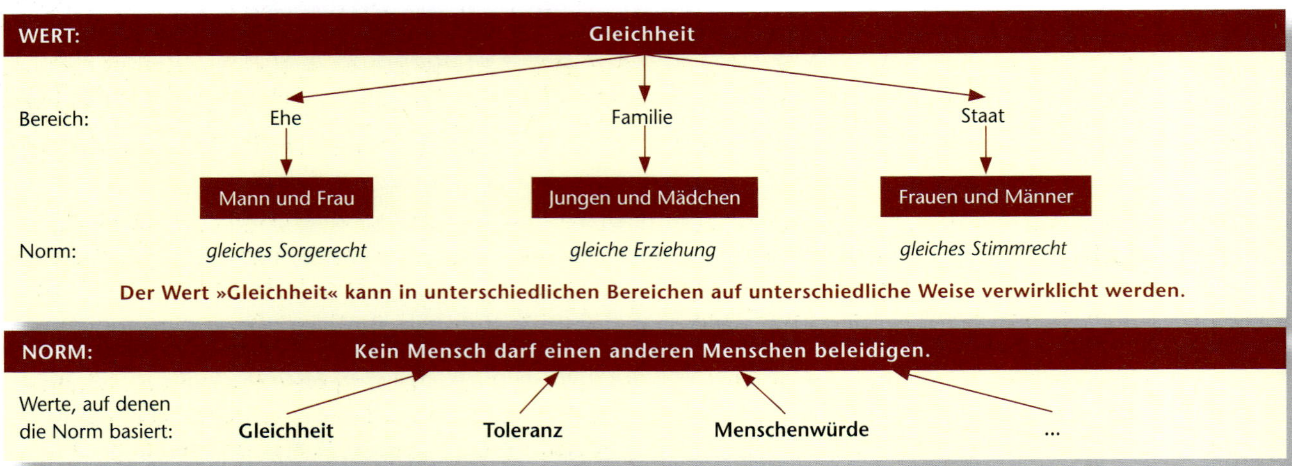

Kennen Sie »Webciety«?

Auf der Cebit 2009 war »Webciety« eines der Schlagwörter, das für eine große Veränderung steht. Das Kunstwort soll den Einfluss des Internets (Web) auf inzwischen alle Bereiche des gesellschaftlichen und wirtschaftlichen Lebens (Society) erfassen. Ob Kontaktpflege, E-Learning oder Arbeitsabläufe im Geschäftsumfeld – überall spielt das Internet inzwischen eine zentrale Rolle. »Webciety« steht damit auch für die schleichende Veränderung der realen Gesellschaft durch die virtuelle Realität: Nutzer geben persönliche Daten preis, können Bekannte finden und Fremde kennenlernen, sie veröffentlichen Urlaubsfotos, Privatadressen, Wunschlisten, Schnappschüsse von diversen Feiern und geben alle möglichen Infos – gerade durch Web 2.0 und interaktive Seiten fallen schnell Schranken, die im persönlichen Kontakt (noch) als Handlungsrichtlinie gelten. Oft ist den Usern dabei gar nicht bewusst, dass sie im Web anderen, neuen Regeln folgen, die zudem nicht im virtuellen Raum bleiben, sondern auch – bewusst oder unbewusst – auf das reale Leben und Handeln übertragen werden.

- ▶ Erstellen Sie analog zur Abbildung oben zu weiteren, frei gewählten Werten ähnlich gestaltete Grafiken, aus denen der Zusammenhang von Werten und Normen deutlich wird.
- ▶ Sammeln Sie Beispiele für die ethischen Herausforderungen, die sich im Zusammenhang mit den »neuen Medien« ergeben.

Katharina Fritsch, 1988

»Webciety« ist nur ein Beispiel für einen Wandel in unserer Gesellschaft. Was vor Jahren noch gegolten hat, kann heute seine Bedeutung ganz oder teilweise eingebüßt haben. In welchen Bereichen der Gesellschaft hat sich ein besonders deutlicher Wandel von Werten und Normen vollzogen? Was waren oder sind die Gründe dafür? Sind generell alle Normen ständig veränderbar? Oder gibt es Normen, die für das Zusammenleben von Menschen unbedingt erforderlich sind und somit zeitlos gültig wären?
Wie ein roter Faden zieht sich durch alle sich verändernden Normen eine Art Grundregel für das sittliche Verhalten: die Goldene Regel*. Normen können sich auch zu einer Gefahr entwickeln: Wenn sie absolut gesetzt und nicht mehr kritisch hinterfragt werden. Normen können, abgelöst vom ursprünglich zu schützenden Wert, in Geltung bleiben und zu mehr oder weniger starren Fesseln werden, die das Leben unnötig einengen. Normenwandel betrifft häufig konkrete Alltagsnormen. Oft haben sich nicht die Grundsätze, sondern nur die Zeiten und damit die Rahmenbedingungen geändert.
Schülerinnen und Schüler gaben, nach Werten der Großeltern- und Elterngeneration befragt, folgende Auskunft: Bei den Großeltern spielten Ehrfurcht, Sparsamkeit, Genügsamkeit sowie Glaube und Familie eine große Rolle. Bei der Elterngeneration wurden u. a. Unabhängigkeit, Selbstbestimmung, finanzielle Sicherheit oder Absicherung, aber auch Familie oder Gemeinschaft in Vereinen und Gruppen benannt. Die Jugendlichen zählen für sich selbst z. B. Bildung, Selbstverantwortung, Lebensgenuss, Mitbestimmung, Ich-Stärke, Gleichheit in allen Bereichen zu den grundlegenden Werten. Aber auch Familie, Treue, Ehrlichkeit und Gemeinschaft sind ihnen wichtig.

- ▶ Ergänzen oder verändern Sie die Äußerungen der Schüler im Text oben und stellen Sie eine Hierarchie auf.
- ▶ Nennen Sie Faktoren, die zu einem Werte- und/oder Normenwandel beitragen, und erläutern Sie, inwiefern Werte zeit-, situations- und kulturabhängig sind.
- ▶ Diskutieren Sie, inwiefern die »Tischgesellschaft« von Katharina Fritsch Chancen im Werte- und Normenwandel aufzeigt, aber auch verborgene Gefahren thematisiert.

Vernetzen Sie Ihr Wissen aus den vorangegangenen Jahren

Sie haben sich im Religionsunterricht der vergangenen Jahre bereits immer wieder mit ethischen Fragestellungen beschäftigt. Sie können nun Ihre erworbenen Kenntnisse bündeln und mithilfe von Nachschlagewerken gedruckter oder elektronischer Art (vgl. www.religionvernetzt.de) auffrischen. Für die Präsentation eines ausgewählten Vergleichspunktes oder Inhalts lassen Sie sich eine pfiffige Methode einfallen.

Vertiefen Sie Ihr Wissen, um Ihre Grundlagen für dieses Kapitel anzuwenden:

- Was bedeutet der Begriff »Ethos« in seiner philosophiegeschichtlichen Entwicklung?
- Erklären Sie den Begriff »Dilemma« hinsichtlich seiner ethischen Grundproblematik.
- Deuten Sie die Bibel hinsichtlich ihrer Funktion als theologische ethische Letztbegründung.

1 Entschieden handeln – für das Leben

Religion vernetzt 10

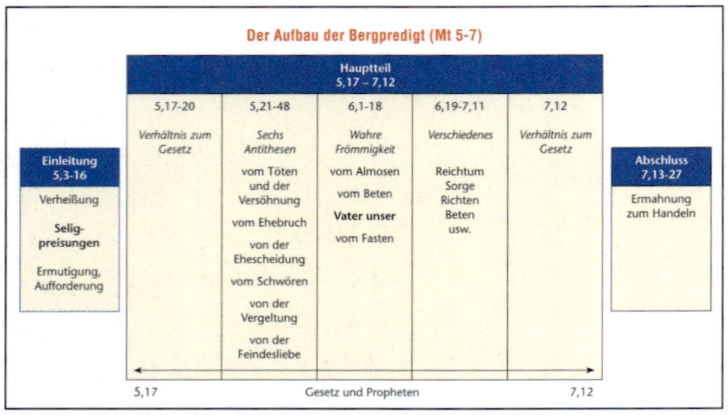

Religion vernetzt 10

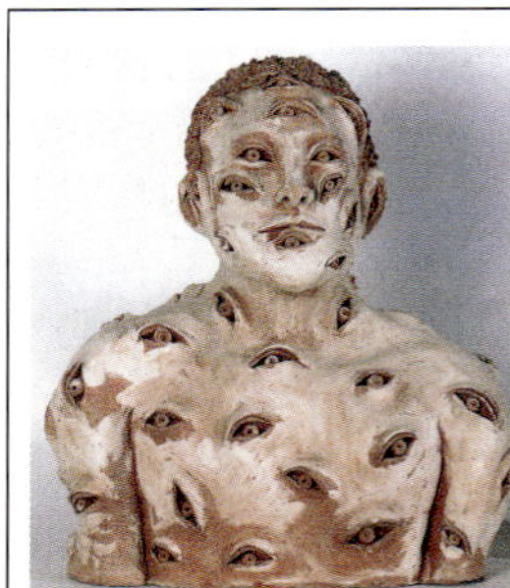

2 Konflikte – Schuld – Versöhnung

Religion vernetzt 8

Das Titelbild betrachten

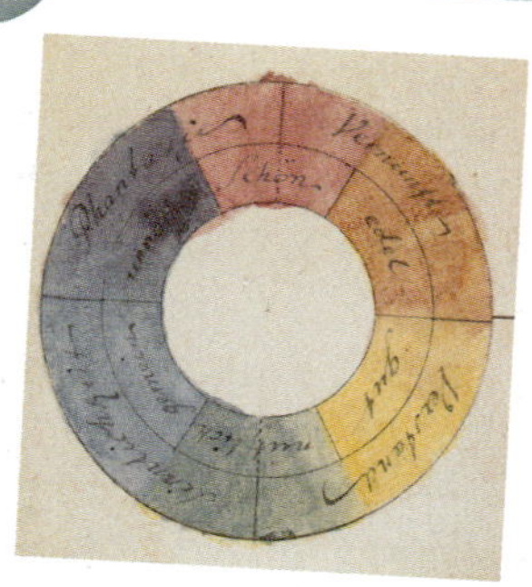

Johann Wolfgang von Goethe hat sich in seinem Werk »Zur Farbenlehre« (1808-1810) mit dem Farbsystem und der »sinnlich-sittlichen Wirkung« der einzelnen Farben »auf den Sinn des Auges ... und durch dessen Vermittlung auf das Gemüt« intensiv beschäftigt. Entscheiden Sie, ob es sich bei den in Goethes Farbkreis (aquarellierte Federzeichnung, 1809) genannten Begriffen um Werte oder um Güter handelt. Begründen Sie Ihre Entscheidung.

Meine Zehn Gebote – Ermutigungen zum Leben

Verfassen Sie unter dieser Überschrift Ihre eigene Formulierung von Zehn Geboten. Sie können diese mit denen anderer Schülerinnen und Schüler vergleichen.

Aktuelle ethische Problemfälle

Sammeln Sie fortlaufend an einer Pinnwand ethische Fragestellungen aus dem Alltag (Schule, Freizeit, Medien, Politik und Gesellschaft). Sie können bei der Bearbeitung der verschiedenen ethischen Modelle auf diese praktischen Beispiele zurückgreifen.

Dilemmata*

Diskutieren Sie folgende Dilemmata pro und kontra in gestufter Reihenfolge (»Wenn-dann-Entscheidungen«*):

Frau Dr. Paul war sich während der Anfangsphase ihres praktischen Jahres im Krankenhaus vollkommen dessen bewusst, dass die Entnahme von Organen oder Hauttransplantaten von Verstorbenen ohne das Einverständnis der Angehörigen illegal ist. Außerdem verletzte eine solche Entnahme grundsätzlich ihren Glauben. Sie erfuhr jedoch sehr schnell, dass es im Krankenhaus Engpässe gab, wenn es insbesondere darum ging, Menschen mit schweren Hautverletzungen mit Transplantaten zu versorgen. Eines Tages teilt ihr der Chefarzt mit: Das Team benötigt sofort ein Hauttransplantat für eine Notoperation. Frau Dr. Paul soll einem soeben Verstorbenen Haut entnehmen. Sie darf jedoch mit niemandem darüber sprechen. Was soll Frau Dr. Paul tun?

Lara ist 16 und wohnt in einem armen, südamerikanischen Land. Sie hat keine Ausbildung und findet nirgends eine Anstellung. Die Aussichten sind gering, je eine zu bekommen, da es bereits viele Arbeitslose gibt. Auch ihre Eltern sind ohne Arbeit und ihre jüngeren Geschwister gehen noch zur Schule. Sie hört davon, dass ein großer Pharmakonzern Embryonen für neue gentechnische Heilungsmethoden benötigt und junge Frauen sucht, die sich für fünf Jahre verpflichten, sich einmal pro Jahr künstlich befruchten zu lassen und den Embryo der Firma zu überlassen. Das Geld, das Lara angeboten wurde, würde genügen, sie und ihre Familie zu ernähren; zudem könnte sie eine Ausbildung zur Lehrerin machen. Lara plagen Zweifel. Sie ist katholisch erzogen worden und eine Abtreibung würde ihr schwerfallen. Aber sie weiß nicht mehr, wovon sie in Zukunft leben soll. Daher beschließt sie, den Vertrag zu unterschreiben, den ihr die Ärztin angeboten hat. War Laras Entscheidung richtig?

Die Antiterrorbekämpfung eines Staates sieht vor, gekidnappte Flugzeuge präventiv abzuschießen, bevor diese in mögliche Anschlagsziele geflogen werden. Rechtfertigt der Schutz möglicher Ziele den Tod der Flugzeugpassagiere?

Vernetzungen im Schulbuch

Es gibt Themen und Perspektiven in diesem Kapitel, die in anderen Kapiteln vertieft oder unter einem anderen Blickwinkel wieder aufgegriffen werden. Wenn Sie hin und wieder Themen quer zur Kapitelstruktur des Buches bearbeiten, gelingt es Ihnen besser, Zusammenhänge zu begreifen.

Kapitel 1
- Globale Probleme bedenken 22 f.
- Gesellschaft und Normen im Wandel 10
- Die Freiheit der Kinder Gottes 28

Kapitel 2
Erläutern Sie die Bedeutung von Werten und Normen, auch hinsichtlich ihrer Relevanz für soziale Systeme (40).

Kapitel 3
Vergleichen Sie Hans Jonas' Zukunftsentwurf mit realutopischen Aussagen (68 f.); grenzen Sie beide voneinander ab und zeigen Sie Gemeinsamkeiten auf.

Kapitel 4
Zeigen Sie auf, inwiefern das Bundesangebot Gottes (119) zur Freiheit des Menschen führt.

Wozu Ethik*?

»Was machen Ethiker, während Wirtschaft, Wissenschaft und Kirche die letzten Vorbereitungen für den nuklearen, ökologischen und Überbevölkerungs-Selbstmord treffen? – Sie produzieren Theorien! Theorien, die kein Mensch zur Kenntnis nimmt, geschweige denn versteht. Wozu also Ethik? ... Und wenn wir uns die drängenden Probleme der Gegenwart bewusst machen: Weiß da nicht ohnehin jeder, der bei Verstand und guten Willens ist, was zu tun wäre? Wozu also noch Ethik?«

Helmut F. Kaplan

Eine derartige Infragestellung von Ethik geht oft einher mit einem zu beobachtenden ethischen Relativismus, der ewig gültige Güter, Werte und Normen bestreitet und entsprechend kaum ein ethisches Prinzip für die Frage nach dem richtigen Handeln für unantastbar hält. Reicht aber ein »gesunder Menschenverstand« angesichts auch komplexer ethischer Fragen aus? Lässt nicht schon der umgangssprachlich berüchtigte Unterschied zwischen »gut« und »gut gemeint« Zweifel aufkommen? Die Notwendigkeit einer Verständigung und Orientierung wird durch konkrete Beispiele evident: In den USA dürfen gekaperte Flugzeuge abgeschossen werden, wenn ein terroristischer Akt nicht anderweitig verhindert werden kann. Wie lässt sich eine solche Position ethisch begründen? Wie geht die Gesellschaft, die um die ethische Beurteilung dieses Sachverhalts ringt, schließlich damit um, dass die Antworten durchaus unterschiedlich ausfallen (können)?

Ethik (von griech. *ethos* = Sitte, Brauch, Gewohnheit) ist grundsätzlich geleitet von der Suche nach einem geglückten Leben. Sie stellt einen wichtigen Teilbereich der Philosophie dar und erarbeitet Aussagen über das gute und gerechte Handeln, die an Lehrbeispielen diskutiert werden (vgl. 13):

- Was versteht man unter gelingendem Leben?
- Wie ist der Entwurf eines gelingenden Lebens zu begründen?
- Auf welchem Weg, mit welchem persönlichen Verhalten, politischen Handeln oder welcher gesellschaftlichen Einstellung ist es zu erreichen?
- In welcher Werthaltung ist es ausgedrückt?
- Welche Normen schützen es am besten?

Um Antworten auf diese und ähnliche Fragen zu finden, kann Ethik grob in folgende drei Teilbereiche unterschieden werden:

- Deskriptive Ethik: Be- und Umschreibung von Sitten, die als Gesamtheit der Normen in einer Gesellschaft gesammelt werden.
- Normative Ethik: Definition von allgemeingültigen Normen aufgrund von rationalen, uneigennützigen und überparteilichen Betrachtungen der Gesellschaft. Dabei soll jede ethisch handelnde Person unter den gleichen Umständen zum gleichen Ergebnis gelangen.
- Metaethik: Überlegungen über die Ethik selbst, einschließlich der »Letztbegründung« (vgl. 27).

Je nach Betrachtungsweise lassen sich auch andere Differenzierungen vornehmen: Stehen die Personen als Individuen oder als Gruppe im Fokus, ist zwischen Individual- (Kapitel 1) und Sozialethik (Kapitel 2) zu unterscheiden; wird nach der Art der Begründung differenziert, kommen philosophische und theologische Ethik in den Blick; sind die zugrunde liegenden Werte interesseleitend, können z. B. Gesinnungsethik, Glücksethik, Pflichtethik, Prinzipienethik, Tugendethik oder Utilitarismus unterschieden werden. Auch eine Einteilung nach den Anwendungsbereichen (z. B. Bioethik, Friedensethik, Umweltethik, Medizinethik etc.) ist geläufig.

Die Frage, wie das eigene Leben zu gestalten ist, hängt keineswegs nur von individuellen Entscheidungen ab, sondern ist maßgeblich von gesellschaftlichen, wirtschaftlichen und politischen Rahmenbedingungen mit geprägt. Daraus ergibt sich die Problematik, ob individuelle Fragen nach dem persönlichen Lebensglück nur von den durchsetzungsstärksten Einzelinteressen geleitet werden oder ob dabei stets das größtmögliche Wohl aller zu ermöglichen ist.
Zur Klärung zeigt die Ethik Wege auf, wie Menschen sich trotz unterschiedlicher Überzeugungen, Motive und Temperamente über ethische Fragen verständigen können. Dazu gehören:

- die Einübung in den ethischen Diskurs*;
- die Suche nach verbindenden Grundwerten und Normen;
- die Rechenschaft über die Methode der ethischen Erkenntnis und deren Begründung.

Normenkonstanz und Normenwandel

In der sich stetig wandelnden Zeit verändern sich auch Normen und ihre Ableitungen. Am biblischen Beispiel von 1 Tim 2,11-13 zeigt sich deutlich, dass hinsichtlich absoluter und relativer Verbindlichkeit bezogen auf Geltungsbereich und -dauer unterschieden werden kann und auch muss. Die Tabelle rechts zeigt, in welchem Verhältnis begrenzt gültige Vereinbarungen, die sich auf konkretes Verhalten (z. B. Kleidungsstil) beziehen, zu unveränderlichen konstanten Normen allgemeiner abstrakter Natur (z. B. Würde des Menschen) stehen.

Bräuche	überliefert
Moden	zeitgebunden
Etikette	schichtspezifisch
Konventionen	festgelegt
Sitten	tradiert; lat. *mos*: Ordnung, Regel, Vorschrift; Moral: System von Normen, die in bestimmten Lebensbereichen gelten und eingehalten werden (müssen)
Ethos	bewusst reflektiert
Prinzipien	normierte Normenbeurteilung (z. B. Liebesgebot, Goldene Regel)
Recht	normiertes Rechtssystem (z. B. eines Staates)
Gewohnheitsrecht	mündlich tradiert
Codex (Gesetz)	normiertes förmlich gesetztes, legalisiertes Recht

Funktionen von Normen

Normen als konkrete Verhaltensrichtlinien werden durch Werte begründet und legitimiert, sie erfüllen im Einzelnen die Funktion,

- Einzelne vom Zwang zu *entlasten*, immer wieder neu über das eigene konkrete Vorgehen in alltäglichen Lebenssituationen entscheiden zu müssen, indem sie als Maßstab und Orientierung dienen;
- das menschliche Zusammenleben zu *sichern* und zu *schützen*, indem sie einen ethischen Minimalkonsens gewährleisten, an den sich alle Mitglieder einer Gemeinschaft zu halten haben;
- *herauszufordern*, um die vorgegebenen Verhaltensmuster immer neu an der Wirklichkeit zu überprüfen und gegebenenfalls neue Strategien und Richtlinien zu entwickeln, um Wertmaßstäbe auch unter veränderten Bedingungen aufrechterhalten zu können.

Ethik als Ausdruck gelebten Glaubens

Wäre der Mensch sein eigener oberster Gesetzgeber und Richter, müsste er autonom (griech. = »nach eigenen Gesetzen lebend«, selbstständig) alle Schuld und Schuldgefühle durch Strafe, Begnadigung und Verzeihung beseitigen können. Eine »theonome Autonomie«, bei der das Gesetz als von Gott gegeben angesehen wird, befreit den Menschen jedoch nicht von seiner Verantwortung: Eine grundsätzliche Abhängigkeit des Menschen vom Schöpfergott stellt nicht die menschliche Autonomie infrage, sondern begründet und fordert die von Gott gewollte vernunftgesteuerte Selbstverwirklichung des Menschen. Dabei erklärt sich aber keineswegs von selbst, was der Wille Gottes ist, er muss erst durch verantwortliche ethische Entscheidungsfindungen ergründet werden. Die theonome Autonomie ist aus Sicht der Religion der beste Garant für die menschliche Freiheit: »Zur Freiheit hat Christus den Menschen befreit« (Gal 5,1).
Ethisch verantwortetes Handeln ist und bleibt Ziel und Aufgabe eines Lebens nach religiösen Grundsätzen über eine bloße freiwillige Vereinbarung für ein besseres Zusammenleben auf dieser Welt hinaus (vgl. 26 f.).

- ▶ Erstellen Sie ein Schema (z. B. Cluster), das den Begriff Ethik erklärt, und setzen Sie sich dann kritisch mit Kaplans These auseinander.
- ▶ Dürfen gekaperte Flugzeuge abgeschossen werden? Diskutieren Sie diese Frage und weitere moralische Dilemmata (vgl. 13) fortlaufend mit Bezug auf die jeweiligen ethischen Modelle, die Sie in diesem Kapitel kennenlernen.
- ▶ Überprüfen Sie die in der Tabelle oben genannten Normen hinsichtlich ihrer Verbindlichkeit.
- ▶ Zeigen Sie Normenkonstanz und Normenwandel am genannten biblischen Beispiel 1 Tim 2,11-13 auf. Recherchieren Sie auch den relativen Geltungsbereich und die Geltungsdauer und nehmen Sie aus heutiger Sicht dazu begründet Stellung.

Schritte zur ethischen Urteilsfindung

Ethische Fragestellungen und Probleme sind vielfältig und z. T. auf den ersten Blick unübersichtlich. Für eine grundlegende Orientierung sind konkrete Schritte zur ethischen Urteilsfindung hilfreich. Darüber hinaus ist es aber wichtig, die Vorgehensweise bei ethischen Diskursen* ganz allgemein mitzubedenken und verschiedene Quellen der Ethik (28 ff.) zu befragen, bevor eine Entscheidung gefällt oder eine vorgeschlagene Lösung übernommen wird.

Insgesamt bedarf es immer eines bedachten Vorgehens, wenn in einem konkreten Fall die Antwort nicht bloß intuitiv formuliert oder einfach gefällt werden soll. Die folgenden Schritte und Fragen wollen dazu Hilfestellung leisten und die Besinnung auf ethische Normen mit einer gründlichen Analyse der Situation sowie einer Abschätzung der Handlungsfolgen verbinden.

SCHRITT 1: Problemdefinition
Worin liegt eigentlich das ethische Problem? Wie lautet die ethische Frage? Wie sehen das die Beteiligten? Wie reagiere ich im ersten Moment?

SCHRITT 2: Situationsanalyse
Wie ist das Problem entstanden? Welche Faktoren spielen eine Rolle? Wie hängen sie zusammen? Welche Tendenzen zeichnen sich ab? Welche Personen und Gruppen sind direkt oder indirekt davon betroffen? Wer sind die Schwächsten in diesem Zusammenhang?

SCHRITT 3: Verhaltensalternativen
Welche Vorschläge zur Lösung des Problems gibt es schon? Wer vertritt diese? Warum? Wie wirken sich die einzelnen Vorschläge auf die Schwächsten aus?

SCHRITT 4: Normen- und Wertereflexion
Welche Überzeugungen stecken hinter den einzelnen Vorschlägen? Welchen kann ich zustimmen? Welchen nicht? Warum?
Welche Lösungen ergeben sich, wenn man das Problem aus den Augen eines bestimmten Philosophen oder einer anderen Religion betrachtet? Welche Lösungen ergeben sich, wenn man von dem Gebot der Nächstenliebe und der »vorrangigen Option für die Armen« ausgeht?
Wie sind diese Lösungen im Blick auf Menschen (Humanverträglichkeit), die Umwelt (Umweltverträglichkeit), das gesellschaftliche Zusammenleben (Sozialverträglichkeit) und andere Verträglichkeiten zu beurteilen?

SCHRITT 5: Entscheidungsfindung
Für welche Lösung entscheide ich mich bzw. entscheiden wir uns? Wo geben Institutionen (Gemeinde, Schule ...) mit ihren Empfehlungen eine Entscheidungshilfe? Welche Folgen hat dieses Urteil für mich persönlich bzw. für uns? Können und wollen wir mit diesen Folgen leben?

SCHRITT 6; Vermittlung der Entscheidung oder Präsentation der Entscheidung oder Vertreten der Entscheidung in der Öffentlichkeit
Wie vermittle ich meine Entscheidung? Welche Form wähle ich, um meine Entscheidung öffentlich zu machen? Wie und wo gewinne ich Mitstreiter und Mitstreiterinnen, z. B. auch in Institutionen (Gemeinde, Kirche ...)?

- Lesen Sie die Schritte zur ethischen Urteilsfindung und wenden Sie diese auf die Entscheidungssituation von 9 an. Reflektieren Sie im Anschluss Chancen und Grenzen einer derartigen Systematik.
- Bei ethischen Entscheidungen ist es sinnvoll, mit anderen in Diskurs* zu treten. Erläutern Sie, was zu einem zielgerichtet und fair geführten Diskurs gehört. Bedenken Sie dabei auch die Voraussetzungen, die gegeben sein müssen (vgl. 24 f.).
- Erläutern Sie, inwiefern die Bibel als eine Quelle der Ethik (vgl. 28 f.) Hilfestellung zum rechten Handeln im Zusammenleben mit anderen (z. B. Dekalog, Bergpredigt) gibt.
- Begründen Sie die Verbindlichkeit ethischer Normen und die Notwendigkeit eines ethischen Grundkonsenses in der Gesellschaft.

Wolfgang Lettl, 1985

Brücken der Begegnung schlagen

In einer globalisierten Welt mit einer Vielzahl an Wertvorstellungen und Weltanschauungen wird immer wieder deutlich, dass nur die Begegnung und das Gespräch zu einem friedlichen Miteinander führen können. Gerade auch in der Ethik sind der Austausch und die Verpflichtung auf gemeinsame Grundwerte und auf einen Normenkonsens von großer Bedeutung. Trotz des Willens zum Austausch findet aber nicht immer wirklich Begegnung statt.

- Betrachten Sie das Bild von Wolfgang Lettl und formulieren Sie seine Sicht des Zusammenlebens; gehen Sie dabei auch auf die verwendete Symbolik (z. B. Wasser, Brücke, Farben) ein.
- Gehen Sie der ethischen Fragestellung nach, die das Bild intendiert, indem Sie folgende Leitfragen zu beantworten versuchen: Was kann ich tun/wagen? Was darf ich tun? Was soll ich tun?
- Erörtern Sie in Gruppen, welche Voraussetzungen beim Einzelnen, bei Gruppierungen innerhalb der Gesellschaft, im Staat und weltweit gegeben sein müssen, damit Menschen in Begegnungen zueinander geführt werden und nicht die Differenzen zwischen ihnen verstärkt und die Gräben vertieft werden. Begründen Sie dabei, welchen Werten Sie den Vorzug geben.
- Erläutern Sie, welche weiteren Fragen gestellt und/oder geklärt werden müssen, um im Bereich der Ethik (z. B. Wirtschaftsethik, Tierethik, Umweltethik) mehr Gemeinsamkeit auch im Sinne der Verantwortung des Menschen für die Welt zu erreichen.

Modelle der Normenbegründung

Ethik versucht, allgemeine Kriterien oder Prinzipien für die Beantwortung der Frage zu begründen, wie jemand handeln soll. Sie setzt dabei immer schon voraus, dass Menschen handelnde Subjekte sind und sich zwischen verschiedenen Handlungsalternativen frei entscheiden können. Für eine präzise ethische Beurteilung von Handlungen ist die Vergegenwärtigung der einzelnen Aspekte der konkreten Handlung wie Handlungssubjekt, Handlungsalternative, Handlungsziel, Mittel, Handlungsgründe und Handlungsfolgen notwendig. Um Entscheidungen nachvollziehbar, verständlich und vergleichbar zu machen, müssen bestimmte Begründungsmuster (Modelle) angewandt werden:

Hedonismus

(griech. *hedoné* = Lustgefühl, Freude, Genuss) Der letzte Grund des sittlichen Handelns wird im Empfinden von Lust gesehen. Der Hedonismus definiert als Grundmotiv aller Lebewesen das Streben nach Lusterfüllung, Freude und Genussbefriedigung bzw. die Vermeidung von Unlust und Schmerz.

Auch wenn für den Begründer, Aristipp (um 435-366 v. Chr.), Hedonismus die Befriedigung durch rasche Erfüllung möglichst vieler Wünsche bedeutet und damit nahezu heutigen egoistisch zugespitzten, vulgär-hedonistischen Vorstellungen entspricht, beschreibt Epikur (341-271 v. Chr.) die Lust als höchstes Gut und Bedingung für Glückseligkeit und gelingendes Leben. Lust meint dabei ein Freisein von Unlust, weshalb als höchstes Gut und Ziel sittlichen Handelns die Befreiung vom Leid (z. B. Unruhe oder Schmerz) durch die Konzentration auf die notwendigen Bedürfnisse gilt. Der Grad der Erfüllung des Luststrebens ist das Maß für die ethische Bewertung allen Tuns.

Eudaimonismus

(griech. *eudaimonía* = von einem guten Dämon beseelt) Eine Übersetzung mit Begriffen wie »gutes/glückliches Leben« oder »Wohlbefinden« ist ungenau, weil eudaimonia ursprünglich das umfassende Gelingen eines Lebensentwurfs bezeichnet. Sie gilt als höchstes Gut und letztes Ziel menschlichen Handelns, weshalb sie nicht, wie andere Güter, nur Mittel zum Zweck ist. In der eudaimonia des Einzelnen oder der Gemeinschaft liegt die Sinnerfüllung menschlichen Daseins.

Die Glückseligkeit als Ziel des menschlichen Daseins ist nach Aristoteles (384-322 v. Chr.) nur durch einen tugendhaften Lebenswandel erreichbar. Dabei werden die Handlungen nach der Absicht bewertet, mit der sie vollzogen wurden. Eine Handlung ist dann ethisch einwandfrei, wenn sie als Ziel Eudaimonia hatte. Allerdings bleibt der Begriff schillernd – zwischen subjektivem »Wohlbefinden« einerseits und objektivem Erfolg beim Erreichen bestimmter Ziele andererseits.

Naturrecht

(lat. *ius naturale*) Philosophischer Begriff, der über das von Menschen geschaffene Recht (»positives Recht«) ein ideales Rechtssystem setzt, das mit der Natur des Menschen, der Natur, der Welt (des Universums etc.) begründet wird. Dieses »von Natur aus vorgegebene« höchste (z. B. auf den göttlichen Prinzipien beruhende) Recht wird als universal (über Menschen und Völker hinaus) und immerwährend (über Raum und Zeit hinaus) geltend und letztlich als Basis des von Menschen geschaffenen Rechts angesehen.

Die im Naturrecht gelehrten Rechtsprinzipien werden unterschiedlichen, aber immer vom Menschen nicht beeinflussbaren Quellen zugesprochen, z. B.:

- die Rechtsprinzipien wurden bei der Schöpfung von Gott geschaffen;
- der als göttliches Gesetz gedeutete Logos (griech. wörtl. „Wort"; Gedanke, Idee), der die Welt ordnet und ihre Abläufe regelt;
- die Fähigkeit zur Selbsterkenntnis und Orientierung des Gewissens als das in den Menschen eingeschriebene Naturgesetz im Unterschied zu den von den Menschen so definierten rein instinktiven Naturgesetzen des Tierreiches;
- bestimmte naturwissenschaftliche Notwendigkeiten, die sich in der Natur zeigen.

Vom Standpunkt der Logik aus kann ein Fehlschluss nicht ausgeschlossen werden, wenn von feststellenden Aussagen auf eine normative Aussage geschlossen wird: Wer glaubt, aus dem, was in der Welt der Fall ist, direkt herleiten zu können, was in der Welt der Fall sein soll, begeht einen sogenannten naturalistischen Fehlschluss, den Sein-Sollen-Fehlschluss (z. B.: Weil sich nicht jede befruchtete Eizelle in die Gebärmutter einnistet, daher muss Abtreibung in jedem Fall erlaubt sein).

Utilitaristische Theorien

(lat. *utilitas* = Nutzen) Grundlage für die ethische Bewertung einer Handlung ist die Bewertung ihrer »Nützlichkeit«. Danach ist die Handlung geboten, die den größtmöglichen Nutzen bringt bzw. die das maximale Übergewicht der positiven über die negativen Folgen bewirkt. Dieses Maximum wird rein summarisch bestimmt. Der englische Sozialreformer und Philosoph Jeremy Bentham (1748-1832) formulierte das Prinzip des Nutzens, das besagt, dass alles gut ist, was »das größte Glück der größten Zahl« hervorbringt. Darin kommt umgekehrt zum Ausdruck, dass ein Nachteil für einen Einzelnen oder wenige in dieser Theorie »ausgeglichen« wird durch den Nutzen für viele.

Um ein Nutzenkalkül in einer konkreten Entscheidungssituation durchführen zu können, muss näher bestimmt werden, was genau unter »Nutzen« zu verstehen ist. Die utilitaristische Interpretation identifiziert Nutzen mit Lust (*pleasure*), Glück (*happiness*) und setzt dem Unlust (*pain*) oder Unglück (*unhappiness*) entgegen. Im Grunde müsste jede einzelne Handlung immer wieder von Neuem dem utilitaristischen Nutzenkalkül unterzogen werden – eine im Alltag kaum zu bewältigende Aufgabe.

- Ich bin gegen Abtreibung, weil sie von der Natur nicht vorgesehen ist.
- CO_2-Ausstoß kommt auch in der Natur vor, ist also naturgegeben; eine Verringerung ist ethisch nicht geboten.
- Die Freiheit des Menschen besteht darin, alle seine Entscheidungen so zu treffen, wie er es jeweils für richtig hält.
- Rentner zum Arbeitslosen: »Weil du nicht arbeitest, soll mir die Rente gekürzt werden!« Arbeitsloser: »Wegen der Kosten für deine Rente find' ich keine Arbeit!«

- Erarbeiten Sie ein Schaubild, in dem Sie die ethischen Handlungsmodelle und ihre Kernaussagen darstellen.
- Diskutieren Sie die oben angeführten Beispiele (einschließlich des Cartoons unter Berücksichtigung von 50 f.) vor dem Hintergrund der unterschiedlichen ethischen Handlungsmodelle. Begründen Sie besonders die sich daraus ergebenden Widersprüche.
- Weisen Sie in den Beispielen oben den »naturalistischen Fehlschluss« nach.
- Erklären Sie, wie es zu einem »hedonistischen Fehlschluss« kommen kann.

Kritisch urteilen

Während die klassische griechische Philosophie Fragen nach Wahrheit und Tugend nachgeht, rückt später die Frage nach Erkenntnis und Erfahrung in den Vordergrund. Entgegen rein empiristischen Lehren, die nur auf Erfahrung beruhen, und rationalistischen Ideen, die das Denken als alleiniges logisches System ansehen, bildet Immanuel Kant (1724-1804) eine Synthese aus Empirismus und Rationalismus.

Der Weg zu einem allgemeingültigen Handlungsprinzip

Um die Frage »Was soll ich tun?« beantworten zu können, untersucht Kant in seiner »Kritik der praktischen Vernunft« (1788), wie wir handeln sollen und ob es ein allgemein geltendes Prinzip gibt, das in uns selbst, in unserer Vernunft liegt (Autonomie).
Die Verknüpfung erfahrungsunabhängiger Begriffe mit eigenen Anschauungen ermöglicht die Beurteilung eines Sachverhalts, mit der ein für alle vernünftiges und gleichermaßen verbindliches Moralgesetz zu formulieren ist, das eine Handlung als objektiv notwendig und damit sittlich gut darstellt. Eine Moralphilosophie, die aus *Pflicht* einzuhalten ist, muss dabei unterschiedliche Lebenserfahrungen und daraus resultierende Beurteilungen ausgleichen.
Die Ethik Kants kommt in besonders wichtigen moralischen Fragen zu anderen Begründungen und Antworten als andere Handlungsmodelle – z. B. der Eudaimonismus (18) –, da diese ein »höchstes Gut« außerhalb unserer selbst (Heteronomie) und den Weg dort hin zu bestimmen suchen.
Die Konsequenzen der ethischen Überlegungen Kants münden in den unbedingten bzw. *kategorischen Imperativ**. Dieser ist nach Kant insofern allgemeingültig, als er alle Menschen unter allen Bedingungen in die Pflicht nimmt. Dies wird unter anderem in der folgenden Formel deutlich:

»Handle nur nach derjenigen Maxime, durch die du zugleich wollen kannst, dass sie ein allgemeines Gesetz werde.«

Eva: Stopp. Was heißt das auf Deutsch?
Sebastian: Also ... Ich stelle mir meine beabsichtigte Handlung versuchsweise als Vorschrift vor, die nicht nur für mich und für heute gilt, sondern die als angenommenes Gesetz für alle widerspruchsfrei gelten kann.
Eva: Wie wäre es mit einem aktuellen Beispiel, z. B. mit dem Problem, das ich heute hatte. Ich bin in die U-Bahn gestiegen und hatte keine Lust, zwei Euro für die kurze Fahrt auszugeben. Warum bitte soll ich zahlen, die Bahn muss doch sowieso fahren, ob ich jetzt eine Karte gekauft habe oder nicht?
Sophie: Das Beispiel ist gut. Also: Zuerst einmal legen wir nicht deine Handlung auf den Prüfstand, denn hinter deinem Schwarzfahren steckt ja vermutlich eine Haltung. Formulieren wir diese mal als Maxime: Wann immer ich Geld sparen möchte, fahre ich auf Kosten anderer schwarz. Kann ich das wollen?
Eva: Ja.
Sophie: Richtig. Das kann ich wollen, weil ich Geld sparen will. Jetzt verallgemeinere ich die Maxime.
Eva: Du meinst: Kann ich wollen, dass alle schwarzfahren?
Sebastian: Da haben wir's schon ... Nein! Es muss heißen: Kann ich wollen, dass es ein Gesetz gibt, dass Leute auf Kosten anderer U-Bahn fahren? Gäbe es ein solches Gesetz, käme meine Vernunft zu dem Ergebnis, dass andere auch auf meine Kosten leben *können* ...
Sophie: Nein! Dass andere auf meine Kosten leben *sollen*. Es ist doch ein *Gesetz*!

Nach Kant ist der kategorische Imperativ nicht willkürlich aufgestellt. Er untersucht die praktische Vernunft, insofern sie ein *Apriori* enthält, also ein jeder Moral vorhergehendes Grundprinzip, das Moral überhaupt erst möglich macht und das im Menschen selbst natürlicherweise vorhanden ist. Das heißt, der kategorische Imperativ gilt absolut und überall. Jeder Mensch auf der Welt kann ihn immer anwenden. Andererseits lässt sich auch fragen, ob der kategorische Imperativ nicht zu rigoros, unerbittlich und erbarmungslos ist, kurz: eine reine Vernunft- bzw. Pflichtethik – »ohne Herz, nur mit Verstand«.

Als Testfall für zwei unterschiedliche Normkriterien kann das folgende Beispiel angesehen werden, in dem ein Leser des SZ-Magazins dem Kolumnisten Dr. Dr. Rainer Erlinger eine »Gewissensfrage« stellt.

Blitz gescheit?

»Jeder hat vermutlich schon einmal beim Autofahren erlebt, dass entgegenkommende Fahrzeuge durch die Lichthupe auf eine Radarfalle aufmerksam machen. Genauso wird vermutlich jeder langsamer gefahren sein und sich darüber gefreut haben, nicht geblitzt worden zu sein. Nun die Frage: Dürfen andere Autos gewarnt werden? Schließlich ist der Zweck einer Radarfalle, dass die Autofahrer langsamer fahren – was sie ja tun, wenn entgegenkommende Autofahrer ihnen ein Zeichen geben. Muss ich sie, wenn man so argumentiert, nicht sogar warnen?«

Johannes M., Brühl

Ihre Frage ist aus allgemeinen ethischen Erwägungen heraus sehr interessant. Sie haben nämlich zwei bekannte ethische Grundsätze verwendet: die Goldene Regel* und Kants Kategorischen Imperativ, welche oft fälschlicherweise als inhaltsgleich angesehen werden. Sie sind es aber nicht und deshalb kommen Sie zu Recht zu widersprüchlichen Ergebnissen.
Die Goldene Regel lautet positiv formuliert: »Behandle andere so, wie du von ihnen behandelt werden willst!« Sie ist ein guter, weil einfacher und praktikabler sittlicher Maßstab, der, würde er stets befolgt, vieles im Zusammenleben verbessern könnte. Sie hat aber auch Fehler: Sie bleibt zum einen subjektiv an den eigenen Werten orientiert. So dürfte nach ihr beispielsweise, wer zu stolz dazu ist, sich helfen zu lassen, auch niemandem anderen helfen. Dies ist hier kein Problem, denn jeder wünscht sich, rechtzeitig gewarnt zu werden, wenn er zu schnell fährt. Aber ob dieser Wunsch richtig ist, kann die Goldene Regel nicht abschließend beantworten, denn sie hat einen zweiten Fehler: Sie vernachlässigt die Pflichten, denen man auch gegenüber sich selbst unterliegt. Mit anderen Worten, sie stellt keine absoluten Maßstäbe auf, wie sich jeder verhalten soll.
Anders der Kategorische Imperativ, der die persönlichen Lebensgrundsätze überprüft. »Handle nur nach derjenigen Maxime, durch die du zugleich wollen kannst, dass sie ein allgemeines Gesetz werde.« Ihr Grundsatz wäre ja, Schnellfahrer zu warnen und so aus Altruismus [Selbstlosigkeit] vor Strafe zu bewahren. Dies als allgemeines Gesetz können Sie nicht wollen; Sie sehen ganz zu Recht den Zweck der Radarfalle darin, das Rasen zu begrenzen. Gäbe es die Maxime, andere stets zu warnen, als Gesetz, hätten die Kontrollen aber keine Wirkung mehr. Jeder könnte bedenkenlos Gas geben: Er würde ja rechtzeitig gewarnt. Ohne den Überraschungseffekt verlören die Radarfallen ihre allgemeine präventive Funktion, auf die es gerade ankommt: Viele fahren nur langsam, weil sie nicht wissen, ob sie hinter der nächsten Kurve geblitzt. werden. Die Gewissheit, gewarnt zu werden, käme einer faktischen Freigabe der Geschwindigkeit gleich. Das kann niemand wollen, denn Raserei ist die Ursache für viele tödliche Verkehrsunfälle.
Hält man sich an den Kategorischen Imperativ, lässt sich das Warnen deshalb nicht vertreten; auch wenn es die Goldene Regel empfiehlt, weil man sich selbst freut, gewarnt zu werden. Aber eben pflichtwidrig.

Rainer Erlinger

- ▶ Vergleichen Sie die unterschiedlichen Stoßrichtungen des kategorischen Imperativs je nach ihrer Formulierung (vgl. 135 f.) – auch mit Bezug auf die Beispiele. Untersuchen Sie im nebenstehenden Wortlaut die Bedeutung des Partikels »zugleich« und des Modalverbs »kannst«.
- ▶ Zeigen Sie die Missbrauchsgefahr des kategorischen Imperativs als Handlungs- und Normenprüfkriterium auf.
- ▶ Erklären Sie anhand des Beispiels »Blitz gescheit?« die unterschiedlichen Begründungsansätze von kategorischem Imperativ und goldener Regel. Suchen Sie weitere Alltagsbeispiele, wo die unterschiedlichen Konsequenzen von goldener Regel und kategorischem Imperativ deutlich werden.

Globale Probleme bedenken

Die Lebens- und Arbeitswelten verändern sich seit Jahren in dramatischer Form. Bisher tragfähige »Normalitäten« in Form von Identität und Selbstkonzept, Wertesystemen und Zugehörigkeitsbezügen werden brüchig und verlieren angesichts der weltweiten Veränderungen (Globalisierung, Technisierung etc.) nach und nach ihre stabilisierende Kraft. Der Alltag der Menschen wird riskanter und unvorhersehbarer. Beschäftigungsfähigkeit und wirtschaftliche Sicherheit verlangen zunehmend höheren persönlichen Einsatz, die Belastungsfähigkeit wird permanent überschritten. Lebenslanges Lernen wird ebenso erwartet wie die Fähigkeit, sich von vertrauten Routinen zu lösen. Neue Medien bestimmen zunehmend das Leben, und der Mensch und die Würde des Lebens werden durch neue technische Möglichkeiten v. a. auch in der Medizin immer wieder hinterfragt. Auch in diesem Zusammenhang ist es notwendig, Konzepte und Modelle zu entwickeln, wie ein verantwortbarer Umgang mit den Herausforderungen der Gegenwart und der Zukunft in einer globalisierten Welt aussehen kann.

Das Prinzip Verantwortung von Hans Jonas

In seinem bekanntesten Werk »Das Prinzip Verantwortung. Versuch einer Ethik für die technologische Zivilisation« (1979) hat der Philosoph Hans Jonas (1903-1993) angesichts zunehmender Technisierung die Grundlagen einer Ethik, welche die Gefährdung der Idee des Menschen durch Humanexperimente und Gentechnologie thematisiert, entworfen. Er formuliert einen neuen kategorischen Imperativ (20), der auch die Folgen des Handelns mit einbezieht. Die Forderung seines Werkes lautet:

Handle so, dass die Wirkungen deiner Handlung mit der Permanenz (Fortdauer) menschenwürdigen Lebens verträglich sind (»Imperativ der Verantwortung«).

In seiner Begründung sucht er einen Weg, der zwischen der autonomen menschlichen Vernunft und dem Glauben an Gott verläuft. Jonas geht in seinem Buch von den neuen Möglichkeiten aus, welche den Bewohnern der heutigen, technologischen Zivilisation offenstehen. Er stellt dabei zunächst fest, dass die menschliche Macht, angetrieben durch die Kräfte von Marktwirtschaft und Politik und im Zuge einer immer tiefgreifenderen Zerstörung der Natur, heute einen bisher nicht für möglich gehaltenen Höchststand erreicht hat. Der Mensch fliegt zum Mond, erschafft neues Leben im Labor, verfügt über ein unüberschaubares Potenzial an Massenvernichtungswaffen, bedient sich ungehemmt der begrenzten natürlichen Ressourcen des Planeten Erde, spielt mit Energieformen, ohne sie wirklich kontrollieren zu können, produziert Müll, der noch in Jahrtausenden giftig sein wird, etc. Angesichts dieser Tatsachen stellt Jonas fest, dass die Gefahren solcher Handlungsweisen durch unser herkömmliches Wertesystem nur ungenügend abgedeckt werden: In der Vergangenheit war alle Sittlichkeit auf den Nahbereich des menschlichen Handelns eingestellt. Die Bewertung menschlichen Handelns erfolgte aufgrund der unmittelbar sichtbaren Auswirkungen. Dies jedoch hat sich geändert.

Jonas fordert eine *Abkehr von dieser sogenannten Nächstenethik*. Die technischen Möglichkeiten sind heute so weit entwickelt, dass die Wirkungen unserer Handlungen sowohl die ganze Erde als auch die Zukunft der ganzen Erde betreffen.
Als Konsequenz entwickelt Jonas eine Ethik, deren grundsätzlicher Unterschied zu bisherigen Wertesystemen die zeitliche Dimension ist: Eine Handlung darf nicht nur an den unmittelbar sichtbaren Folgen gemessen werden, sondern sie darf auch die Zukunft der Menschheit nicht gefährden. Jonas verlangt, die zukünftigen Auswirkungen menschlichen Handelns zu erforschen. Zwar räumt er ein, dass es nicht möglich sein wird, die meisten Wir-

kungen unseres Handelns vorherzusehen, spricht sich jedoch dafür aus, im Zweifelsfall der Unheilsprognose einen Vorrang vor der Heilsprognose einzuräumen; wenn auch nur die Möglichkeit besteht, dass eine bestimmte Technologie die Zukunft der Menschheit gefährdet, ist es moralisch nicht mehr vertretbar, diese Technologie zu verwenden.

Jonas sagt weiter, dass die Menschheit kein Recht hat, Selbstmord zu begehen. Der Fortbestand der Menschheit ist das höchste Gut, dem sich alle anderen Ziele und Wünsche unterordnen müssen. Niemand, keine Einzelperson, keine Interessengruppe und kein Staat, hat nach Jonas das Recht, das Ganze der Interessen anderer für seine eigenen Interessen aufs Spiel zu setzen. Was immer der Mensch entwickelt, entdeckt oder erforscht – der Blick auf das Ganze und auf die Zukunft des Ganzen müsse, so Jonas, gewahrt bleiben. Wann immer der technische Fortschritt sich zu einer Bedrohung für die Menschheit entwickle oder auch nur die Möglichkeit bestehe, dass er in ferner Zukunft zu einer Bedrohung werden könnte, *müsse* er der Sicherheit der Menschheit weichen und daher beseitigt werden.

Manchen Zeitgenossen mögen Jonas' Ideen und Vorstellungen naiv erscheinen. Zu häufig stellen Privatpersonen, Konzerne oder Staaten den eigenen, kurzfristigen Vorteil über das Wohl der Menschheit. Obwohl beispielsweise die Auswirkungen von CO_2 auf das Weltklima bekannt sind, begibt sich keine Industrienation mit erfolgversprechender Konsequenz an die Reduzierung jenes Treibhausgases; obwohl bekannt ist, dass die Erdölreserven der Welt in einem halben Jahrhundert verbraucht sein werden, verbrennen wir mehr Öl als je zuvor, und obwohl jeder um die Gefährlichkeit nuklearer Waffen weiß, existieren genug davon, um das Leben auf diesem Planeten mehrfach zu pulverisieren. Zweifel machen sich breit, ob Hans Jonas die heutige Gesellschaft mit seinem Prinzip Verantwortung nicht doch überfordert hat.
Dennoch wird man bei näherer Betrachtung nicht umhinkommen festzustellen, dass ein gesellschaftliches Umdenken stattfindet. Sei es das 3-Liter-Auto, die Brennstoffzelle, das Start II-Abrüstungsabkommen, die Solarzelle, der Atomausstieg in Deutschland oder die europäische Einigung: Immer häufiger lassen sich vorsichtige Anzeichen dafür finden, dass der Mensch letztlich doch imstande sein könnte, seine Verantwortung, die er sich selbst auferlegt hat und auf die Hans Jonas so nachdrücklich hingewiesen hat, wahrzunehmen.

Die Verantwortung des Verbrauchers angesichts der »ökologischen Krise«

»Ein Aspekt unserer gegenwärtigen politisch-ethischen Situation ist die Mitverantwortung des Verbrauchers. In dem großen ökologischen Schlamassel, in welches uns erfolgreiche industrielle Technologie immer tiefer hineintreibt, spielt der Konsument eine wichtige Rolle. Dies ist ein Gedanke, der mich von Anfang an bei der Einschätzung unserer Gegenwartssituation begleitet hat. Er bedeutet, dass jeder Einzelne von uns ein schuldiger Teil dessen ist, was geschieht. Ohne unsere Bereitschaft, den Verlockungen des technologischen Fortschritts zu folgen und den Köder dessen, was industrielle Produktion uns bietet, begierig zu schlucken, und ohne unsere Bereitschaft, viele überflüssige Produkte zu kaufen, würde die unternehmerische Seite des Ganzen nicht so funktionieren, wie sie funktioniert. So spielen wir das Spiel eifrig mit.«

Hans Jonas

- Recherchieren Sie Leben und Werk von Hans Jonas und skizzieren Sie die Thesen, die er im »Prinzip Verantwortung« formuliert hat.
- Zeigen Sie konkrete Problemfelder auf, die eine global denkende Ethik erfordern.
- Bewerten Sie angesichts gegenwärtiger Entwicklungen die Forderungen von Hans Jonas und zeigen Sie Chancen und Grenzen auf.
- Beschreiben Sie, inwiefern jeder Einzelne eine große Verantwortung angesichts der fortschreitenden Möglichkeiten im Bereich der Technik trägt, und machen Sie an konkreten Beispielen deutlich, wie diesen Herausforderungen angesichts immer schnellerer und neuerer Entwicklungen in diesem Bereich verantwortungsbewusst begegnet werden kann.

Die Diskursethik*

Im Schulalltag oder bei der Arbeit in Vereinen und ehrenamtlichen Gruppierungen kommt es immer wieder zu Situationen, in denen verschiedene Interessen aufeinandertreffen, die von unterschiedlichen Personen innerhalb der Gruppe oder der Schulfamilie vertreten werden. Nicht selten werden die Diskussionen auf verschiedenen Ebenen (persönliche, sachliche usw.) geführt und verschiedene Wertvorstellungen prallen aufeinander.
Auf gesellschaftlicher und weltpolitischer Ebene ist die Situation in den europäischen Gesellschaften, historisch geformt durch die Tradition der Aufklärung und gegenwärtig durch große Einwanderungswellen verändert, wertpluralistisch, was für das Gemeinwesen nicht unproblematisch ist. Tagtäglich haben so politisch Handelnde bzw. in Schule oder Vereinen engagierte Menschen Entscheidungen zu treffen, die nur auf der Basis bestimmter Wertvorstellungen getroffen werden können. Wenn nun diese Entscheidungen demokratisch legitimiert sein wollen und von allen mitgetragen werden sollen, stellt sich die Frage, ob und wie dies in einem wertpluralistischen System möglich ist.
In diesem Zusammenhang formuliert der Soziologe und Philosoph Jürgen Habermas (* 1929) in seiner Diskursethik Lösungsansätze, wie sich in der Praxis ein gesellschaftlicher Konsens bilden kann. Habermas ist darum bemüht, eine neue Form des Umgangs mit der gewonnenen ethischen Vielfalt einzuüben und so das Streben nach einer Demokratisierung aller Gesellschaftsbereiche zu verknüpfen. Dabei geht er von der Frage aus: Gibt es Prinzipien, die jeder anerkennen muss, der die Frage nach dem, was sein soll, ernsthaft – also mit dem Willen zu einer wahren Antwort – stellt? Ihr liegt ein Diskurs* zugrunde, an dem sich alle Beteiligten, für die diese Normen schließlich Gültigkeit erlangen sollen, argumentierend beteiligen können. Dabei sollen die Teilnehmer versuchen, sich im Sinne eines universellen Rollentausches in die Situation und die Interessen aller anderen hineinzuversetzen und die Erkenntnisse bei der Urteilsbildung mitzuberücksichtigen. Nur so kann es zu einem Einverständnis im Sinne eines Konsenses kommen.

Der Theorie liegt die Unterscheidung zwischen strategischem und kommunikativem Handeln zugrunde, wobei das Erstere ausgesprochen erfolgsorientiert und das Zweite um Verständigung bemüht ist, indem es versucht, das eigene Handeln auf die Ansprüche und Verhaltensweisen der anderen abzustimmen.

Vor dem Hintergrund dieser Unterscheidung lautet die Grundthese der Diskursethik:

»Dem kommunikativen Handeln kommt der normative Vorzug gegenüber dem strategischen zu.«

strategisches Handeln		kommunikatives Handeln
↓	gegen	↓
durch Manipulation der Wirklichkeit		*durch Ringen um allgemeine Zustimmung im Diskurs*
↓		↓
zum persönlichen Erfolg		zur Verständigung mit den Handlungspartnern

Damit der intersubjektive Verständigungsprozess, welcher von der Diskursethik gefordert wird, auch tatsächlich gelingen kann, müssen einige notwendige Voraussetzungen erfüllt sein:
- Die Diskursteilnehmer müssen fähig sein, ihre Argumentation schlüssig vorzutragen *(logische Ebene)*.
- Sie müssen persönlich sowohl zurechnungsfähig als auch wahrhaftig sein *(dialektische Ebene)*.
- Sie müssen eine ideale Sprechsituation anstreben *(rhetorische Ebene)*.

Diskursethik als Antwort auf die ethischen Herausforderungen heute?

Drei Merkmale sollen die »Symmetrie« der Kommunikation gewährleisten: Die Umkehrbarkeit (Reversibilität) der Standpunkte, die Verallgemeinerungsfähigkeit (Universalität) im Sinne einer Beteiligung aller Betroffenen und die Gegenseitigkeit (Reziprozität) im Sinne einer gleichmäßigen und gegenseitigen Anerkennung der Beteiligten.
Damit ein derartiger Diskurs gelingen kann, formuliert Habermas nicht verwerfbare Regeln, durch welche Symmetriebedingungen erzeugt werden können, und trägt sie auf drei Ebenen vor:
Auf einer *ersten (logisch-semantischen) Ebene*, die noch keinen ethischen Gehalt repräsentiert, gelten folgende Argumentationsregeln:

- Kein Sprecher darf sich widersprechen.
- Jeder Sprecher, der ein Prädikat F auf einen Gegenstand A anwendet, muss bereit sein, F auf jeden anderen Gegenstand, der A in allen relevanten Hinsichten gleicht, anzuwenden.
- Verschiedene Sprecher dürfen den gleichen Ausdruck nicht mit verschiedenen Bedeutungen benutzen.

Auf einer *zweiten (dialektischen) Ebene* regelt er die Beziehungen der miteinander Kommunizierenden:

- Jeder Sprecher darf nur das behaupten, was er selber glaubt.
- Wer eine Person A anders als eine Person B behandeln will, ist verpflichtet, dies zu begründen.
- Wer eine Aussage oder eine Norm, die nicht Gegenstand der Diskussion ist, angreift, muss hierfür einen Grund angeben.
- Wer ein Argument angeführt hat, ist nur bei einem Gegenargument zu weiteren Argumenten verpflichtet.
- Wer eine Behauptung oder eine Äußerung über seine Einstellungen, Wünsche oder Bedürfnisse in den Diskurs einführt, die nicht als Argument auf eine vorangegangene Äußerung bezogen ist, hat auf Verlangen zu begründen, weshalb er diese Behauptung oder diese Äußerung einführt.

Auf der *dritten, der rhetorischen Ebene* werden Bedingungen für die Möglichkeit vernünftiger Diskurse angegeben:

- Jeder, der sprechen kann, darf an Diskursen teilnehmen.
- Jeder darf jede Behauptung problematisieren.
- Jeder darf jede Behauptung in den Diskurs einführen.
- Jeder darf seine Einstellungen, Wünsche und Bedürfnisse äußern.
- Kein Sprecher darf durch innerhalb oder außerhalb des Diskurses herrschenden Zwang daran gehindert werden, seine festgelegten Rechte wahrzunehmen.
- Jeder Sprecher muss das, was er behauptet, auf Verlangen begründen, es sei denn, er kann Gründe anführen, die es rechtfertigen, eine Begründung zu verweigern.

Das Ergebnis eines Diskurses, das auf der Grundlage dieser Regeln zustande kommt, muss sich wie jede andere Norm laut Habermas an folgender Begründungsregel orientieren: *»Jede gültige Norm muss der Bedingung genügen, dass die Folgen und Nebenwirkungen, die sich aus ihrer allgemeinen Befolgung für die Befriedigung des Interesses jedes Einzelnen voraussichtlich ergeben, von allen Betroffenen zwanglos akzeptiert werden können.«*

Aufsichtspflicht versus Bewegungsfreiheit?
In den bayerischen Gymnasien haben auch Schüler der Unter- und Mittelstufe ein oder zwei Mal Nachmittagsunterricht. Bislang durften an einigen Schulen alle Schüler, die zu Beginn eine Erlaubnis der Eltern vorgelegt haben, in der Mittagspause die Schule verlassen, um in nahe gelegenen Geschäften etwas zu kaufen oder sich einfach etwas Bewegung zu verschaffen. Da die Aufsichtspflicht über die Schüler aber auch in der Mittagspause gilt, ist diese »Bewegungsfreiheit« für die Schüler der Jahrgangsstufen 5 mit 9 dahingehend eingeschränkt worden, dass sie das Schulgelände nicht mehr verlassen dürfen und ihrem Bewegungsdrang auf dem Schulgelände nachgehen müssen. Dies rief Proteste von Schülern und Eltern hervor.

- ▶ Recherchieren Sie Leben und Werk von Jürgen Habermas und erklären Sie die notwendigen Voraussetzungen eines Diskurses nach Habermas.
- ▶ Entwickeln Sie ausgehend von der im Kasten geschilderten Beispielsituation einen Diskurs, der zwischen allen Beteiligten zu einem Konsens führen soll, und berücksichtigen Sie dabei die Regeln der Diskursethik.
- ▶ Diskutieren Sie, ob die Diskurstheorie einen Lösungsansatz vorstellt, der in einer pluralen Gesellschaft die Bildung eines Grundkonsenses ermöglicht bzw. erleichtert.
- ▶ Benennen Sie Grenzen und mögliche Probleme der Diskursethik.

Warum soll ich ethisch handeln?

Christoph H., der eine Agentur für Nachlassabwicklungen hat, hilft gerade einer Frau, den Hausrat ihrer verstorbenen Schwester zu ordnen. Das gesamte Barvermögen soll einer kirchlichen Stiftung zur Unterhaltung eines Kinderheims gespendet werden. An einem alten Kamin stößt er auf zwei schäbige Angelkästen. Als er einen davon öffnet, glaubt er, seinen Augen nicht trauen zu können: In Alufolie sind zwei Bündel 500-Euro-Scheine eingewickelt – insgesamt kann er 30.000 Euro auf die Schnelle zählen. Christoph ist allein im Zimmer. Der immer wieder aufgeschobene behindertengerechte Ausbau seines Hauses für seine gehbehinderte Frau scheint greifbar nahe zu sein. Was soll er tun?

Die Situation, in der sich Christoph H. befindet, macht einen der Wesenszüge deutlich, welche den Menschen eindeutig vom Tier unterscheiden: Der Mensch zeichnet sich u. a. dadurch aus, dass er sich bewusst überlegt, was er tun oder lassen sollte (8). Was bewegt Christoph H. in dieser Situation ethisch zu handeln, d. h., eine Entscheidung zu treffen, die gut ist und die er verantworten kann?

Auf der Suche nach einer verantwortbaren Entscheidung greift man auf verschiedene Quellen (28-31) zurück. Hierbei spielt v. a die *Vernunft** des Menschen eine Rolle. Vernunft meint umgangssprachlich die Fähigkeit zu denken und wird oft synonym mit Verstand verwendet. Gelegentlich wird dafür auch der Begriff Geist oder geistige Fähigkeiten des Menschen verwendet. In der Philosophie ist Vernunft vorrangig etwas Subjektives, ein Teil des Erkenntnisapparates des Menschen, kann aber auch als etwas Objektives, ein die Welt ordnendes Prinzip (metaphysische oder kosmologische Vernunft, Weltvernunft, »Weltgeist«) verstanden werden.
Als Teil des menschlichen Erkenntnisapparates wird Vernunft seit Kant nach Wahrnehmung und Verstand als die oberste menschliche Erkenntnisinstanz angesehen. Unter praktischer Vernunft versteht man das Setzen ethischer Prinzipien, die den Willen leiten (sollen). Allerdings folgt oft auf die Einsicht, was richtig und gut ist (im Beispiel oben: das Geld der Klientin zu übergeben), nicht automatisch, dass der Mensch auch im ethischen Sinne handelt. Die Einsicht in das richtige Handeln bedarf einer zusätzlichen Motivation oder eines Zwangs. Oft wird hierbei auf bestehende Normen verwiesen. Behält Christoph H. das Geld, ist das Diebstahl, auch wenn er kaum damit rechnen muss, »erwischt« zu werden. Er verstößt also offensichtlich gegen Normen und Gesetze. Woher kommt aber die Gültigkeit von Normen, die viele Menschen mit ihrer Vernunft einsehen können?
Eine Begründung von Normen oder Regeln richtigen Verhaltens gibt u. a. die Theologie. Aber auch die Philosophie, die Religionswissenschaft und die staatsrechtliche Ethik beschäftigen sich damit.

Theologische und philosophische Ethik

Beide haben es mit der Begründung von Normen und Regeln für richtiges Verhalten zu tun. Sie unterscheiden sich aber im Hinblick auf die Gründe. Während sich die theologische Ethik auf die Gültigkeit der Offenbarung oder auf das Wort Gottes beruft, ist dieser Begründungsweg der philosophischen Ethik nicht möglich. Dies liegt am Anspruch der philosophischen Ethik, dass die von ihr begründeten moralischen Normen von allen – also auch von nicht gläubigen Menschen – verstanden und akzeptiert werden können. Die philosophische Ethik vermeidet, sich an anerkannten Autoritäten, Konventionen oder Traditionen zu orientieren. Vielmehr besteht sie darauf, sich auf ein durch Vernunft erkennbares und daher für jeden Vernunftbegabten einsehbares oberstes Prinzip zu berufen. Sie fragt nach einem »Höchsten Gut« (lat. *summum bonum*), aus dem sich die konkreten Sollenssätze herleiten.

Philosophische Grundrichtungen ethischer Argumentation

Aus der Vielzahl der Entwürfe kann man grundsätzlich zwischen einer Gesinnungsethik (deontologische Ethik; von griech. *déon* = das Nötige) und einer Verantwortungsethik (teleologische Ethik; von griech. *télos* = Ziel) unterscheiden. Dabei wird in der Gesinnungsethik ein Handeln aus der inneren Überzeugung heraus angestrebt, eine in sich gute Absicht zu verfolgen, ohne die Folgen einzukalkulieren (vgl. 20 f.). Die Verantwortungsethik verfolgt den Grundsatz, insbesondere die Folgen einer ethischen Entscheidung zu berücksichtigen. Des Weiteren gibt es Modelle, die den Fokus auf Werte (Handeln auf der Grundlage einer im »Wertfühlen« zugänglichen Werthierarchie), auf Tugenden (Handeln auf der Grundlage einer am Guten ausgerichteten inneren Haltung) oder auf den Nutzen (Handeln im Sinne des persönlichen oder sozialen Nutzens, »Utilitarismus«) legen. Der Pluralismus von

Ansatzpunkten und Zielsetzungen, der bereits in dieser knappen Übersicht erkennbar ist, wird von gegenwärtigen Ethikern gleichsam zum Programm erhoben. An die Stelle eines universalen Ethos tritt hier die Forderung, die ethischen Wahrheiten, die in einem bestimmten sozialen Kontext und vor dem Hintergrund gewachsener Traditionen allgemeine Geltung beanspruchen können, in einem offenen Diskurs* gemeinsam zu ergründen. Was in diesem Diskurs als plausibel erscheint und mit der Vernunft zu vereinbaren ist, soll als richtig gelten.
Im Rückblick auf die eingangs geschilderte Situation heißt das: In unserer Gesellschaft gibt es Normen, die auf bestimmte Werte gegründet und in Gesetze eingegangen sind. Auch wenn für Christoph H. im Beispiel oben subjektiv gesehen das Behalten des Geldes in Betracht kommt, ist die Eigentumsfrage in diesem Fall gesetzlich geregelt, und diese Regelung erscheint den meisten Menschen plausibel. Auf der anderen Seite gibt es aber in unserer Gesellschaft Fragestellungen, die kontrovers diskutiert und in einer vernünftigen Argumentation und in Abwägung der Gründe zu verschiedenen Beurteilungen und damit zu unterschiedlichen Handlungsansätzen führen können. Gerade Diskussionen in sensiblen Bereichen, in denen es z. B. um das Recht auf Leben oder das Recht auf einen würdigen Tod geht, können vor Augen führen, dass die Vernunft allein an Grenzen stoßen kann: Für viele Menschen ist es vernünftig, Embryonen mit »nachgewiesenem Defekt« abzutreiben oder dem Wunsch nach Sterbehilfe aufgrund des Selbstbestimmungsrechts des Menschen unbedingt nachzukommen. So lässt sich mit dem russischen Schriftsteller Dostojewski fragen: Ist, wenn Gott nicht existierte, alles erlaubt?

Letztbegründung der Ethik

Im Christentum ist ethisches Handeln ein Stück gelebten Glaubens (»Orthopraxie«) und damit von der Religion nicht zu trennen (vgl. 15). Darin besteht das Unterscheidende zu jeder nur anthropolog
Die Letztbegründung sittlichen
christlicher Sicht nur eine theolo
geht von der Beobachtung aus,
eine zentrale Bezugsgröße und
Selbstwahrnehmung und im Ha
darstellt. Deshalb reflektiert die
die Bezüge von Glauben, Selbst
und Begründung. Sie verstehen
allgemeinen Diskurs darüber, wa
wie sie handeln können und soll
immer auch theonome Ethik, d. h., die letztgültige Begründung jeglichen sittlichen Handelns kann aus christlicher Sicht nur in Gott liegen: Sein und Sollen des Menschen sind Schöpfungen Gottes. Von ihm kommt jede Moral, auf ihn weist sie – bewusst oder unbewusst – zurück. Mit dem Verweis auf die Offenbarung als der ersten und entscheidenden Quelle ethischer Prinzipien und Handlungsrichtlinien und der Vernunft als zweiter Quelle der Normbegründung stellt die christliche Ethik ein Modell dar, das eine verantwortliche Gewissensentscheidung des handelnden Subjekts gewährleistet.
Der Theologe Josef Römelt spricht dabei von der »unvertretbaren Berufung« eines jeden Menschen zum verantwortlichen Schöpfungspartner Gottes: »Menschliche Ethik erscheint im Horizont der Glaubenserfahrung als Suche nach moralischer Wahrheit in Verantwortung vor Gott.« Für die theologische Ethik ist die hier vorausgesetzte moralische Kompetenz des Menschen im Versprechen Gottes begründet, dass er über alle schuldhaften Verfehlungen hinweg am Ja zum Menschen und zur Welt festhalten wird. Es ist diese im Schöpfungsgeschehen begründete heilsgeschichtliche Perspektive, die das Handeln des Menschen als Antwort auf den vorausgehenden Anruf Gottes deutet und die menschliche Verantwortlichkeit und damit die Würde des Menschen theonom verankert und zum Garant menschlicher Freiheit macht. Sie kann nicht relativiert werden, sondern gilt durch den Transzendenzbezug unwiderruflich.

- Erläutern Sie, inwiefern die Vernunft eine Quelle der christlichen Ethik ist.
- Wenden Sie die verschiedenen Begründungsansätze ethischer Argumentation auf das Beispiel von Christoph H. (26) an und bewerten Sie deren Plausibilität.
- Zeigen Sie Unterschiede und Gemeinsamkeiten der Normenbegründung in der philosophischen und der theologischen Ethik auf.
- Inwiefern stellt sich auch in der philosophischen Ethik die Frage nach einer Letztbegründung der Ethik?
- Erläutern Sie das Zitat »Wenn Gott nicht existierte, so wäre alles erlaubt« von Fjodor M. Dostojewski und finden Sie konkrete Beispiele für dessen Gültigkeit.
- Zeigen Sie auf, inwiefern die Letztbegründung der Ethik in Gott und die Freiheit des Menschen miteinander verbunden sind.

...l als Quelle der Ethik

...ge nach den Quellen der Ethik ist eng verknüpft ...der Suche nach Verbindlichkeit und Autorität. In der ...radition der theologischen Ethik spielt die Berufung auf die Bibel zur Begründung ethischer Normen eine zentrale Rolle. Zwar werden moralische Gebote und Verbote zuerst in sich selbst als gut und richtig erkannt, doch lassen sie sich auch auf den Willen Gottes zurückführen. Durch die Offenbarung Gottes in der Geschichte Israels wird nicht die Gültigkeit der Gebote und Weisungen begründet, sondern ein Grund dafür gegeben, diese Gebote zu halten und ihnen gemäß zu handeln.

Die 613 Ge- und Verbote der Tora beziehen sich auf viele unterschiedliche Lebensbereiche. Sie sind als Weisungen zu einem gelingenden Leben zu verstehen – und werden im Judentum bis heute beachtet. Kristallisationspunkt einer solchen biblischen Ethik sind die Zehn Gebote. Der Dekalog (von griech. *deka logoi* = »Zehnwort«) fasst diese Lebensregeln gleichsam zusammen, die Bedingung und Ermöglichung eines friedlichen und sinnvollen Lebens im verheißenen Land sind: Verschiedene Generationen respektieren sich, Leben und Eigentum anderer werden geachtet und nicht verletzt, die Gemeinschaft von Mann und Frau ist geschützt, Vertrauen herrscht unter den Menschen, denn auf das Wort des anderen ist Verlass.

Zu diesem Katalog der Menschheitsethik, der in seinem Grundbestand im 8. bis 6. Jahrhundert v. Chr. entstanden sein dürfte, sind später das Namensverbot sowie das Sabbat- und Elterngebot und die Form der Zweitafelgestaltung hinzugewachsen.

Gott befreit zur Freiheit

In der Darstellung des Alten Testaments sind die Zehn Gebote von Gott unmittelbar an Mose auf dem Berg Sinai übergeben worden. Damit gelten sie maßgeblich und stellen auch für das Christentum die feste Grundlage jeder Ethik dar. Mit dem sogenannten Bundesbuch (Ex 21,1 – 23,19), das in den Kontext des Bundesschlusses am Sinai eingefügt wurde, werden die Grundregeln menschlichen Zusammenlebens direkt in den Glauben an JHWH und die geschichtliche Erfahrung des Auszugs aus Ägypten (Exodus) eingebunden. JHWH wird also als ein Gott erfahren, der befreit: »Ich bin JHWH, dein Gott, der ich dich herausgeführt habe aus dem Land Ägypten, aus dem Sklavenhaus« (Ex 20,1, vgl. Dtn 5,6). Diese Einleitung zum Dekalog erinnert an die konkrete Erfahrung der Befreiung – die als Befreiung durch Gott verstanden wird und vor der Erzählung von der Übergabe der Dekalogtafeln steht. Mose und damit Israel erhalten und verstehen die Zehn Gebote nicht als Auferlegung eines wieder unfrei machenden Zwangs; vielmehr stellen sie jene Wegweisung dar, die Israel in der real erfahrenen Freiheit außerhalb Ägyptens auf Dauer Bestand garantiert. Somit ist die eigentliche Offenbarungsaussage des Dekalogs nicht in den einzelnen Ge- und Verboten mit ihren konkreten Inhalten zu sehen, sondern sie besteht in der Selbstoffenbarung JHWHs als eines Gottes, der für sein Volk Israel unverbrüchlich da ist: Er hat sich Israel in der Geschichte durch sein befreiendes Handeln voraussetzungslos und bedingungslos zugewandt. Werden die Gebote aus der lebendigen erinnernden Verbundenheit mit JHWH und aus Liebe zu ihm gehalten, so wird es Israel gut ergehen und es wird gesegnet sein (Dtn 5,16.29; 6,3.18; 12,25.28; 22,7).

Der Prolog vor dem Dekalog macht deutlich, dass es, anders als es allzu oft in den zwischenmenschlichen Verhältnissen der Fall ist, nicht zuerst notwendig ist, den Imperativ des ethisch Gesollten zu erfüllen, um dadurch den Indikativ der Zuwendung Gottes und der Gemeinschaft mit ihm zu erlangen. Die Botschaft der Bibel besteht vielmehr grundlegend darin, dass dieses Verhältnis umgekehrt ist: Sie verkündet zuerst den Indikativ, dass sich Gott den Menschen zugewandt und sie befreit hat, und erst auf dieser Grundlage des Indikativs der Zuwendung Gottes wird das ethische Sollen nicht mehr als äußerer Zwang empfunden, sondern aus innerer Einsicht und Freiheit erfüllt.

- ▶ Entwickeln Sie ein Schaubild, das den Zusammenhang zwischen dem Zuspruch Gottes an Israel (Ex 20,1; Dtn 5,6) und der Einhaltung der Zehn Gebote verdeutlicht.
- ▶ Erklären Sie, inwiefern die Darstellung »Mose und die Zehn Gebote« von Marc Chagall (29) ambivalent gedeutet werden kann: »Mose empfängt und gibt zur Kenntnis ...« Setzen Sie Ihre Ergebnisse mit der Offenbarungsaussage des Dekalogs in Beziehung.

Jesu ethische Botschaft

Marc Chagall, 1960-66

Die Verkündigung Jesu enthält Weisungen, die inhaltlich über das Alte Testament weit hinauszugehen scheinen: das Doppelgebot der Gottes- und Nächstenliebe (vgl. Mt 22,37-39; Mk 12,29-31; Joh 13,34), die Goldene Regel* (Mt 7,12; Lk 6,31) oder die Aufforderung zum Gewaltverzicht und zur Feindesliebe (Mt 5,43f.; Lk 6,27f.). Bei genauer Betrachtungsweise wird jedoch deutlich, dass sich Jesus in der Spur seiner eigenen jüdischen Tradition bewegt hat: An prominenten Stellen des Alten Testaments finden sich die Gebote der Gottes- (im »Sch'ma Israel«, Dtn 6,5f.) und der Nächstenliebe (Lev 19,18). Mit dem Gebot der Feindesliebe werden frühjüdische ethische Weisungen aus Ex 23,4f. und Spr 25,21f. aufgegriffen. Die »Bergpredigt« (Mt 5,1 – 7,28) als Kompendium der »Ethik Jesu« parallelisiert die Übergabe der Zehn Gebote an Mose auf dem Berg Horeb mit der Verkündigung der »Neuen Gesetze«: Die Formulierung »Zu den Alten ist gesagt worden ...; ich aber sage euch« in den sogenannten Antithesen (Mt 5,21-48) könnte als eine inhaltliche Überbietung alttestamentlicher Gebote angesehen werden. Jesus gibt aber inhaltlich kein neues Gesetz, sondern ordnet sich in die im Judentum übliche Auslegung der Rechtsbestimmungen der Tora ein. Treffender wäre also zu formulieren: »Zu den Alten ist gesagt worden ...; und ich sage euch darüber hinaus ...«. Im Vorspruch (Mt 5,17-20) wird klargestellt, dass es in den Forderungen der Antithesen nicht darum geht, eine Weisung der Tora abzuschaffen, zu relativieren oder für ungültig zu erklären, inhaltliche Forderungen zu verändern oder mit neuen und anderen Gesetzen die Tora zu ersetzen; vielmehr geht es um die *Erfüllung* »des Gesetzes«. Jesus geht es nicht darum, sich möglichst genau an den Wortlaut einzelner (Religions-) Gesetze zu halten, sondern um den Wert, der hinter dem jeweiligen Gebot steht, von dem her es begründet ist und den es schützen und fördern will. Die Forderungen Jesu bilden damit auch nicht die Grundlage für allgemeingültige Normen, sondern sind Appell an unsere Fantasie, jeweils in neuen Situationen neue Wege der Erfüllung zu entdecken. Sie haben nicht in ihrem »Wie«, sondern in ihrem »Was« Modellcharakter. Nicht nur die Tat, sondern alles, was zur Tat führt, muss – und kann – verantwortet werden. Denn für Jesus setzt sich die Herrschaft Gottes dort durch, wo der Wille Gottes getan wird. Deshalb sind Entscheidungen mit dem Blick auf den Nächsten zu treffen. In Jesu eigenem Verhalten gegenüber gesellschaftlich Deklassierten, Zöllnern, Betrügern, Ehebrechern und Prostituierten, zeigt sich diese Zuwendung im Sinne der Nächstenliebe – und als »Vorgeschmack« dessen, was unter der Herrschaft Gottes möglich wird. Die Gebote der Nächsten- und Feindesliebe sind also die Motivation, aus der heraus eine Verpflichtung zum ethischen Handeln entsteht.

- ► Stellen Sie den antithetischen Aufbau von Mt 5,17-48 grafisch so dar, dass in der Gegenüberstellung mit Ex 20,13f.; 21,24, Lev 19,18 und Dtn 24,1 der jeweils dahinter stehende Wert, der in konkreten Situationen schützenswert ist, deutlich wird.
- ► Begründen Sie die Motivation, die zur Erfüllung der Antithesen führen soll.
- ► Zeigen Sie am Beispiel des Gleichnisses vom barmherzigen Samariter (Lk 10,30-37) die Ausweitung des Gebotes der Nächstenliebe und den notwendigen Perspektivenwechsel hinsichtlich der Personenkreise und der Handlungsweise auf.

Das Gewissen als Quelle der Ethik

Gewissen in der Bibel

Das Gewissen ist eine im menschlichen Bewusstsein verankerte Instanz, die Bewertungsmaßstäbe dafür bereithält, welche menschlichen Verhaltensweisen als gut oder böse, richtig oder falsch, wünschenswert oder verwerflich anzusehen sind. Obwohl das sittliche Gewissen an ein je individuelles Wert- und Entscheidungsvermögen gebunden ist, resultieren die Verhaltensregeln, die Ge- und Verbote in den meisten Fällen aus religiösen oder weltanschaulichen Überzeugungen. Auch in der Bibel werden derartige Bewertungsmaßstäbe aufgezeigt, obwohl der Begriff »Gewissen« in der hebräischen Sprache nicht vorkommt und daher in den alttestamentlichen Schriften fehlt. Die Beschreibung einer Gewissenserfahrung findet sich aber mehrfach. Besonders deutlich wird dies in der Geschichte von Saul und David, in der es von David heißt: »Danach schlug ihm sein Herz« (1 Sam 24,6). Hier wie an anderen Stellen bezeichnet »Herz« das Zentrum der menschlichen Person in ihrem Denken, Fühlen und Wollen. Dieses Verständnis findet sich durchweg im Alten Testament und ebenso innerhalb des Neuen Testaments in der Überlieferung der synoptischen Evangelien.

»Gott ist größer als unser Herz.«
1 Joh 3,19

Erst Paulus gebraucht den Begriff »Gewissen« explizit. Er knüpft dabei an die in der hellenistischen Welt geläufige Tradition an, die vor allem auf die Philosophie der Stoa* zurückgeht. Das Gewissen bestimmt die Existenz aller Menschen. So sagt Paulus von den Heiden, welche die Tora Israels (»das Gesetz«) nicht kennen: Sie tun dennoch von Natur das, was das Gesetz von ihnen fordert. »Sie beweisen damit, dass in ihr Herz geschrieben ist, was das Gesetz fordert, zumal ihr Gewissen es ihnen bezeugt« (Röm 2,15).

Wie frei ist das Gewissen?

Der Zusammenhang von Christusglauben und Gewissen wird bei Paulus an einem Konflikt deutlich, der sich um die Frage des »Götzenopferfleisches« in der Gemeinde Korinth entzündet hat. In der jungen christlichen Gemeinde taucht die Frage auf: Dürfen wir das Fleisch, das bei den Opfern an heidnischen Tempeln geschlachtet und geweiht worden war und später auf dem Markt verkauft wird, ohne Bedenken genießen, oder beteiligen wir uns dadurch am polytheistischen heidnischen Kult? Einige Korinther fühlten sich in dieser Frage in ihrem Gewissen belastet (1 Kor 8,7). Paulus selbst fühlt sich allerdings in seinem eigenen Gewissen nicht beschwert. Denn er geht von der Überzeugung aus: Es gibt nur den einen Gott; deshalb gibt es weder andere Götter noch Götzenopfer, noch Götzenopferfleisch. Darum hat Paulus die Freiheit des Gewissens, dieses Fleisch zu essen. Paulus warnt jedoch in diesem Zusammenhang: »Seht aber zu, dass diese eure Freiheit für die Schwachen nicht zum Anstoß wird« (1 Kor 8,9). Es geht darum, die Freiheit des eigenen Gewissens im Zusammenhang mit dem Gewissen anderer zu sehen und deren Gewissen nicht in Nöte zu bringen oder zu verletzen. Für Paulus gehören demnach Freiheit und Liebe eng zusammen (vgl. auch 1 Kor 10,23-33). In den nachpaulinischen Schriften spielt das Gewissen in unterschiedlichen Zusammenhängen eine Rolle. Eine wichtige Aussage findet sich im ersten Johannesbrief, obwohl das Wort Gewissen nicht ausdrücklich vorkommt: »Daran erkennen wir, dass wir aus der Wahrheit sind, und können unser Herz vor ihm damit zum Schweigen bringen, dass, wenn uns unser Herz verdammt, Gott größer ist als unser Herz« (1 Joh 3,19). Der Glaube an Jesus Christus erschließt also die Freiheit des Gewissens, die sich in der Liebe zum Nächsten bewährt.

- ▶ Zeigen Sie auf, welche Umschreibung und welche Bedeutung dem Gewissen in der Bibel zukommen.
- ▶ Informieren Sie sich über den Apostel Paulus. Erläutern Sie vor dem Hintergrund der paulinischen Heidenmission, warum seine Aussage, dass die Heiden, welche die Tora nicht kennen, in ihrem Herzen die Stimme des Gewissens vernehmen, für gläubige Juden, die Jesus nachfolgten, befremdlich wirken musste.
- ▶ Erläutern Sie die Aussage »Gott ist größer als unser Herz«.

Das Gewissen in der kirchlichen Lehre

Im Inneren seines Gewissens entdeckt der Mensch ein Gesetz, das er sich nicht selbst gibt, sondern dem er gehorchen muss und dessen Stimme ihn immer zur Liebe und zum Tun des Guten und zur Unterlassung des Bösen aufruft und, wo nötig, in den Ohren des Herzens tönt: Tu dies, meide jenes.
Denn der Mensch hat ein Gesetz, das von Gott seinem Herzen eingeschrieben ist, dem zu gehorchen eben seine Würde ist und gemäß dem er gerichtet werden wird. Nicht selten jedoch geschieht es, dass das Gewissen aus unüberwindlicher Unkenntnis irrt, ohne dass es dadurch seine Würde verliert. Das kann man aber nicht sagen, wenn der Mensch sich zu wenig darum bemüht, nach dem Wahren und Guten zu suchen, und das Gewissen durch Gewöhnung an die Sünde allmählich fast blind wird.

2. Vatikanisches Konzil, Gaudium et spes, 16

Die Würde der menschlichen Person enthält und verlangt, dass das Gewissen richtig urteilt. Zum Gewissen gehören: die Wahrnehmung der Moralprinzipien ..., ihre Anwendung durch eine Beurteilung der Gründe und der Güter unter den gegebenen Umständen, und schließlich das Urteil über die auszuführenden oder bereits durchgeführten konkreten Handlungen. Das kluge Urteil des Gewissens anerkennt praktisch und konkret die Wahrheit über das sittlich Gute, die im Gesetz der Vernunft ausgedrückt ist. Als klug bezeichnet man den Menschen, der sich diesem Urteil gemäß entscheidet.
Das Gewissen ermöglicht es, für die vollbrachten Handlungen die Verantwortung zu übernehmen. Hat der Mensch Böses getan, kann das rechte Gewissensurteil in ihm immer noch Zeuge dafür sein, dass die moralische Wahrheit gilt, seine konkrete Entscheidung aber schlecht ist. Der Schuldspruch des schlechten Gewissens bleibt ein Unterpfand der Hoffnung und des Erbarmens. Indem er die begangene Verfehlung bezeugt, mahnt er, um Vergebung zu bitten, das Gute doch noch auszuführen und mithilfe der Gnade Gottes die Tugend unablässig zu pflegen ... Der Mensch hat das Recht, in Freiheit seinem Gewissen entsprechend zu handeln, und sich dadurch persönlich sittlich zu entscheiden. Er darf also nicht gezwungen werden, gegen sein Gewissen zu handeln. Er darf aber auch nicht daran gehindert werden, gemäß seinem Gewissen zu handeln, besonders im Bereich der Religion.

Katechismus der Katholischen Kirche (KKK, 1780-1782)

Hilfen zur Gewissensbildung

Da das Gewissen einem Entwicklungsprozess unterliegt und sich in mehreren Stufen bildet, ist es die Aufgabe jedes Menschen, sein Gewissen immer wieder neu zu sensibilisieren. Der erste Schritt bei einer Gewissensentscheidung ist deshalb, sich über den Sachverhalt, der bewertet werden soll, genau zu informieren und hierbei ggf. Fachleute zu befragen oder Sachinformationen einzuholen. Auch gilt es, kritisch zu hinterfragen, was »man« sagt oder tut; denn es muss nicht richtig sein, was viele sagen und tun. Zudem sind Menschen, die Vorbildcharakter haben, kritisch zu beleuchten und bewusst auszuwählen. Denn gerade Personen mit breiter öffentlicher Wirkung (z. B. Stars) verabsolutieren ihre persönliche Meinung nicht selten; rasch werden sie von vielen anderen imitiert, ohne dass sich jemand zuvor informierte oder gar selbstkritisch hinterfragte. Um bewusste Entscheidungen treffen zu können, ist eine Güterabwägung* hilfreich. Auch Gespräche mit Personen des Vertrauens können hilfreich sein, weil sie ein Licht von außen auf die Sachlage werfen können.

- Exzerpieren und erläutern Sie wesentliche Aussagen aus den kirchlichen Schriften über das Gewissen und übertragen Sie diese in ein Schaubild (z. B. Mindmap).
- »Die Würde der menschlichen Person enthält und verlangt, dass das Gewissen richtig urteilt.« Setzen Sie sich mit dieser Aussage intensiv auseinander und zeigen Sie auf, inwiefern die Würde des Menschen und das Gewissen untrennbar miteinander verbunden sind.
- Überprüfen Sie die Hilfen zur Gewissensbildung im Hinblick auf ihre Tauglichkeit für den Alltag und ergänzen Sie diese.
- Erörtern Sie Voraussetzungen, damit der Mensch mithilfe seines Gewissens zu einer tragfähigen Gewissensentscheidung kommen kann.
- Beurteilen Sie den Stellenwert, den das Gewissen des Menschen für sein Handeln hat. Beziehen Sie bei Ihrer Antwort die ganze Doppelseite mit ein.

Nach dem Gewissen entscheiden

Der einzelne Mensch wird in seinem Leben immer wieder vor Entscheidungen gestellt werden, die ihn in einen Gewissenskonflikt führen können. Ob es sich dabei um eine persönliche Entscheidung wie beim Ferntourismus oder um eine weiter reichende Entscheidung handelt (z. B. bei der Frage, welchen Wert das menschliche Leben von Anfang an hat), letztlich ist das persönliche Gewissen die letzte Entscheidungsinstanz.

Das gebuchte Paradies – ethisch zu verantworten?

Sogar in der schönsten Zeit des Jahres, den Ferien und dem Urlaub, ist es heute notwendig geworden, ethische Entscheidungen zu treffen. Gefragt ist dabei eine Güterabwägung, die alle Bereiche miteinbezieht und dann eine vor dem Gewissen verantwortbare Entscheidung trifft.

Am Beispiel des Ferntourismus soll nun beispielhaft gezeigt werden, was bei einer Gewissensentscheidung zu berücksichtigen ist, die eine Antwort auf die Frage gibt: Ist es ethisch zu verantworten, in den Ferien in andere (oft unterentwickelte) Länder zu fliegen?

Wo die Kluft zwischen Arm und Reich innerhalb der Städte zu Spannungen führt, entstehen *Gated Communities* der Wohlhabenden. Davon isoliert, aber in die Ökonomie der Stadt eingebunden, entstehen *Selfmade Cities* der Armen. Die Fotografie zeigt Paraisópolis im Südwesten São Paulos, 2009.

- ▶ Informieren Sie sich über aktuelle Zahlen und Trends im Ferntourismus und bewerten Sie die Ergebnisse kritisch. Sie können folgende Internetadresse miteinbeziehen: www.fur.de.
- ▶ Sammeln Sie anschließend z. B. in einem Cluster, welche ethischen Probleme der Ferntourismus aufwirft, und beziehen Sie dabei auch Ihr Wissen aus dem Fach Geografie und das oben abgedruckte Foto mit ein.
- ▶ Stellen Sie mit einem Medium Ihrer Wahl Argumente zusammen, die für bzw. gegen Reiseaktivitäten in sogenannte Entwicklungsländer sprechen. Reflektieren Sie dabei, welche Wertmaßstäbe bzw. Normen hinter den Argumenten stehen, und wägen Sie deren Bedeutung gegeneinander ab.
- ▶ Wenden Sie die Schritte zur ethischen Urteilsbildung (16) auf die oben genannte Fragestellung an.

Gerade im Zusammenhang mit der Klimadebatte wird beim Thema Ferntourismus immer wieder die Frage gestellt, inwiefern der Flug in den Urlaub, der aufgrund der immer billigeren Angebote der Fluggesellschaften für viele Menschen erschwinglich wird, in Zeiten der Klimaveränderung und der Vergrößerung der Ozonlöcher überhaupt noch zu verantworten ist. In der EU wird zudem regelmäßig die Einführung einer Kerosin-Steuer gefordert, wodurch die Flüge unweigerlich verteuert würden; viele Umweltaktivisten sehen darin die einzige Möglichkeit, die Fluginflation zu Tourismuszwecken einzudämmen.

»Recht auf Reisen lässt sich niemand nehmen«

Umweltverbände und Politik fordern den Verzicht auf Fernreisen. Doch werden die Deutschen dem Aufruf zum Schutz des Klimas folgen? Freizeitforscher Horst Opaschowski zweifelt. Derweil wirft die Reisebranche der Politik Effekthascherei vor.

Hamburg – Nur vorübergehend werde nach Ansicht von Opaschowski die Warnung vor Fernreisen zu einem Innehalten führen: »Urlaub ist die populärste Form des Glücks. Das Recht auf Reisen – wohin auch immer – lässt sich jedoch niemand nehmen«, sagte der wissenschaftliche Leiter des BAT-Freizeitforschungsinstituts in Hamburg der Nachrichtenagentur dpa.

Inzwischen habe es »zwar einen gewaltigen Einstellungswandel in der Bevölkerung zum Thema Klimaschutz gegeben, sodass sich Maßnahmen der Politik besser durchsetzen lassen würden«, sagte der Experte. »Doch das Verständnis der Menschen würde sich allenfalls auf bestimmte Signale beschränken.«

Ein solches Signal könnte zum Beispiel ein autofreier Sonntag sein. »Das hätte dann sogar noch Eventcharakter«, sagte Opaschowski. »Außerdem: Eine solche Aktion täte ja auch nicht wirklich weh.« Ein »freiwilliger temporärer Verzicht« auf Fernreisen sei durchaus denkbar. »Das Thema Klimaschutz trifft die Menschen emotional und existenziell, deshalb ist die Bereitschaft zur Veränderung groß – aber nur für eine gewisse Zeit«, erklärte Opaschowski.

Spiegel online, 5.3.2007

Dürfen wir noch fliegen?

Nein, denn Vielfliegerei ist unmoralisch, meint Elisabeth von Thadden

Der Flug für den Herbst ist gebucht, nichts Interkontinentales. Rom. Ein bisschen Fliegen, ins konsensträchtige Rom eben oder ins Theater mal nach Paris, gehört zum Design des flexiblen Menschen dazu, um nicht als moralisch überhitzt zu gelten. Dabei ist die Sache ja einfach: Ohne Moral ist der Vielfliegerei nicht beizukommen. Weil die Atmosphäre allen Erdenbürgern zu gleichen Teilen gehört, muss geregelt werden, wer sie wie sehr verändern darf. Jenseits der Zahlungskraft. In Zukunft im Urlaub lieber an den Timmendorfer Strand statt in die Toskana?

Humorlos? Im Land der Urlaubsweltmeister hat vor zweihundert Jahren der tatsächlich eher humorlose Immanuel Kant festgehalten, dass jeder sein Handeln daran ausrichten solle, ob es verallgemeinerbar ist. Verallgemeinerbar ist die Vielfliegerei nicht: Die, global betrachtet, winzige fliegende Klasse gibt kein Vorbild für Milliarden von Menschen ab. Sie nimmt sich das Vorrecht heraus, anders zu handeln, als es für alle geboten wäre, und zahlt halt dafür. Ein bisschen Spaß muss sein, wenn es um den Kurzurlaub der Eliten geht. Dass weder Hannibal noch Michel de Montaigne mit dem Flugzeug nach Italien gelangt sind, gehört zu den Hinweisen, die als gestrig belächelt werden. Und statt auf die Kanaren zu jetten, lieber im Regen an südschwedischen Seen zu zelten, gilt als unnötig. Irgendwie anthroposophisch.

Gutmenschenverdacht? Es gab und gibt viele, die zum Urlaub nicht in die Ferne fliegen, und zwar ohne zwanghafte Askese. Sondern weil sie anderes, siehe Kant, naheliegender finden. Und weil es für sie einen feinsinnigen Genuss bedeutet, sich in konzentrischen Kreisen fortzubewegen, um der Seele willen. Denn die geht gern zu Fuß. Kleinräumig zu reisen kann dem Klima im nichtmeteorologischen Sinne förderlich sein: Es ist den Sinnen, dem Wissen, der Vorstellungskraft angemessen. Diese Anstrengung des Reisens, samt Gedanken, finden viele kostbarer als Instanterholung am anderen Ende der Welt.

DIE ZEIT, 15.3.2007

- Lesen Sie die abgedruckten Artikel unter Berücksichtigung der jeweiligen Textgattung und sammeln Sie weitere Pro- und Kontra-Argumente.
- Verfassen Sie anschließend eine begründete Stellungnahme, in der Sie darlegen, ob der Flugferntourismus heute noch ethisch zu verantworten ist.

Zivilcourage im Widerstreit

München. (12.09.2009)

Dominik Brunner wurde mit Füßen getreten und totgeprügelt

Dominik Brunner ist mit der Münchner S-Bahn unterwegs. Die Linie 7 Richtung Wolfratshausen ist gut besetzt. Der 50-Jährige sieht, wie zunächst drei Jugendliche einige Kinder drangsalieren. Sie wollen 15 Euro erpressen. Die Kinder hatten versucht, die Schläger von ihren Attacken abzuhalten. Mehrere Zeugen hatten die Polizei alarmiert. Brunner greift ein, als die 17- und 18-Jährigen die 13- bis 15-Jährigen zu verprügeln beginnen. Er ruft über sein Handy die Polizei und bleibt bei den verängstigten Mädchen und Jungen, als sie wenig später an der S-Bahn-station Solln aussteigen. Laut Polizei waren zu dieser Zeit etwa 15 Personen auf dem Bahnsteig. Dort eskaliert zwischen den beiden Jugendlichen, Markus S. und Sebastian L., einerseits und Dominik Brunner andererseits der Konflikt, als er sie von den Kindern abhalten will. Ohne Zurückhaltung schlagen und treten sie immer wieder auf den Geschäftsmann ein, auch als dieser längst am Boden liegt. Als die Polizisten und ein Notarzt endlich eintreffen, hat der Mann mehr als 22 einzelne Verletzungen erlitten. Wenig später stirbt er in einer Klinik. Totgeschlagen von zwei Jugendlichen, weil er Courage zeigte, weil er half, als Hilfe nötig war.

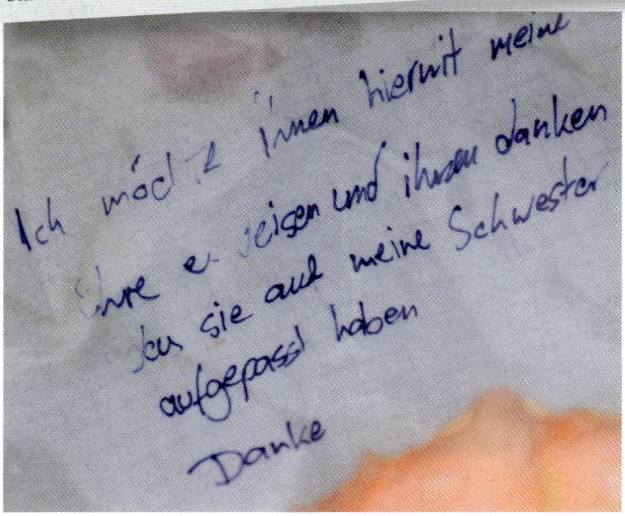

Brief der Schwester eines der beschützten Mädchen

Kommentare

Zivilcourage – dazu werden die Deutschen immer unfähig bleiben. Wegschauen können sie gut, schon seit der Zeit der Weimarer Republik oder seit 1933! Wer weiß? Interessant ist aber, dass es dem durchschnittlichen Deutschen doch nicht schwerfällt, ständig nach Fehlern anderer zu suchen. Am besten sucht man sich dafür aber einen Jüngeren und Schwächeren aus.

BOS-Schüler, 22 Jahre

Ich bin nun schon über 10 Jahre in einer Kampfsportschule aktiv. Wir diskutieren oft, wie wir uns verhalten sollten, wenn wir in so eine Situation kommen. Ich denke, ich kann mich sehr gut verteidigen. Aber in so einer Situation stellt sich die Frage, was mit mir passiert, wenn ich jemanden verletze. Es wird vorausgesetzt, dass ich meine Schläge kontrolliert einsetze, aber in solchen Situationen, was Gott sei Dank noch nicht vorgekommen ist, könnte ich für nichts garantieren. Wenn man sieht, wie brutal hier vorgegangen wurde, stellt es sich hier so dar: entweder ich oder sie. Was kommt dann auf mich rechtlich zu? Werde ich dann vom Schlichter zum Täter? Vielleicht hat schon mal einer die Erfahrung gemacht?

Angestellter, 47 Jahre

Zivilcourage ist für mich ein Wort, mit dem unsere Politiker gerne hausieren gehen. Ich wohne nicht weit weg vom S-Bahnhof Solln. Wäre ich vor Ort gewesen und hätte eingegriffen, wäre ich jetzt der Depp! Ich bin 190 cm groß und 130 kg schwer und wenn ich zulange, tut es weh. Also muss ich Angst haben, für meine Zivilcourage bestraft zu werden. Womöglich kommen die Täter aus der »guten« Gegend Solln und die Eltern können sich einen teuren Anwalt leisten, der mich dann noch auf Körperverletzung und Schmerzensgeld verklagt. Nein danke!

Call-Center-Agent, 35 Jahre

Der Helfer hat aber auch nicht ganz richtig gehandelt. Das Problem ist, mit den ganzen Rufen nach Zivilcourage weiß keiner so richtig, wie das aussehen soll, weil für sowas den meisten von uns einfach eine Handlungsvorlage fehlt. Da bleibt man entweder wie angewurzelt stehen, weil man mit der Situation nichts anfangen kann, oder man schießt über das Ziel hinaus und bringt sich selbst in Gefahr – was nicht der Sinn der Zivilcourage sein kann.

Rentnerin, 71 Jahre

- Welche ethischen Begründungsmuster scheinen bei den Kommentaren durch? Erläutern Sie diese ethischen Modelle kurz! Welche Folgen ergeben sich aus den jeweiligen Entscheidungen für die an der Situation beteiligten Personen?
- Diskutieren Sie die Frage, ob und wie man zivilcouragiertes Verhalten lernen und schulen kann.
- Entwickeln Sie konkrete Handlungsanweisungen für den Fall, dass jemand mit einer solchen Situation, die Zivilcourage erfordert, konfrontiert wird.

2 Christliche Sozialethik

Aktuelle soziale Herausforderungen

Das vorausgegangene Kapitel hat unter der Überschrift »Ethisch handeln« das Rüstzeug für sittlich verantwortliches Urteilen und Handeln geliefert. Dieses auf konkrete Fragestellungen unserer Zeit hin anzuwenden und dabei auch die soziale oder gesellschaftliche Perspektive in ethische Überlegungen und Urteile einzubeziehen, ist das Anliegen dieses Kapitels. Anhand der folgenden Fallbeispiele wird die Frage Kants »Was soll ich tun?« im Hinblick auf heutige soziale Fragestellungen konkretisiert. Antworten dazu liefert die christliche Sozialethik. Sie geht dabei in einem Dreischritt vor: Zuerst analysiert sie die Problemlage, bildet sich dann mithilfe des biblisch-christlichen Menschenbilds, den daraus abgeleiteten Sozialprinzipien und weiteren ethischen Begründungsmustern ein Urteil, um schlussendlich Folgerungen für das praktische Handeln zu ziehen. Dass bereits der erste Schritt einer Situationsanalyse anspruchsvoll ist und zum Teil zu sehr kontroversen Einschätzungen führen kann, machen folgende drei Beispiele klar.

Gute Arbeitsplatzchancen

Eine gute ökonomische Situation der Herkunftsfamilie erhöht die Chance auf das Erreichen des Abiturs. Jugendliche aus Familien mit geringerem Einkommen erwerben selbst bei gleicher beruflicher Stellung und gleichem Bildungsabschluss der Eltern seltener das Abitur. Deshalb scheint der Bildungsabschluss der Kinder direkt mit dem Bildungsniveau ihrer Eltern zusammenzuhängen. Haben die Eltern statt eines Hauptschulabschlusses ohne Berufsausbildung etwa einen (Fach-)Hochschulabschluss, ergibt sich für die Jugendlichen eine etwa dreimal so hohe Chance, im Alter von 18 bis unter 21 Jahren einen zur Hochschulreife führenden Bildungsgang zu besuchen bzw. erfolgreich beendet zu haben.
Wie sehr letztlich die Chance auf einen Arbeitsplatz von der eigenen Herkunft abhängt, zeigt die Statistik unten. Darüber hinaus besitzt in kaum einem anderen Staat der EU der Bildungsabschluss eine so große Bedeutung für einen guten Arbeitsplatz wie in Deutschland.

Einfaches Bildungsniveau *(bis höchstens Realschulabschluss)*	**Mittleres Bildungsniveau** *(Abitur oder Berufsausbildung im dualen System oder an einer Berufsfachschule)*	**Höheres Bildungsniveau** *(Hochschul- oder Fachhochschulabschluss)*
16,2 %	9,2 %	5,3 %

Erwerbslosenquote in Deutschland nach dem erreichten Bildungsniveau im Jahr 2005 in %

Vereinbarkeit von Haushalt und Beruf

»Hab mich beruflich verändert. Bin jetzt im Familienmanagement.«

- Fassen Sie in einer präzisen Situationsanalyse zusammen, welche Informationen zum Thema »Arbeitsplatzchancen« angeführt werden und welche Ihrer Meinung nach fehlen.
- Der Einleitungstext dieser Seite greift die Kant'sche Frage »Was soll ich tun?« (**20** f.) auf. Spitzen Sie diese Frage im Hinblick auf diese Problemsituation zu und diskutieren Sie im Rückgriff auf Ihr bisher erlerntes ethisches Rüstzeug gemeinsam Lösungswege. Inwiefern findet man damit (noch) keine Lösung?
- Erarbeiten Sie eine weitere Analyse: Erschließen Sie die in der Karikatur gezeigte Situation und achten Sie besonders auf die Aussage der jungen Frau. Arbeiten Sie die Unterschiede heraus, die zwischen dieser Problemsituation und einem Dilemma bestehen, das Sie im vorangegangenen Kapitel (z. B. **13**) bearbeitet haben.

Gerechter Lohn

Ein Fußballspieler in der Bundesliga, ein Topmodel, ein Pilot in der Formel 1oder ein Spitzenmanager im Bankwesen oder in der Wirtschaft können von einem sehr hohen Einkommen leben. Im Vergleich dazu erhalten eine Krankenschwester, eine Reinigungskraft, eine Sozialarbeiterin, ein Erzieher oder ein Altenpfleger für ihre Arbeit ein eher bescheidenes Gehalt. Ein Hausmann und Vater oder eine ehrenamtlich Engagierte im sozialen, kulturellen oder politischen Bereich bekommen für ihre geleistete Arbeit kein Geld. Gesellschaftlich werden die (beruflichen) Tätigkeiten von Menschen offenbar sehr unterschiedlich ein- und wertgeschätzt. Wer dann noch die Fragen nach der Notwendigkeit und dem Wert einer Leistung mit einbezieht, dem drängt sich die Frage nach der Gerechtigkeit auf.
Soziale Grundsätze der christlichen Sozialethik können hier maßgebliche Hinweise bei der Lösung dieser Frage geben, wie das folgende Interview mit dem Theologen und Sozialethiker Friedhelm Hengsbach verdeutlicht:

Was macht einen gerechten Lohn aus?

Hengsbach: Es gibt keinen objektiven, exakt bestimmbaren Maßstab für die wirtschaftliche Leistung und das angemessene Entgelt. Man könnte bissig sagen: Jeder verdient das, was er verdient – und keiner verdient das, was er verdient. Was der gerechte Lohn ist, kann keiner präzise und unbestritten sagen. Obwohl Politiker und Manager den Leistungslohn und die Leistungsgerechtigkeit anhimmeln, wird diese derzeit eindeutig verletzt. Dass beispielsweise diejenige, die Banknoten sortiert, eine wirtschaftliche Leistung erbringt, was für den, der daheim drei Kinder erzieht, nicht zutrifft. Oder der Bauer in Peru, der Kartoffeln anbaut, um die Nahrungsbedürfnisse seiner Nachbarn zu befriedigen, leistet wirtschaftlich nichts, weil seine Nachbarn nicht zahlen können. Wenn er jedoch Orchideen züchtet, die er nach Europa fliegen lässt, und die dort vorhandenen kaufkräftigen Kunden ihm ein Einkommen zahlen, dann ist das eine wirtschaftliche Leistung. Oder nehmen wir eine Automobilfabrik: Der Bandarbeiter, die Designerin, der Abteilungsleiter, der Vorstandsvorsitzende – wie will man den spezifischen Beitrag messen, den die Einzelnen jeweils für das Auto, das dann auf dem Markt verkauft wird, erbringen? Schließlich hängt die Bewertung des Arbeitsvermögens von der Macht derer ab, die darüber entscheiden, wie die Mitarbeiter im Unternehmen entlohnt werden.

Wie kommt man zu einer gerechteren Leistungsbewertung?

Hengsbach: Die traditionellen Wertmuster dessen, was als produktiv angesehen wird, müssen überwunden werden. Sie sind immer noch an der industriellen Männerarbeit orientiert. So wird alles, was nicht für die Industrie und den Export erarbeitet wird, als weniger produktiv erachtet: Die Arbeit der Erzieher, der Pflegekräfte, der Therapeutinnen. Dabei lässt sich die Rechnung umkehren: Die Erzieherin leistet eine Arbeit, die die hohe Produktivität des Industriearbeiters erst ermöglicht. Und der Krankenpfleger trägt dazu bei, die Leistungsfähigkeit der Exportfirmen zu erhöhen. Die postindustrielle Gesellschaft muss sich darüber neu verständigen, welche Arbeiten für sie besonders nützlich sind. Und die Frage nach einer gerechten Leistungsbewertung kann meiner Meinung nach nur dadurch beantwortet werden, dass man eine paritätische Verhandlungsmacht zwischen den Tarifpartnern einfordert.

- Legen Sie in einer dritten Situationsanalyse dar, um welche Problemstellung es geht. Erläutern Sie die Grundannahmen, die den Ausführungen von Hengsbach zugrunde liegen, und entwerfen Sie ein Schema, in das Sie Hengsbachs Antworten/Argumente eintragen. Berücksichtigt er auch entgegengesetzte Meinungen?
- Erklären Sie, worin in den drei Situationsanalysen jeweils die Herausforderung sowohl für die Gesellschaft als auch für den Einzelnen besteht.
- Verfassen Sie einen knappen Text mit den Erkenntnissen und den offenen Fragestellungen, die sich für Sie aus der Zusammenschau aller Informationen dieser Doppelseite ergeben. Nutzen Sie diesen als »Fahrplan« für Ihre weitere Beschäftigung mit diesem Kapitel.

Möglichst genaue Analysen der Situationen in den drei Fallbeispielen liefern für die Lösung der angesprochenen Probleme wesentliche Eckdaten. Darüber hinaus wird aber auch deutlich, dass man in allen drei Fällen zu ganz unterschiedlichen Einschätzungen der jeweiligen Lage kommen kann. Auf den folgenden Doppelseiten soll gezeigt werden, dass das biblisch-christliche Menschenbild und die Sozialprinzipien Orientierung geben können.

Vernetzen Sie Ihr Wissen aus den vorangegangenen Jahren

Sie haben sich bereits in den vergangenen Schuljahren immer wieder mit Fragestellungen aus der christlichen Sozialethik beschäftigt. Machen Sie sich das anhand folgender Fragen bewusst:

- Gestalten Sie eine Collage oder ein Schaubild (z. B. Mindmap) zum Stichwort Gerechtigkeit.
- Beschreiben Sie Projekte oder Einzelpersonen, die Ihrer Meinung nach sozial vorbildlich handeln bzw. gehandelt haben und mit denen Sie sich im Unterricht beschäftigt haben.
- Entwerfen Sie eine Gliederung zum biblisch-christlichen Menschenbild.
- Erklären Sie sich gegenseitig, wie die unten angeführten Themen(-ausschnitte) früherer Schuljahre und das neue Kapitel zusammenhängen. Ergänzen Sie diese Verbindungen immer wieder während des Unterrichtsfortgangs.

Religion vernetzt 9: **Leistung – Lohn – Gerechtigkeit**

Compassion konkret

112 Schülerinnen und Schüler kümmern sich um Senioren in Altenheimen

Einmal in der Woche machen sich Katharina (16) und Claudia (15) mit dem Schulranzen auf den Weg ins Altenheim. Ein ganz normaler Gang für die beiden Schülerinnen aus der neunten Klasse der Realschule Niedernburg. Sie nehmen mit weiteren 100 Mädchen und zehn Jungen aus Passau an dem Projekt »Papperlapapp – jung und alt … das klappt« teil.
Seit zwei Monaten besuchen die beiden Mädchen eine alte Dame. Diese lebt im Altenheim Malteserstift St. Nikola. Durch einen Schlaganfall ist die Seniorin an der rechten Körperhälfte gelähmt, das Sprechen fällt ihr schwer. Katharina und Claudia besuchen sie jeden Freitag für zwei Stunden. Sie lesen ihr vor, erzählen, was in der Schule und daheim passiert ist, oder summen gemeinsam mit ihr Melodien. Für die Seniorin ist seit zwei Monaten jeder Freitagnachmittag ein ganz besonderer Nachmittag. Denn sie schätzt den Kontakt mit den zwei Mädchen sehr.
Das Projekt, das schon zum wiederholten Male von den Organisatoren des Bischöflichen Jugendamtes durchgeführt wurde, erfuhr wieder großen Andrang. In Schulen wurden Schülerinnen und Schüler aus den Klassen neun bis elf eingeladen, daran teilzunehmen. Die Jugendlichen gehen einmal in der Woche für ein bis zwei Stunden in die Heime und besuchen die ihnen zugewiesenen Bewohner. Im Laufe des Projekts findet ein Zwischentreffen statt, bei dem sich die Schülerinnen und Schüler über ihre Erfahrungen und eventuelle Problematiken austauschen. Außerdem können sich die Jugendlichen jederzeit an ein »Notruftelefon« wenden, wenn Probleme auftauchen. Claudia und Katharina sind sicher: »Wir sind so froh, dass wir mitgemacht haben. Das war eine Erfahrung wert.« Sie und die anderen Mädchen haben in diesen zwei Monaten gelernt mit ihren Berührungsängsten umzugehen. Sie haben die Lebensgeschichten der älteren Menschen erfahren und hautnah deren Schwierigkeiten kennengelernt. Und für Katharina steht jetzt schon fest: Sie möchte später einen sozialen Beruf erlernen.

Religion vernetzt 10: **Mit Leidenschaft für das Leben**

Religion vernetzt 11: **Grundzüge des christlichen Menschenbildes**

Das Titelbild betrachten

Das Bild zeigt das Hungertuch des Hilfswerkes MISEREOR aus dem Jahr 2009. In künstlerischer Form werden die biblische Botschaft und die soziale Realität der Menschen in der sogenannten Dritten Welt miteinander in Beziehung gesetzt. Dieses Hungertuch wurde von dem nigerianischen Künstler Tony Nwachukwu gestaltet und trägt den Titel »Gottes Schöpfung bewahren – damit alle leben können«. Recherchieren Sie – mithilfe von www.misereor.de –, was MISEREOR ist und welche Ziele dieses Hilfswerk verfolgt. Lassen Sie dieses Meditationsbild auf sich wirken. Arbeiten Sie dann Anspielungen auf die Schöpfungserzählungen der Bibel und Bezüge zu gesellschaftlich relevanten bzw. sozialen Problemen heraus. Erklären Sie, was Sie als Künstler oder Künstlerin an diesem Bild anders gemacht und/oder welche Themen Sie in diesem Bild noch angesprochen hätten.

Gaudium et spes – »Freude und Hoffnung«

Die Pastoralkonstitution über die Kirche in der Welt von heute *Gaudium et spes* (1965) ist einer der weitestreichenden Beschlüsse des Zweiten Vatikanischen Konzils (1962-1965) und stellt folgende Forderung auf: »Auch im Wirtschaftsleben sind die Würde der menschlichen Person und ihre ungeschmälerte Berufung wie auch das Wohl der gesamten Gesellschaft zu achten und zu fördern, ist doch der Mensch Urheber, Mittelpunkt und Ziel aller Wirtschaft« *(GS 63)*.
Sie können Ihren Mitschülerinnen und Mitschülern in eigenen Worten die zentralen Begriffe aus diesem Zitat »Würde der menschlichen Person« und »Wohl der gesamten Gesellschaft« erklären. Entfalten Sie sodann dieses Zitat und zeigen Sie auf, welche Konsequenzen dieses Zitat in Lebensbereichen, wie z. B. Arbeitsleben, Schule, Umwelt, Partnerschaft hat. Leiten Sie daraus Anregungen für weitere sozialethische Bereiche ab, wie z. B. eine Friedens- oder Umweltethik.

Fachbegriffe klären

In diesem Kapitel werden verschiedene Fachbegriffe der christlichen Sozialethik verwendet, z. B. Individual- und Sozialethik, Soziallehre, Sozialprinzipien, Globalisierung, Menschenrechte ... Auch im vorangehenden Kapitel kamen bereits ethische Begriffe zur Sprache, z. B. Normen, Güter, Werte, Gewissen ...
Legen Sie eine Liste mit diesen und weiteren Fachbegriffen während der Unterrichtseinheit an und ergänzen Sie diese laufend. Erklären Sie die Begriffe mit eigenen Worten und entwerfen Sie daraus ein kleines Ethiklexikon. Gestalten Sie darüber hinaus ein Mindmap, in das Sie nach und nach möglichst alle ethischen Fachbegriffe in ein Schema bringen.

Leitbilder von ethisch überzeugenden Unternehmen

In den letzten Jahren haben immer mehr Unternehmen in Teilbereichen oder in Gänze die christliche Sozialethik zur Grundlage ihres unternehmerischen Handelns gemacht. Sie beachten also strikt soziale Standards, produzieren umweltverträglich etc. Stellen Sie Handlungsweisen von Unternehmen zusammen, die Sie oder Ihre Mitschülerinnen und Mitschüler im schulischen Praktikum oder bei Ferienjobs erfahren haben und die Sie für vorbildlich halten. Finden Sie dafür ethische Begründungen. Sparen Sie jedoch auch negative Erfahrungen nicht aus und ziehen Sie Konsequenzen aus diesen. Suchen Sie im Internet nach Unternehmen und Bürgerinitiativen, die z. B. sozialethisch oder ökologisch verantwortlich handeln. Entwerfen Sie daraus Maßstäbe für ein Sie überzeugendes sozialethisches Leitbild einer Firma.

Vernetzen Sie Ihr Wissen im Buch

Auch in diesem Kapitel gibt es Themen und Fragestellungen, die in anderen Kapiteln des Buches vertieft oder unter einer veränderten Perspektive aufgegriffen werden. Verfolgen Sie die Hinweise zu den angegebenen Themen quer zur Kapitelstruktur des Buches:

Kapitel 2

- Sozialethik und Menschenbild 42 f.
- Menschenrechte und Globalisierung 48 f.
- Sozialprinzipien 44 f.

Kapitel 1

Stellen Sie dar, inwiefern das »Prinzip Verantwortung« von Hans Jonas (22 f.) Lösungsansätze für die Probleme der Globalisierung bietet.

Kapitel 3

Arbeiten Sie heraus, nach welchen Grundsätzen der christlichen Sozialethik Christine Hertrich und Andreas Schneider (82 f.) leben.

Kapitel 4

Machen Sie deutlich, inwiefern das Gleichnis vom barmherzigen Samariter (119) das christliche Menschenbild bestätigt.

Was ist christliche Sozialethik?

Begriffsklärung

Die theologische Ethik umfasst zwei verschiedene Herangehensweisen, die in der Theologie historisch in unterschiedlichen Kontexten entstanden sind. Die *Individualethik* reflektiert das Handeln des einzelnen Menschen. Sie geht dabei u. a. von der Bibel als Quelle der Ethik aus und sucht nach Werten und Normen für dieses Handeln. Die *Sozialethik* bezieht sich auf gesellschaftliche Strukturen und deren wirtschaftliche und soziale Bedingungen. Sie beruft sich auf die Würde des Menschen und entwickelt daraus soziale Prinzipien. Das folgende Schaubild verdeutlicht diese Unterschiede:

DIE STRUKTUR ETHISCHER REFLEXION

Individualethik	Sozialethik
Persönliches Wohlergehen Persönliche Werte Lebensziele Überzeugungen	**Wohlergehen der Gemeinschaft** soziale Werte soziale Güter soziale Normen
Werte und Normen Rechte und Pflichten basierend auf Würde und gegenseitigem Respekt	**Sozialprinzipien** Personalität Solidarität Subsidiarität Gemeinwohl Nachhaltigkeit basierend auf Gerechtigkeit

Gegenstand christlicher Sozialethik sind »die Normen, Institutionen und sozialen Systeme, allgemein die Strukturen der modernen Gesellschaften sowie der internationalen Zusammenhänge, dabei besonders die Strukturen, die Leiden verursachen, die Menschenwürde und -rechte verletzen; andererseits aber auch diejenigen Strukturen, die der Entfaltung eines größeren Maßes an Menschlichkeit und Gerechtigkeit dienlich sind ... Von ihren Bezügen her entfaltet sich die christliche Sozialethik in verschiedene *Spezialgebiete:* Umweltethik, Friedensethik, Migrationsethik, politische Ethik, Bioethik, Wirtschaftsethik, Unternehmensethik u.a.m. Interdisziplinarität und Dialog mit den Human- und Sozialwissenschaften sind von daher ... unverzichtbar, denn die genaue Kenntnis der sozialen Umstände ist eine notwendige Voraussetzung ihrer Bewertung und Veränderung«, so der Theologe Andreas Lienkamp. Als *Ziel* christlicher Sozialethik lässt sich die Humanisierung des Lebens und der sozialen Verhältnisse durch die Förderung gerechter Strukturen beschreiben.

- Beschreiben Sie, was die Sozialethik von der Individualethik unterscheidet, mit welchen Gegenständen sich beide beschäftigen und welchen Zielen sie sich widmen.
- Betrachten Sie die Beispiele auf 36 f. und formulieren Sie zu jedem eine individual- und eine sozialethische Fragestellung. Überlegen Sie auch, welche weiteren Wissenschaften für eine interdisziplinäre Zusammenarbeit zur Lösung der Probleme beitragen könnten.
- Erklären Sie mithilfe der Worte und Taten Jesu, aber auch mithilfe der Worte und Taten der Propheten im Alten Testament, warum der jüdisch-christliche Glaube eine soziale Dimension hat.

Die methodische Vorgehensweise

Die kanadische Bischofskonferenz hat ein mehrschrittiges Modell beschrieben, das beispielhaft für das methodische Vorgehen der Sozialethik stehen kann und den üblichen Dreischritt »Sehen – Urteilen – Handeln« noch erweitert:

Kanadische Bischofskonferenz

Wichtig ist es Sozialethikern, nicht über die Köpfe derer hinwegzudiskutieren, die von Ungerechtigkeiten selbst betroffen sind. Diese Menschen sind oft nicht in der Lage, ihre Stimme wirkungsvoll zu erheben und ihr Anliegen öffentlich hörbar zu artikulieren. Neben der wissenschaftlichen Reflexion eines Problems und dem, was die Kirche dazu lehramtlich verkündet (vgl. 46 f.), gehört auch die Stimme der Basis mit ihrer Praxiserfahrung und -reflexion zu den drei Kompetenzfeldern innerhalb der christlichen Sozialethik.

- Erläutern Sie Bedeutung, Reihenfolge und Notwendigkeit der einzelnen methodischen Schritte, welche die kanadische Bischofskonferenz aufgestellt hat.
- Übertragen Sie das methodische Schema oben auf eine sozialethische Fragestellung von 36 f.: Überlegen Sie, welches Vorgehen die Schritte im Einzelnen erfordern, und formulieren Sie dazu möglichst konkrete Arbeitsaufträge. Reflektieren Sie, welche Aufträge Sie selbst mit Ihren Kenntnissen und den Ihnen zur Verfügung stehenden Mitteln bearbeiten könnten.
- Die christliche Sozialethik steht von verschiedenen Seiten her in der Kritik. Andere Wissenschaften sprechen ihr z. B. die Kompetenz ab, in Angelegenheiten der Wirtschaft fachkundig argumentieren oder gar agieren zu können. Erörtern Sie, ob solch ein Vorwurf die christliche Sozialethik in ihrem Selbstverständnis trifft und wie sie ihm ggf. entgegentreten kann.

Im Mittelpunkt: der Mensch

Die christliche Sozialethik konfrontiert eine ethische Problemsituation zunächst mit dem Menschenbild der Bibel. Dieses geht davon aus, dass der Mensch sowohl Individuum als auch soziales Wesen und Teil der menschlichen Gemeinschaft ist. Darüber hinaus leitet die christliche Sozialethik aus dem Menschenbild ihre grundsätzlichen ethischen Leitlinien, die sogenannten Sozialprinzipien (44 f.), ab und zieht ethische Schlussfolgerungen für ein richtiges Handeln in der Gemeinschaft.

Und Gott sprach: Lasst uns Menschen machen als unser Abbild, uns ähnlich ... Und Gott schuf also den Menschen als sein Abbild, als Abbild Gottes schuf er ihn: Als Mann und Frau schuf er sie.

Gen 1,26f.

Abbild Gottes: Jeder Mensch ist nach biblisch-christlicher Überzeugung ein einzigartiges Abbild Gottes. Gott erschafft den Menschen, der ihm durch seine sprachlichen, geistigen, moralischen und religiösen Fähigkeiten gleicht. Die Gottebenbildlichkeit verleiht jedem Menschen, also jedem Mann und jeder Frau, die gleiche unendliche und unantastbare Würde.

Geschöpf: Jeder Mensch verdankt seine Existenz Gott. Gleichzeitig erfährt er aber auch seine Begrenztheit und Endlichkeit, seine Fehlbarkeit und Sündhaftigkeit. Normen und Regeln schützen deshalb das Leben des Menschen. Für das Zusammenleben bedarf es auch einer gesellschaftlich akzeptierten und dem Ideal der Humanität verpflichteten Ordnung.

Soziales Wesen: Jeder Mensch entfaltet sich in der Gemeinschaft. Der Dekalog kann als Wegweiser für ein gelingendes Zusammenleben der Menschen verstanden werden (28), um das sich auch Gott sorgt. Nur wo Wert und Würde des Einzelnen gewahrt werden, kann sich der Mensch auf Dauer in einer Gemeinschaft entfalten. Als Mann und Frau besitzt er die gleiche unverfügbare personale Würde, aus der sich die Gleichberechtigung ableiten lässt. Mann und Frau ergänzen sich in ihrer Liebes- und Lebensgemeinschaft. Ihre Geschlechtlichkeit ist von Gott gewollt und grundsätzlich gut.

Gott segnete sie und sprach zu ihnen: Seid fruchtbar und vermehrt euch, bevölkert die Erde, unterwerft sie euch und herrscht über die Fische des Meeres, über die Vögel des Himmels und über alle Tiere, die sich auf dem Land regen.

Gen 1,28

Menschenwürde und Menschenrechte: Jeder Mensch ist aufgrund der Gottebenbildlichkeit vor Gott gleichwertig und gleich würdig. Darin ist die theologische Begründung der Würde des Menschen zu sehen, die im Kontext des interkulturellen Zusammenlebens immer bedeutender wird. Sie findet ihren unmittelbaren Ausdruck in den Menschenrechten, die jedem einzelnen Menschen als angeborene, unveräußerliche Rechte zukommen. Die Menschenrechte gelten ohne Vorbedingung und sind nicht an Voraussetzungen wie z. B. Sozialstatus, ethnische Herkunft, Geschlecht oder Gesundheit gebunden. Sie existieren vor jeder menschlichen Gemeinschaft; deshalb sollten sie von jedem Staat anerkannt, eingehalten und geschützt werden.

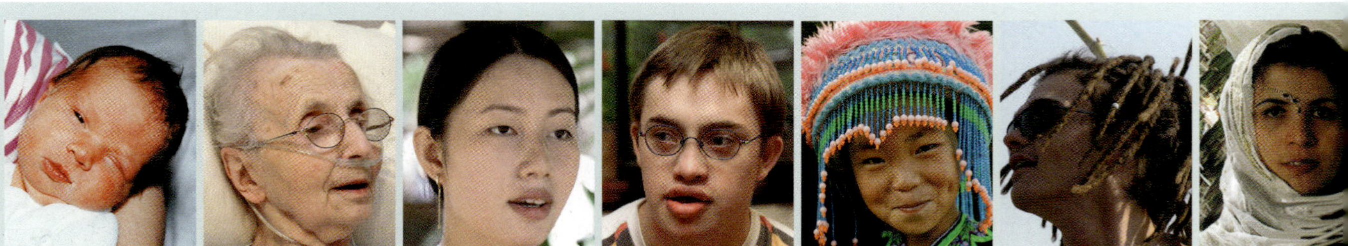

> **Gott, der Herr, nahm also den Menschen und setzte ihn in den Garten von Eden, damit er ihn bebaue und hüte.**
>
> *Gen 2,15*

Freiheit und Verantwortung: Der Mensch erhält nach den Schöpfungserzählungen der Bibel von Gott einen Mitgestaltungs- und Kulturauftrag. Er wird dadurch zum Schöpfungspartner Gottes, ist aber auch für sein Handeln verantwortlich: Was er tut, hat Bedeutung und Konsequenzen für ihn selbst, für seine Mitmenschen, für die kommenden Generationen und für die gesamte Mitschöpfung. Die menschliche Mitgestaltung im Auftrag Gottes bezieht sich sowohl auf den individuellen als auch auf den gemeinschaftlichen Bereich. Ein destruktives Verhalten gegenüber den Mitmenschen oder der Mitschöpfung verbietet sich deshalb.

Engagement und Gelassenheit: Der Mensch soll gemäß des Schöpfungsauftrags seine Hände nicht in den Schoß legen, sondern sich engagieren, weil alles – selbst der kleinste Beitrag –, was er zur Verbesserung der irdischen Verhältnisse beiträgt, bereits ein Schimmer des verheißenen neuen Himmels und der neuen Erde ist. Andererseits darf er sich in Gelassenheit engagieren, weil er weiß, dass Gott sein Reich selbst vollenden wird.

Orientierung am Vorbild Jesus: Gott macht in seinem Sohn Jesus deutlich, was in jedem Menschen in seiner unaufgebbaren Würde eigentlich steckt. Das Neue Testament beschreibt nicht ein theoretisches Menschenbild, sondern es zeigt Jesus als konkreten Menschen, an dessen Vorbild sich jede und jeder orientieren kann. Jesus bringt die frohe Botschaft vom Anbruch der Gottesherrschaft besonders den Außenseitern, Armen und Randgruppen seiner Zeit. Indem Jesus ganz für diese Menschen da ist, wird er zum Inbegriff der Menschlichkeit. Selbst der verlassenste Mensch kann darauf hoffen, dass er von Jesus befreit, erlöst und in seine wahre Würde eingesetzt wird. Die christliche Sozialethik greift dieses Anliegen Jesu auf und handelt in seiner Nachfolge gemäß der »Option für die Armen«.

> **Ihr seid alle durch den Glauben Kinder Gottes in Christus Jesus. Denn ihr alle, die ihr auf Christus getauft seid, habt Christus (als Gewand) angelegt. Es gibt nicht mehr Juden und Griechen, nicht Sklaven und Freie, nicht Mann und Frau; denn ihr alle seid »einer« in Christus Jesus.**
>
> *Gal 3,26-28*

- Erklären Sie den Inhalt der Bibelstellen auf dieser Doppelseite und setzen Sie sie mit den Inhalten des biblisch-christlichen Menschenbilds in Verbindung.
- Arbeiten Sie die Merkmale des biblisch-christlichen Menschenbilds (vgl. auch Religion vernetzt 11, S. 106-109) heraus und beschreiben Sie an (aktuellen) Beispielen, inwiefern Aspekte dieses Menschenbilds missachtet werden.
- Stellen Sie Unterschiede des christlichen Menschenbilds im Vergleich zu anderen Bildern des Menschen dar, die diesen nur als Individuum oder nur als soziales Wesen betrachten.
- Die Fotoleiste zeigt verschiedene Menschen. Erläutern Sie, welche Aussagen z. B. über das Menschenbild auf dieser Doppelseite oder von den Sozialprinzipien 44 f. für ihre jeweilige Lebenslage bedeutsam sein könnten.

Sozialprinzipien

Aus dem biblischen Menschenbild entwickelt die christliche Sozialethik ihre Sozialprinzipien, die weitere Kriterien für eine Entscheidungsfindung bei ethischen Fragestellungen liefern. Ausgangspunkt ist die Personalität des Menschen, die sowohl seine Individualität als auch seine Sozialität vereinigt. Der Mensch, das Abbild Gottes, ist als Individuum einmalig, mit Vernunft und einem freien Willen ausgestattet; seine Persönlichkeit kann er jedoch nur in der Begegnung mit anderen Menschen entfalten, er führt als Sozialwesen eine dialogische Existenz mit der Mitschöpfung. Aus dieser Sicht des Menschen wird das zentrale Ideal der Gerechtigkeit abgeleitet; von diesem sind wiederum die Sozialprinzipien bestimmt: Solidarität, Subsidiarität, Gemeinwohl und Nachhaltigkeit. Dies sind die Grundsätze, die ein Zusammenleben der gesamten Menschheit, vom Staat, von größeren und kleineren Gruppen innerhalb der Gesellschaft und von Individuen gelingen lassen. Sie sorgen für einen Ausgleich und eine Ausgewogenheit zwischen den Rechten und Pflichten der Gemeinschaft und denjenigen des Individuums. Im Einzelfall können sich die Anforderungen der Sozialprinzipien auch gegenseitig widersprechen und unterschiedliche Handlungsweisen nahelegen, z. B. können Personalität und Gemeinwohl in Konkurrenz zueinander stehen. In einem solchen Konfliktfall muss sorgfältig zwischen den verschiedenen Sozialprinzipien abgewogen werden. Entscheidungshilfen bieten hierbei die Schritte der ethischen Urteilsfindung (16) und die Güterabwägung (26 f.).

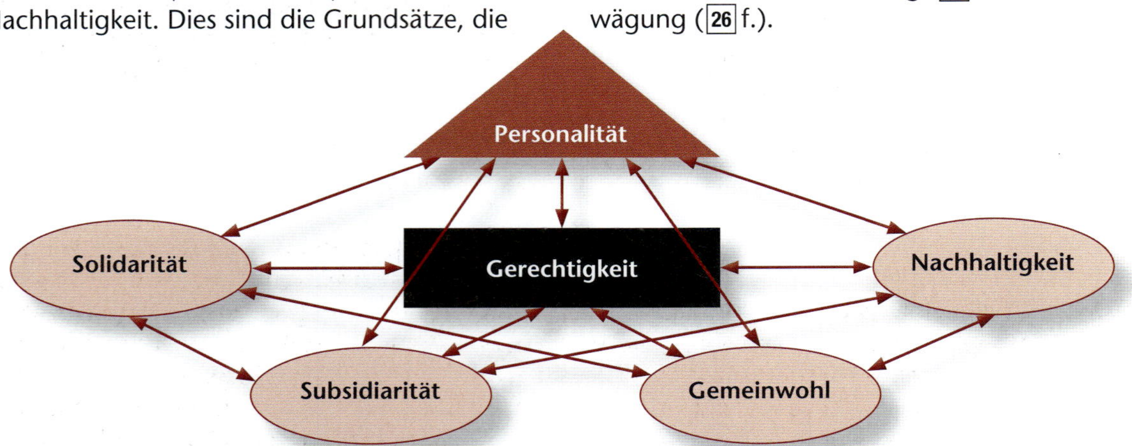

Personalität – Vorrang der Person vor der Gesellschaft

Jeder Mensch ist als Abbild Gottes eine einmalige Persönlichkeit; Gott schenkt dem Menschen Leben, Freiheit und Verantwortung und verleiht ihm eine Würde, die als das höchste Gut zu achten, zu schützen und zu fördern ist. Das Personsein des Menschen bedingt seine Individualität und Sozialität. Da er Schöpfer, Träger und Ziel jeder Gemeinschaft und Gesellschaft ist, betont das Personalitätsprinzip den Vorrang der Person vor der Gesellschaft, den Vorrang der Arbeit vor dem Kapital sowie den Vorrang der Ethik vor der Technik und der Ökonomie. Es wird auch als oberstes Sozialprinzip verstanden, aus dem heraus alle anderen abgeleitet werden können.

Gerechtigkeit – Übergreifendes soziales Ideal

Jeder Mensch wird wie die ganze Schöpfung von Gott in seinen Heilswillen mit einbezogen. Deswegen besitzt der Mensch eine Personwürde und einen Auftrag, die Schöpfung verantwortlich zu nutzen und zu pflegen. Gerechtigkeit als soziales Ideal bezieht sich auf das Wohl aller Menschen und bemüht sich darum, dass dieses Wohl prinzipiell auch beachtet wird. Sie betrifft das Individuum, aber in viel stärkerem Maße die Gesellschaft. Das Ziel der Gerechtigkeit besteht darin, über den Wert von Verteilungen und Zuteilungen ethisch zu urteilen (vgl. 37). Maßstab dafür kann sein, was jemand benötigt, worauf er ein Recht hat oder was er verdient. Im Laufe der Geschichte haben sich unterschiedliche Maßstäbe und Kriterien für die Gerechtigkeit herausgebildet, z. B.: Jedem das Gleiche. Jedem gemäß seinen Verdiensten. Jedem gemäß seinen Leistungen. Jedem gemäß seinen Bedürfnissen. Jedem gemäß seinem Rang. Jedem gemäß dem ihm durch das Gesetz Zugeteilten. Gerechtigkeit ist das zentrale Ideal, das sich aus dem christlichen Verständnis des Menschen als soziales Wesen ergibt.

Solidarität – Einer für alle, alle für einen

Jeder Mensch soll nach dem Gebot der Nächstenliebe leben, da auch Gott den Menschen liebt. Der Mensch ist von Natur aus darauf angelegt, sich in einer Beziehung zu einem personalen Gegenüber zu entfalten. Verantwortlich und human zu leben heißt anzuerkennen, dass der Einzelne auf die Gemeinschaft und das menschliche Miteinander angewiesen ist. Der Einzelne braucht die Dienste der Gemeinschaft, aber auch die Gemeinschaft braucht die Leistungen jedes Einzelnen. Deswegen gilt der Grundsatz: Einer für alle, alle für einen.

Subsidiarität – Hilfe zur Selbsthilfe

Jeder Mensch hat von Gott einen Mitgestaltungsauftrag erhalten. Das Subsidiaritätsprinzip verlangt vom Menschen, im Rahmen seiner Möglichkeiten anfallende Aufgaben selbst zu lösen. Erst wenn der Einzelne überfordert ist, leistet die nächsthöhere Instanz Unterstützung. Auf diese Weise sind immer höhere Instanzen bis hin zur Weltgemeinschaft zur Hilfe verpflichtet. Sie dürfen nichts an sich reißen, was die Selbstständigkeit, Eigeninitiative und Eigenverantwortung der niedrigeren Instanz infrage stellt. Wenn Unterstützung nötig ist, geht es um Hilfe zur Selbsthilfe. Subsidiarität lässt sich als Ergänzung und Konkretisierung einer richtig verstandenen Solidarität auffassen.

Gemeinwohl – Geht vor Eigenwohl

Jeder Mensch ist von Gott verpflichtet, auf alle Mitmenschen zu achten. Gemeinwohl hat deswegen das Wohlergehen von Gruppen zum Ziel, das über das Befinden eines einzelnen Menschen hinausgeht. Das Wohlergehen der Gemeinschaft kann sich auf ein einzelnes Land wie auch auf die ganze Welt beziehen; dabei ist ein Handeln auszuschließen, das nur dem Egoismus von Klassen, Gruppen oder Ethnien folgt. Es ist also die Aufgabe der Weltgemeinschaft bzw. eines Staates, Rahmenbedingungen zu entwickeln, in denen sich Einzelne und Gruppen entfalten können. Gemeinwohl geht vor Eigenwohl und ist das umfassende Ziel von Solidarität.

Nachhaltigkeit – Solidarität mit der Natur und den nachfolgenden Generationen

Jeder Mensch ist von Gott angewiesen, verantwortlich für die Mitschöpfung und die nachfolgenden Generationen zu sorgen. Nachhaltigkeit zielt deswegen auf die ökologische und zukunftsfähige Entwicklung der Welt. Die gegenwärtigen Generationen sollen sich verantwortungsbewusst gegenüber den nachfolgenden Generationen verhalten. Nachhaltigkeit ist Empathie mit der Schöpfung und den Nachkommen und Solidarität mit der Natur und den kommenden Generationen. Gesellschaftliche Maßnahmen müssen unter Berücksichtigung ihrer Folgen für die Zukunft geplant werden.

- Die Pfeile in der Grafik 44 wollen die Zusammenhänge der Sozialprinzipien, die im Text beschrieben sind, veranschaulichen. Erklären Sie diese und veranschaulichen Sie deren Bedeutung an konkreten Beispielen.
- Lesen Sie folgende Bibelstellen: Gen 1,27f.; 2,15; 6 – 9; Ex 18,1-27; Mt 22,34-40; Röm 12,5; Gal 6,2; 1 Joh 3,17. Nun können Sie die Sozialprinzipien biblisch begründen.
- Verdeutlichen Sie die Zusammenhänge zwischen dem biblisch-christlichen Menschenbild (42 f.) und den Sozialprinzipien, z. B. in einer Grafik.
- Arbeiten Sie heraus, welche Lösungsansätze die Sozialprinzipien für die aktuellen Herausforderungen (36 f.) liefern. Untersuchen Sie auch die oben angeführten Maßstäbe für die Gerechtigkeit auf ihre Praxistauglichkeit.
- Wenn Sie mithilfe der verschiedenen Sozialprinzipien zu unterschiedlichen Lösungsansätzen kommen, wenden Sie die Schritte der Urteilsfindung 16 und die Güterabwägung 26 f. an und entscheiden Sie sich dann.

Meilensteine der katholischen Soziallehre

Die katholische Kirche wollte den Herausforderungen, die sich durch die Industrialisierung und die daraus resultierende soziale Frage im 19. Jahrhundert ergaben, zunächst mit einem bereits von ihr geforderten und auch geleisteten sozial-caritativen Engagement begegnen. Weil sie jedoch stark mit Adel und Bürgertum verflochten war, nahm sie die Situation in ihrer ganzen Dringlichkeit nicht zur Genüge wahr. Denn diese hätte ein sozial und wirtschaftlich neu ausgerichtetes Handeln verlangt. Der Mainzer Bischof Wilhelm Emmanuel von Ketteler (1811-1877) war eine der wenigen kirchlichen Persönlichkeiten, die mit ihren sozialpolitischen Ideen und ihrem sozialverantwortlichen Handeln ihrer Zeit voraus waren. Um das soziale Schicksal der Handwerksgesellen hat sich auch Adolph Kolping (1813-1865) verdient gemacht; seine Sorge galt vor allem der Vereinbarkeit von Familie und Beruf. Das Engagement beider Kirchenmänner bildete die praktische Voraussetzung und die ideelle Grundlage für die erste Sozialenzyklika.

Die älteste Sozialenzyklika *Rerum Novarum* (1891): Darin bezieht Papst Leo XIII. gegen die »neuen (unmenschlichen) Verhältnisse« in der Industriegesellschaft und für die arbeitende Bevölkerung entschieden Position. Er fordert eine gerechte und ausgewogene Beziehung zwischen Kapitaleignern und Arbeitern und wendet sich dabei gegen Sozialismus und Kapitalismus gleichermaßen. Den Staat fordert er auf, seine sozialen Aufgaben wahrzunehmen und damit zur Verbesserung der Situation für die Arbeiter beizutragen. Die Enzyklika hat zwei Hauptteile. Leo XIII. argumentiert im ersten Teil gegen die sozialistischen Ideen als Lösung der gesellschaftlichen Missstände. Der Mensch habe nach geleisteter Arbeit das Recht auf Lohn und auch das Recht, über diesen frei zu verfügen. Er nimmt zur Lösung der Arbeiterfrage im zweiten Hauptteil Stellung. Gewalt und Revolution verurteilt er scharf. Gleichzeitig müsse aber auch der Kapitalist den Arbeiter würdevoll behandeln und dürfe ihn nicht nur zur Vermehrung seines Profits benutzen. Unmissverständlich fordert er in diesem Zusammenhang Schutz und Rücksicht auf Wohlergehen, Alter und Geschlecht der Arbeiter.

»Die Gerechtigkeit und die Menschlichkeit erheben Einspruch gegen Arbeitsforderungen von solcher Höhe, dass der Körper unterliegt und der Geist sich abstumpft ... In Bezug auf die tägliche Arbeitszeit muss also der Grundsatz gelten, dass sie nicht länger sein darf, als es den Kräften der Arbeiter entspricht ... Endlich was ein erwachsener, kräftiger Mann leistet, dazu ist eine Frau oder ein Kind nicht imstande. Die Kinderarbeit insbesondere erheischt die menschenfreundlichste Fürsorge. Es wäre nicht zuzulassen, dass Kinder in die Werkstatt oder Fabrik eintreten, ehe Leib und Geist zur gehörigen Reife gediehen sind. Die Entfaltung der Kräfte wird in den jungen Wesen durch vorzeitige Anspannung erstickt, und ist einmal die Blüte des kindlichen Alters gebrochen, so ist es um die ganze Entwicklung in traurigster Weise geschehen. Ebenso ist durchaus zu beachten, dass manche Arbeiten weniger zukömmlich sind für das weibliche Geschlecht ... Im allgemeinen aber ist daran festzuhalten, dass den Arbeitern so viel Ruhe zu sichern sei, als zur Herstellung ihrer bei der Arbeit aufgewendeten Kräfte nötig ist: denn die Unterbrechung der Arbeit hat eben den Ersatz der Kräfte zum Zwecke ...
Wenn also auch immerhin die Vereinbarung zwischen Arbeiter und Arbeitgeber, insbesondere hinsichtlich des Lohnes, beiderseitig frei geschieht, so bleibt dennoch eine Forderung der natürlichen Gerechtigkeit bestehen, die nämlich, dass der Lohn nicht etwa so niedrig sei, dass er einem genügsamen, rechtschaffenen Arbeiter den Lebensunterhalt nicht abwirft. Diese schwerwiegende Forderung ist unabhängig von dem freien Willen der Vereinbarenden. Gesetzt, der Arbeiter beugt sich aus reiner Not oder um einem schlimmeren Zustande zu entgehen, den allzu harten Bedingungen, die ihm nun einmal vom Arbeitsherrn oder Unternehmer auferlegt werden, so heißt das Gewalt leiden, und die Gerechtigkeit erhebt gegen einen solchen Zwang Einspruch.«

Rerum Novarum, 33f.

Folgen der Industrialisierung

Bischof Ketteler

Adolph Kolping

Auch die weiteren Sozialenzykliken waren eine Reaktion der Päpste auf die zeitbedingten Situationen. So bewegten die Auswirkungen der Weltwirtschaftskrise Ende der 1920er-Jahre Papst Pius XI. zu seiner Enzyklika *Quadragesimo Anno* (1931), in der er die soziale Bindung des Eigentums und das Recht auf Arbeit, auf gerechten Lohn und auf Organisation der Arbeiter in Gewerkschaften oder anderen Zusammenschlüssen fordert. In der Zeit nach dem Zweiten Weltkrieg veranlasste die Angst vor einem möglichen Atomkrieg Papst Johannes XXIII. zu seiner Enzyklika *Pacem in Terris* (1963). Darin betont er die Bedeutung der Menschenrechte und macht sich zu einem entschiedenen Verfechter für Abrüstung und Rüstungskontrolle. Die Verelendung der Bevölkerungsmehrheit in der sogenannten Dritten Welt gab den Anstoß zu der Enzyklika *Populorum Progressio* (1967) von Papst Paul VI., in der er Solidarität zwischen reichen und armen Ländern fordert und »Entwicklung« als neuen Namen für Frieden bezeichnet. Die Veränderungen nach dem Zusammenbruch der sozialistischen Staaten 1989 waren schließlich der Anlass für die Enzyklika *Centesimus Annus* (1991) von Papst Johannes Paul II. Darin setzt er sich vehement für die soziale Verpflichtung des Eigentums und die Würde des Arbeiters ein.

Die Sozialenzyklika *Caritas in Veritate* (2009):
Die Sozialenzyklika *Die Liebe in Wahrheit* von Papst Benedikt XVI. beschäftigt sich mit den Folgen der Globalisierung und der Wirtschafts- und Finanzkrise für das menschliche Zusammenleben. Darin geht der Papst konkret auf die Verzerrungen und Missstände in den Wirtschafts- und Finanzsystemen ein und äußert sich z. B. zum Skandal des Hungers, zum wachsenden Graben zwischen Arm und Reich, zu den neuen kosmopolitischen Managern, die sich oft nur nach den Anweisungen der Hauptaktionäre richteten, und zu den vielen Facetten des Umweltschutzes, der letztlich immer Menschen- und Lebensschutz sein muss. Die zentrale Botschaft seiner Enzyklika lautet: Die Wirtschaft braucht für ein korrektes Funktionieren eine Ethik, die den Menschen und sein Wohl in den Mittelpunkt rückt. Zur Steuerung der Globalisierung schlägt er eine neue Weltinstanz der Vereinten Nationen vor:

»In der Zeit der Globalisierung leidet die Wirtschaft an konkurrierenden Modellen, die von sehr unterschiedlichen Kulturen abhängig sind. Die daraus hervorgehenden wirtschaftlich-unternehmerischen Verhaltensweisen finden vorwiegend in der Beachtung der ausgleichenden Gerechtigkeit einen Berührungspunkt. Das Wirtschaftsleben braucht ohne Zweifel Verträge, um den Tausch von einander entsprechenden Werten zu regeln. Ebenso sind jedoch gerechte Gesetze, von der Politik geleitete Mechanismen zur Umverteilung und darüber hinaus Werke, die vom Geist des Schenkens geprägt sind, nötig. Die globalisierte Wirtschaft scheint die erste Logik, jene des vertraglich vereinbarten Gütertausches, zu bevorzugen, aber direkt und indirekt zeigt sie, dass sie auch die anderen beiden Formen braucht, die Logik der Politik und die Logik des Geschenks ohne Gegenleistung.«

Caritas in Veritate, 37

- Fassen Sie die Informationen über die industrielle Revolution und die soziale Frage z. B. aus der Fotoleiste auf dieser Doppelseite oder aus Ihrem Geschichtsbuch zusammen und bereiten Sie eine Präsentation vor. Arbeiten Sie genauer heraus, warum die Kirche auf die Herausforderungen durch die industrielle Revolution erst spät reagiert hat.
- Im Gegensatz zur Kirche hat der Philosoph und Politiker Karl Marx die geschichtliche Situation zeitnah analysiert. Skizzieren Sie seine Überlegungen und Schlussfolgerungen.
- Gestalten Sie eine Präsentation über die Anliegen und das Wirken von Bischof Ketteler und Adolph Kolping 46.
- Skizzieren Sie den Inhalt einer Sozialenzyklika Ihrer Wahl und arbeiten Sie deren bleibende Aktualität heraus.

Herausforderungen heute

Benedikt XVI.

Menschenrechte* im Zeitalter der Globalisierung

Die Menschenrechte

Einen rein autonom begründeten Menschenrechtsgedanken hat die Kirche immer abgelehnt. Gleichwohl kann das Nachdenken über die Menschenrechte als späte Konsequenz aus der Beschäftigung mit dem biblisch-christlichen Menschenbild verstanden werden. Die UNO verabschiedete im Jahr 1948 die »Allgemeine Erklärung der Menschenrechte«. Das Abstimmungsergebnis betrug 48 Ja-Stimmen, 0 Nein-Stimmen und 8 Enthaltungen. Art. 1 der Menschenrechtserklärung lautet: »Alle Menschen sind frei und gleich an Würde und Rechten geboren.« Das heißt, dass alle Menschen die Menschenrechte besitzen, die jedem Menschen allein aufgrund seines Menschseins zukommen und niemandem genommen werden können.

Da die Anerkennung der allen Mitgliedern der menschlichen Familie innewohnenden Würde und ihrer gleichen und unveräußerlichen Rechte die Grundlage der Freiheit, der Gerechtigkeit und des Friedens in der Welt bildet, da Verkennung und Missachtung der Menschenrechte zu Akten der Barbarei führten, die das Gewissen der Menschheit tief verletzt haben, und da die Schaffung einer Welt, in der den Menschen, frei von Furcht und Not, Rede- und Glaubensfreiheit zuteilwird, als das höchste Bestreben der Menschheit verkündet worden ist, da es wesentlich ist, die Menschenrechte durch die Herrschaft des Rechtes zu schützen, damit der Mensch nicht zum Aufstand gegen Tyrannei und Unterdrückung als letztem Mittel gezwungen wird, da es wesentlich ist, die Entwicklung freundschaftlicher Beziehungen zwischen den Nationen zu fördern, da die Völker der Vereinten Nationen in der Satzung ihren Glauben an die grundlegenden Menschenrechte, an die Würde und den Wert der menschlichen Person und an die Gleichberechtigung von Mann und Frau erneut bekräftigt und beschlossen haben, den sozialen Fortschritt und bessere Lebensbedingungen bei größerer Freiheit zu fördern, da die Mitgliedstaaten sich verpflichtet haben, in Zusammenarbeit mit den Vereinten Nationen die allgemeine Achtung und Verwirklichung der Menschenrechte und Grundfreiheiten durchzusetzen, da eine gemeinsame Auffassung über diese Rechte und Freiheiten von größter Wichtigkeit für die volle Erfüllung dieser Verpflichtung ist, verkündet die Generalversammlung diese Allgemeine Erklärung der Menschenrechte als das von allen Völkern und Nationen zu erreichende gemeinsame Ideal ...

Präambel der Allgemeinen Erklärung der Menschenrechte

Offene Fragen aus christlicher Sicht

Heute wird über folgende offene Fragen, welche die Menschenrechte betreffen, kontrovers diskutiert:

- Zieht die Menschenrechtserklärung die politischen Konsequenzen aus dem christlichen Verständnis des Menschen, das jeden Menschen als Abbild Gottes sieht?
- Stimmen der christliche Glaube und die menschliche Vernunft in grundlegenden Aussagen überein, z. B. über die Würde des Menschen?
- Ist das christliche Reden von der Würde des Menschen etwas anderes als das Reden von der natürlichen Würde des Menschen in den Menschenrechtserklärungen?
- Sollte man auf eine spezifisch christliche Begründung der Menschenrechte verzichten, weil man nur so ihre Universalität vertreten kann?

Die Menschenrechte und ihre weltweite Gültigkeit werden auch von islamischer Seite infrage gestellt. Die Organisation der Islamischen Konferenz hat im Jahr 1990 die »Kairoer Erklärung der Menschenrechte« beschlossen, die inhaltlich erheblich von der Allgemeinen Erklärung der Menschenrechte abweicht, obwohl sie im Wortlaut ähnlich gehalten ist. Sie garantiert z. B. keine Gleichberechtigung von Mann und Frau und kein Recht auf freie Wahl der Religion oder des Ehepartners. Außerdem stellt sie alle erklärten Rechte unter den Vorbehalt der islamischen Scharia, des religiös legitimierten Gesetzes des Islams.

- ▶ Informieren Sie Ihre Mitschülerinnen und Mitschüler in Form einer kleinen Ausstellung über die Entwicklung der Menschenrechte und über den aktuellen Diskussionsstand, z. B. durch eine Internetrecherche bei der Bundeszentrale für politische Bildung oder bei amnesty international Deutschland.
- ▶ Stellen Sie zusammen, welche Grundlagen für die Menschenrechte die Menschenrechtserklärung von 1948 formuliert. Erarbeiten Sie ein Schaubild der Forderungen der Menschenrechte.
- ▶ Setzen Sie sich mit den oben angeführten offenen Fragen in Form einer Diskussion auseinander.
- ▶ Machen Sie deutlich, wie sich die Universalität der »Allgemeinen Erklärung der Menschenrechte« mit Grundaussagen der Sozialethik (vgl. 42 - 47) begründen lässt.

Menschenrechte und Globalisierung

Die Menschenrechte sind durch Globalisierungsprozesse einmal mehr gefragt und müssen für die neue Situation noch weiter konkretisiert werden. Unter Globalisierung versteht man einen Prozess der zunehmenden Vernetzung der Welt, v. a. in politischer und ökonomischer, aber auch zunehmend in kultureller Hinsicht. Als ihre wesentlichen Ursachen gelten zum einen der Fortschritt in den Informations- und Kommunikationstechnologien und zum anderen die Liberalisierung des Welthandels. Die Globalisierung wirkt sich in verschiedenen Bereichen aus: Die Bedeutung der Nationalstaaten nimmt ab und jene der internationalen Organisationen wächst. Der Arbeitsmarkt und das ökologische System der Erde verändern sich rasch und tief greifend. Die Kultur der Welt vereinheitlicht sich. Errungenschaften des Sozialstaates werden aus wirtschaftlichen Gründen zur Disposition gestellt. Manchmal ist der Satz zu hören, die Welt sei zu einem global village geworden, in dem es rauer zugehe. Im Zusammenhang mit der Globalisierung wird die Bedeutung der Menschenrechte gerade darin gesehen, dass sie wichtige soziale Korrekturen an der wirtschaftlichen Zentralisierung im Welt-Dorf anbringen können.

Das »Weltethos«

Nicht selten wird dabei mahnend der Vorwurf erhoben, dass die klassischen Menschenrechte angesichts der sozialen und ökologischen Herausforderungen der Globalisierung nicht mehr ausreichten und ergänzt werden müssten. Im Jahr 1993 hat das Parlament der Weltreligionen deswegen die »Erklärung zum Weltethos« verabschiedet. Diese geht davon aus, dass es bereits einen Grundkonsens unter den Religionen gibt, der verbindende und verbindliche Werte, unverrückbare Maßstäbe und moralische Grundhaltungen umfasst, die in allen Religionen anerkannt sind. Folgende Prinzipien des Weltethos sollen als unverrückbare, unbedingte Norm für alle

Lebensbereiche von Individuen, Familien und Gemeinschaften, für Ethnien, Nationen und Religionen gelten:

- Keine neue Weltordnung ohne ein Weltethos.
- Jeder Mensch, gleich welchen Geschlechts, welcher ethnischer Herkunft, welchen sozialen Status', welcher Sprache, welchen Alters, welcher Nationalität oder welcher Religion, soll wahrhaft menschlich behandelt werden und auch anderen gegenüber im Geist der Solidarität handeln.
- Auf jeden Menschen soll die Goldene Regel*, eine uralte Weisung vieler ethischer und religiöser Traditionen, angewendet werden: »Was ihr von anderen erwartet, das tut ebenso auch ihnen« (Lk 6,31, vgl. Mt 7,12).

Daraus werden vier unverrückbare Weisungen abgeleitet:

- die Selbstverpflichtung auf eine Kultur der Gewaltlosigkeit und der Ehrfurcht vor allem Leben;
- die Selbstverpflichtung auf eine Kultur der Solidarität und auf eine gerechte Wirtschaftsordnung;
- die Selbstverpflichtung auf eine Kultur der Toleranz und auf ein Leben in Wahrhaftigkeit;
- die Selbstverpflichtung auf eine Kultur der Gleichberechtigung und auf die Partnerschaft von Mann und Frau.

- ▶ Interpretieren Sie die Zeichnung oben und beziehen Sie diese auf die Lage der Menschenrechte heute.
- ▶ Ordnen Sie verschiedene Aspekte der Globalisierung in eine Grafik oder ein Schema ein und sammeln Sie dazu aktuelle Beispiele.
- ▶ »Globalisierung – Chance oder Gefahr?« Diskutieren Sie diese Frage in einer Debatte.
- ▶ Stellen Sie aus dem Internet Informationen über das »Projekt Weltethos« und die »Allgemeine Erklärung der Menschenpflichten« – ein weiteres ähnliches internationales Projekt von Politikern – in Form von Referaten zusammen.
- ▶ Die vier Weisungen des Weltethos gelten in allen Religionen, da sie auf deren gemeinsamen ethischen Grundlagen basieren. Arbeiten Sie die Grundlagen aus dem christlichen Menschenbild (42 f.) heraus.
- ▶ Belegen Sie an konkreten Beispielen, dass die Anwendung der Menschenrechte und das Weltethos als »Dorf-Gesetze« tatsächlich helfen können, die Gefahren der Globalisierung im »Welt-Dorf« wenigstens teilweise zu vermindern.

Sozialethik konkret: »Festung Europa«

Die christliche Sozialethik setzte sich überwiegend mit gesellschaftlichen, wirtschaftlichen und sozialen Problemen in Europa auseinander. Aber bereits die Sozialenzyklika *Populorum Progressio* (1967) 47 macht deutlich, dass sie sich auch um die Schwierigkeiten der Länder und Menschen in den Entwicklungsländern annimmt. Am Beispiel der Flüchtlingsproblematik soll ein strukturelles Problem diskutiert werden, das die Verflochtenheit einer globalisierten Welt unter sozialen Gesichtspunkten thematisiert und von den Menschenrechten her beleuchtet.

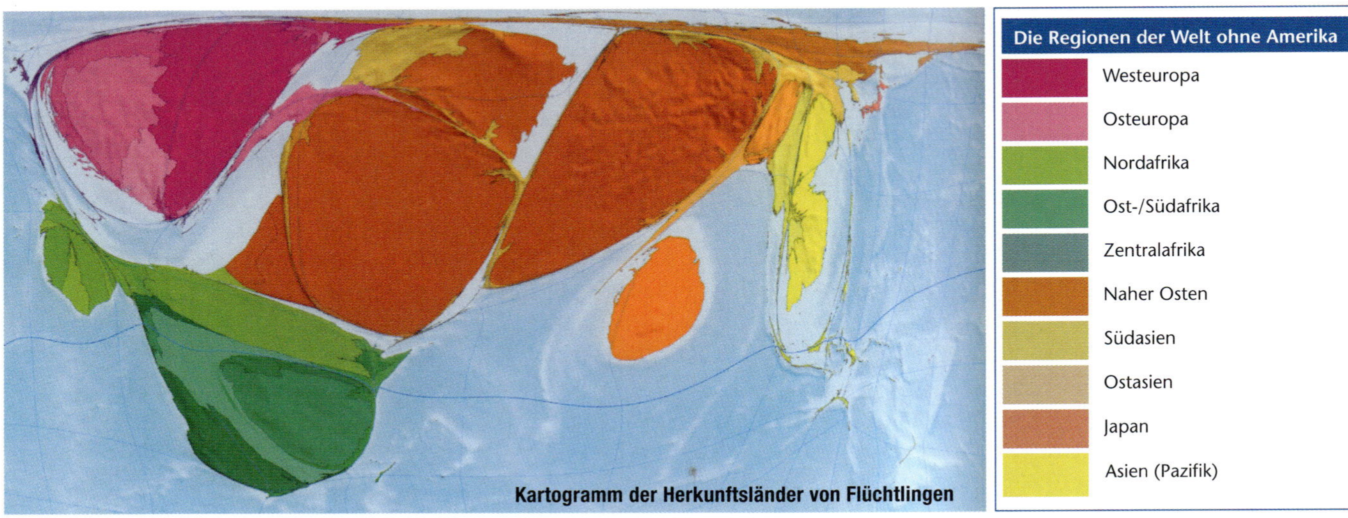

Das Kartogramm stellt Afrika, Europa und Asien dar, bildet aber die Staaten nicht in ihrer geografischen Größe ab, sondern zeigt ihre Migrationsgröße: Fliehen z. B. aus einem Land doppelt so viele Flüchtlinge wie aus einem anderen, wird es doppelt so groß dargestellt.

Zunächst ein Blick auf die wirtschaftliche und soziale Situation in *Afrika:* Die größte Armut im Jahr 2002 gab es in Zentralafrika. Der Stand der Entwicklung zwischen 1975 und 2002 verschlechterte sich u. a. in der Demokratischen Republik Kongo, in Sambia, Simbabwe und Somalia drastisch, weil diese Länder alle unter Krieg, Bürgerkrieg, Staatsstreichen, Dürre, Krankheiten, Korruption, Versagen der politischen Eliten, verfehlter Wirtschaftspolitik und großer Verschuldung leiden. Unterernährt waren im Jahr 2000 über 60 % aller in Zentralafrika lebenden Menschen, in der Demokratischen Republik Kongo sogar 75 %. In absoluter Armut, also mit einem Pro-Kopf-Einkommen von weniger als 1 Dollar pro Tag, lebten im Jahr 2002 17 % der Weltbevölkerung; in 18 afrikanischen Ländern mussten mehr als ein Drittel der Bewohner damit auskommen. Auf unter 2 Dollar belief sich das tägliche Pro-Kopf-Einkommen bei 43 % der Weltbevölkerung; in Nigeria und Mali waren davon sogar 91 % der Menschen betroffen. Mit einem Pro-Kopf-Einkommen von unter 10 Dollar pro Tag, mit dem es sich nirgendwo auf der Welt besonders gut leben lässt, mussten 95 % der Zentralafrikaner auskommen. Vor solcher Armut und Unterernährung, vor Verfolgung, Katastrophen oder bewaffneten Konflikten flohen viele Menschen aus ihren Heimatländern. Nach der UNO-Definition von 1951 ist ein Flüchtling, wer »aus der begründeten Furcht vor Verfolgung aus Gründen der Rasse, Religion, Nationalität, Zugehörigkeit zu einer bestimmten sozialen Gruppe oder wegen seiner politischen Überzeugung sich außerhalb des Landes befindet, dessen Staatsangehörigkeit er besitzt«. Im Jahr 2003 schätzte man die Zahl der Flüchtlinge weltweit auf ca. 15 Millionen. In mehr als der Hälfte der rund 200 Staaten der Erde, in der Regel ärmere Länder, ist die Zahl der Auswanderer größer als diejenige der Einwanderer. Zu den reicheren Regionen mit hoher Einwanderung gehört u. a. Westeuropa. 46 % des weltweiten Wohlstandes konzentrierten sich im Jahr 2002 auf Nordamerika und Westeuropa.

Eine legale *Einwanderung* aus Afrika nach Europa ist nach wie vor fast unmöglich. Deshalb sind immer mehr Migranten per Boot unterwegs: von Westafrika über den Atlantik auf die Kanaren, von Nordafrika nach Italien, Malta oder Spanien, meist nach einem Transit durch die Sahara. Experten schätzen, dass jedes Jahr ca. 120.000 Menschen versuchen, auf diesen Routen nach Europa zu gelangen. Viele sterben bei diesen Versuchen. Im Jahr 2006 landeten 31.200 Boat-People auf den Kanaren, laut Schätzungen ertranken 7.000 weitere – ein trauriger Rekord. Immer mehr Flüchtlinge stranden in den Transitländern. In Marokko haben die Behörden in wenigen Monaten 80.000 Illegale abgefangen, in Algerien 8.000. Auch in Libyen, Mauretanien, Senegal und Gambia werden regelmäßig Migranten aus anderen Ländern Westafrikas festgenommen. Ein anderer Fluchtweg führt über die spanischen Enklaven Ceuta und Melina in Marokko. Der Grenzzaun wird jedoch immer höher, die Scheinwerfer werden immer mehr und die elektronischen Überwachungsanlagen immer lückenloser.

Festung Europa

Europa macht es vor
Wir bleiben unter uns
Und feiern den Erfolg
Es bleibt dabei
Da könnt ihr ewig warten
Weil hier die Sonne scheint
In Freiheit leben
Und im Wohlstand nur für uns
Gibt's ein Problem
Dann schicken wir Soldaten
Kein Grund zur Sorge
Was interessiert es uns
Was so weit weg geschieht
Es stört uns nicht
Weil es uns nicht betrifft
Habt ihr gedacht
Dass Mitleid glücklich macht
Der Weg ins Paradies
Ist zum Greifen nah
Wenn du ihn überlebst
Was sind denn schon
6000 gegen X Millionen
Denn sie kommen nicht weit
Wir sind in Sicherheit
Und unsere Autos auch
Und es ist klar
Dass es für immer so bleibt
Kein Grund zur Sorge

... Und der Aufschrei
Der Betroffenheit
Weicht schon morgen
Der Zufriedenheit
Während wir uns
In leere Worte betten
Werden die Flüchtlinge
Im Stacheldraht verrecken ...

Songtext der Politpunk-Band ZSK, 2006

Wie könnte eine mögliche *Lösung* aussehen, welche die Interessen aller Beteiligten berücksichtigt:

- das Interesse der Flüchtlinge an einem Arbeitseinkommen in Europa,
- das Interesse der afrikanischen Länder an finanzieller Unterstützung aus Europa,
- das Interesse Marokkos, die Migranten aus anderen Ländern wieder loszuwerden,
- und das Interesse Deutschlands, keine neue »working-poor«-Schicht zu etablieren?

Könnte die Lösung in einer zeitlich umkehrbaren Migration für gering Qualifizierte bestehen, sodass z. B. Menschen aus Afrika jeden Sommer für ein paar Wochen als Erntehelfer nach Deutschland kommen dürften oder für eine begrenzte Zeit in einem Job arbeiten könnten, wenn dazu Bedarf besteht?

- ▶ Deuten Sie das Kartogramm [50] und achten Sie darauf, wie groß oder klein die verschiedenen Regionen der Welt (ohne Amerika) im Vergleich zueinander dargestellt sind. Verfassen Sie mit Rückgriff auf alle Elemente der Doppelseite ein Referat, in dem Sie die Flüchtlingsströme zwischen Afrika und Europa darstellen.
- ▶ Schreiben Sie eine Kritik für die Schülerzeitung, in der Sie sich mit dem Anliegen des Songs der Punkgruppe ZSK auseinandersetzen. Berücksichtigen Sie dabei auch die Art der musikalischen Gestaltung des Songs.
- ▶ »Festung Europa« ist ein häufig von Journalisten in kritischer Absicht gebrauchter Ausdruck, dem die Behauptung zugrunde liegt, die EU betreibe beim Asyl- und Einwanderungsrecht gegenüber Drittstaaten eine Politik der Abschottung. Erläutern Sie vor dem Hintergrund dieser Doppelseite, ob seine Verwendung berechtigt ist.
- ▶ Legen Sie eine Ideensammlung in zwei Spalten an, in der Sie die Lösungsansätze diskutieren, die für das komplexe strukturelle ethische Problem der Migration angeboten werden. Bringen Sie bei Ihrer Stellungnahme auch das biblische Menschenbild [42] f., die Sozialprinzipien [44] f. und die Sozialenzykliken [46] f. mit ein.
- ▶ Gestalten Sie ein Plakat, auf dem Sie die Ergebnisse aus Ihren Überlegungen zusammenfassen und künstlerisch umsetzen.

Aktiv werden bei der Bahnhofsmission

München, 19.00 Uhr, ein Dienstag im September:
Hans M. (68) jammert. Er war heute beim Arzt, hat eine Salbe bekommen. »Aber wer reibt mir den Rücken ein?«, fragt er und zieht das Hemd aus. Der Rücken ist von Narben und Ausschlägen übersät, die Folge eines jahrelangen Lebens auf der Straße. Schwester Monika Plank ruft in einer nahe gelegenen Klinik an. Glück gehabt, er kann vorbeikommen. Karl M. (44) möchte mit seiner Mutter in Frankfurt telefonieren. Er riecht nach Alkohol und lallt, hat vor zwei Monaten eine Therapie abgebrochen. Wo er lebt? »Nirgends, Platte«, sagt er. Natürlich darf er anrufen. Fritz Z. (33) will einfach nur einen Tee und ein Butterbrot. Arbeitslos, von einer Werbekolonne ohne Geld auf die Straße gesetzt, irrt er seit einem halben Jahr durch München. Eigentlich will er ja nach Erlangen zu einem Kumpel, aber den erreicht er nie. Die Bahnhofsmission ist sein einziger Halt, er kommt jeden Abend. Erfolgsmeldung für einen Touristen aus Norwegen. Er hat auf dem Oktoberfest sein ganzes Geld verbraucht, mit seinem Billigticket kann er aber erst nächste Woche zurückfliegen. Die Bahnhofsmission hat Kontakt mit dem norwegischen Konsulat aufgenommen, er darf morgen vorbeikommen. Problem gelöst. Heute Nacht aber muss er noch im Warteraum des Bahnhofs schlafen. Schwester Monika hat mit der Bahnhofspolizei gesprochen.

Inzwischen, es ist kurz vor 20.00 Uhr, füllen sich die Räume. Seit einer halben Stunde gibt es Tee und Brot. Alles läuft ruhig und routiniert. Meist sind es Männer, darunter viele zwischen 20 und 30, die zur Tür hereinkommen, manche ohne Gruß, mit einem Pappbecher in der Hand. Die meisten essen und trinken wortlos, gehen wieder.

Ich mache ein freiwilliges Praktikum bei der Bahnhofsmission, weil ich in meinem späteren Beruf auch mit Menschen zu tun habe. Und dazu sammle ich jetzt schon einmal Erfahrungen. Spannend dabei ist, dass ich es mit ganz unterschiedlichen Menschen zu tun habe: Menschen, die nur eine Auskunft oder kleine Hilfe brauchen, aber auch Menschen, denen es wirklich schlecht geht. Und ich bin in ganz unterschiedlicher Weise gefordert. Mal ist es nur ein Gespräch, mal unterstütze ich eine Behinderte oder ein Kind beim Umsteigen, mal schlichte ich einen Streit, mal helfe ich beim Brotschmieren und beim Austeilen von Getränken. Außerdem bekomme ich bei der Bahnhofsmission viel über mich selbst, über andere und über das Leben mit. Manchmal bleibt mir aber nichts anderes übrig, als Ratsuchende nur an andere professionelle Helfer weiterzuvermitteln.

Sabine L., Theologiestudentin, 22 Jahre

Plötzlich wird es laut. Ein Betrunkener wirft sein Butterbrot auf den Tisch. »Das gibt man keinem Hund!«, schreit er. Der junge Mann daneben sagt leise: »Ein Brot wirft man nicht weg.« Der Betrunkene zieht ein Küchenmesser. Sabine L., Theologiestudentin und ehrenamtliche Mitarbeiterin, geht dazwischen, und der Betrunkene wird in einen anderen Raum gebracht.

Im Aufenthaltsraum, der nachts auch als Schlafraum für Frauen dient, sitzt eine 60-jährige Frau, leert ihren Geldbeutel aus, räumt die paar Cent wieder hinein, leert ihn wieder aus, kramt in Zetteln herum. »Sie will hier schlafen, aber sie sagt es nicht«, meint Schwester Monika. Birgit Harprath, Journalistin und seit Jahren ehrenamtliche Helferin, holt am Bahngleis eine 70-jährige Frau mit zwei Koffern ab. »Sie muss um 23.06 Uhr zum Zug nach Halle gebracht werden«, erläutert die Helferin. Ein Butterbrot kauend, diskutiert Herr K., »65 und ein paar Monate«, mit der Theologiestudentin Sabine L. über Darwins Evolutionstheorie. »Gell, das merkst du«, sagt er, »dumm bin ich nicht. Ich habe schon bessere Tage erlebt.« Heute schläft er in einem abbruchreifen Haus, »hoffentlich reißen sie es nicht vor dem Winter ab«. Er bekommt eine warme Weste aus dem Kleiderschrank. »Ich wasch' mich jeden Tag, wenn's sein muss in der Isar, auch wenn's kalt ist. Ich will nicht aussehen wie die da«, sagt er und deutet auf seine Leidensgenossen.

Eine junge Frau, ganz gut gekleidet, bittet um eine S-Bahnfahrkarte nach Starnberg. Sie hat heute den ersten Tag gearbeitet und noch kein Geld bekommen. Ihre Hände zittern, sie wirkt sehr nervös. Schwester Monika fragt, ob sie sonst noch über etwas reden will. Nein, wirklich nicht, nur die Fahrkarte, und am Freitag bringt sie das Geld bestimmt vorbei. Sie bekommt die Fahrkarte, bedankt sich und geht. Schwester Monika zuckt die Schulter und wirkt bedrückt: »Ich vermute, sie ist drogenabhängig. Wir sind eine Anlaufstelle für Notfälle. Längerfristige Betreuung geht bei uns nicht.« Dafür gibt es eine lange Liste von Telefonnummern. Es gelingt öfter, jemand in eine Fachberatung zu vermitteln.

Nach 22.00 Uhr geht es Schlag auf Schlag. Ein türkisches Ehepaar, die Frau braucht dringend eine Spritze: Anruf in der Klinik. Ein russischer Tourist mit Reisetasche, der kein Deutsch spricht: Anruf bei Radio Free Europe; ein Landsmann dort erklärt, dass der Tourist seine Reisegruppe verloren hat und nicht weiß, in welches Hotel er muss; er wird heute im Wartesaal übernachten. Ein junger Mann, der sein Geld und seine Fahrkarte verloren hat, erhält eine Fahrkarte für den Zug um 23.17 Uhr nach Bonn. Er nimmt einen Überweisungsträger mit und will das Geld zurücküberweisen. Ein 45-jähriger Mann, der zwei Tage beim Messeaufbau in Augsburg gearbeitet und angeblich kein Geld bekommen hat: Er bekommt Brot und Tee und bittet zweimal um Nachschlag. Kurz nach 23.00 Uhr kommt ein junger Mann, drogenabhängig, auf der Suche nach einer Übernachtung: Es wird eine lange Unterhaltung über den Sinn des Lebens und Möglichkeiten der Therapie. Aber zunächst geht es um einen Schlafplatz, oben in der Wartehalle.

102 Personen waren es, die heute Abend zwischen 19.00 Uhr und 24.00 Uhr bei der Bahnhofsmission Hilfe, Wärme, Brot und Tee gesucht und bekommen haben. Ein ruhiger Abend, meint Sabine L.

Jahresbilanz 2008

Die Arbeit der Bahnhofsmission München lässt sich auch in Zahlen ausdrücken. Für das Jahr 2008 ergeben sich folgende Tagesdurchschnittswerte:
Pro Tag gibt es 246 Kontakte mit Besucherinnen und Besuchern. Davon waren
27 % Frauen und 73 % Männer,
66 % Migranten und 34 % Einheimische,
95 % Menschen mit besonderen sozialen Schwierigkeiten, z. B. Wohnungslosigkeit, Alkohol- oder Drogenabhängigkeit, psychische Erkrankung.
315 Brot-Portionen und 70 Liter Tee wurden ausgegeben.
47 Beratungsgespräche wurden geführt und
11 Reisenden beim Umsteigen geholfen.
Durchschnittlich nutzten pro Nacht 3 Frauen den Schutzraum der Bahnhofsmission.
Die Bahnhofsmission beschäftigt elf hauptberufliche Mitarbeiter/innen in Voll- und Teilzeit sowie 80 Ehrenamtliche.

- Recherchieren Sie über das Internet, z. B. auf www.bahnhofsmission.de, welche wirtschaftlichen und sozialen Herausforderungen zur Gründung der Bahnhofsmission im Jahre 1894 geführt haben, und visualisieren Sie Ihre Ergebnisse mithilfe einer Multimediapräsentation.
- Stellen Sie eine Tabelle über die Aktivitäten der Bahnhofsmission an dem geschilderten Abend zusammen. Erstellen Sie auf dem Hintergrund dieser Schilderung ein Konzeptpapier, in dem die Konzeption der Bahnhofsmission allgemein dargestellt wird.
- Analysieren Sie schriftlich, welche Aspekte des biblisch-christlichen Menschenbildes 42 f. in der Arbeit der Bahnhofsmission berührt werden sowie welche Sozialprinzipien 44 f. und welche Aspekte der Sozialenzykliken 46 f. hier auf welche Weise umgesetzt werden.
- Entwerfen Sie eine fiktive Mail an Sabine L., in der Sie ihr mitteilen, dass und warum auch Sie sich für ein Praktikum bei der Bahnhofsmission interessieren, und in der Sie kritisch nachfragen, was sie zu diesem Praktikum motiviert hat und welchen Sinn sie darin sieht.
- »Um wirksam zu helfen, ist das Engagement jedes Einzelnen entscheidend.« – Erörtern Sie am Beispiel des Engagements von Sabine L. in der Bahnhofsmission das Für und Wider dieser These.

Partnerschaft und Familie heute

Weil die Gesellschaft ein natürliches Interesse z. B. an funktionierenden Partnerschafts- und Familienmodellen, an der Erziehungsaufgabe, an der Weitergabe von kulturellem Wissen an die nachfolgende Generation etc. hat, ist es geboten, die Grundsätze der christlichen Sozialethik auch auf die Fragen der Partnerschaft, Ehe und Familie anzuwenden. Die Familie wird bisweilen als die kleinste Keimzelle des Staates bezeichnet. Ganz normal ist es heute, dass es nicht nur ein gesellschaftlich anerkanntes Partnerschaftsmodell gibt, sondern dass verschiedene Formen familiären Zusammenlebens wie selbstverständlich nebeneinanderstehen. Die Vielzahl unterschiedlicher Beziehungsformen hängt auch zusammen mit unterschiedlichen Lebensentwürfen, Partnerschaftskrisen, Ehescheidungen, Armut, beruflichen Vorstellungen.

Claudia und René haben eine Patchwork-Familie gegründet: Sie zogen vor drei Jahren mit ihren je zwei Söhnen zusammen. Marc (11) bezeichnet es als »Glücksfall«, dass sich seine Mutter und René gefunden haben. Für René ist die Tragfähigkeit der Beziehung zwischen ihm und seiner Partnerin die zentrale Säule der Familie. Es macht ihn stolz, »wie wir die Hürden nehmen, die das Leben uns stellt«.

»Was nicht geht, geht nicht.« Die Großfamilie von Gaby lebt von 1500 Euro. Ca. 100 Quadratmeter für acht Personen. Melanie (23), die älteste Tochter, hat vor fünf Wochen ihr zweites Kind geboren. Mit dem Baby, ihrer kleinen Tochter (3) und ihrer Schwester Jessica (14) schläft sie zusammen in einem Zimmer. Ihre beiden Brüder Thomas (21) und Marcel (17) teilen sich das andere Kinderzimmer.

Die Familie von Leila (27) lebt auf drei Kontinenten: Seit fünf Jahren wohnt die Jura-Studentin in Zürich. Sie ist in Kairo aufgewachsen. Dort leben ihre Mutter und ihre kleine Schwester. Ihr Vater arbeitet in Addis Abeba. Und ihre zweite Schwester (23) verbringt gerade ein Auslandssemester in Brasilien. Seit die Familie so weit voneinander entfernt lebt, müssen sich alle um ein aktives Familienleben bemühen.

Nur unter Zeitdruck arbeiten, alleine Verantwortung für alles tragen, am Telefon verhandeln, Termine koordinieren: Alleinerziehende sind gefordert wie Manager. Stefanie (37) ist gut im Organisieren, aber manchmal würde sie gern etwas abgeben: »Paare können sich die Arbeit aufteilen, ich bin immer zu 100 Prozent eingespannt.« Sie ist alleinerziehend, seit ihr Sohn Sebastian zwei Jahre alt war.

»Die Kinder sollen schöne Hobbys haben«, sagt Karen, »aber nicht zu viel, die sollen auch mal Zeit für sich haben.« Die Familie wohnt in einem Haus mit Garten und bunten Kinderzimmern für Felicia (4) und Nicolas (8). Vater Christian ist selbstständig und arbeitet viel. Meist kommt er nach Hause, wenn die Kinder schon im Bett sind. Karen arbeitet nicht, weil sie für ihre Kinder da sein will.

Sie leben fast wie eine traditionelle Großfamilie: Brigitta und Sven wohnen mit ihren Kindern Mara und Elsa auf einem Bauernhof. Brigitta ist Marktfrau und bestreitet den Lebensunterhalt der Familie. Ihr Mann war früher als Psychologe tätig, heute versorgt er die Kinder und führt die Buchhaltung. Auch die Großeltern, der 73-jährige Karl und seine Frau Else (71), gehören zur Familie.

- Beschreiben Sie Phänomene, die Ihrer Meinung nach für heutige Partnerschaften, Ehen und Familien als typisch gelten können.
- Informieren Sie sich darüber, wie sich Partnerschaften, Ehen und Familien in früheren Zeiten von heutigen unterscheiden. Berücksichtigen Sie dabei Aussagen aus dem Katholischen Erwachsenenkatechismus, Bd. II, S. 233-236, und beziehen Sie 1 Kor 13,13 ein.
- Erarbeiten Sie anhand der Beispiele Rahmenbedingungen von Gesellschaft und Familienpolitik, die sich auf Partnerschaft und Familie auswirken.

Die unterschiedlichen Familienformen führen zu einer Verunsicherung, was die Zukunft des »Projekts Familie« betrifft. Eine klare Einschätzung wird auch durch verwirrende, häufig gegenläufige soziologische Daten zu Partnerschaft, Ehe und Familie erschwert. Widersprechen sich z. B. nicht steigende Scheidungsraten und Umfragen, in denen Partnerschaft und Familie hoch bewertet werden? Oder Untersuchungen, die von der Vereinbarkeit von Arbeitswelt und Familie ausgehen, und solche, die sie eher verneinen? Es stellt sich die Frage, ob und wie sich derart divergierende Aussagen miteinander vereinbaren lassen. Hier prallen offenkundig Wünsche und Hoffnungen, die sich auf die Partnerschaft richten, und eine anders geartete Realität aufeinander, in der diese Wünsche und Hoffnungen nicht umgesetzt werden können. Soziologische Untersuchungen belegen dies.

LEISTUNGEN DER GEMEINSCHAFT FÜR EIN KIND

- Mutterschaftsgeld
- Kindergeld
- Elternzeit
- Elterngeld
- Kinderzuschlag
- Unterhaltsvorschuss
- Familienförderung erfolgt außerdem über die Steuern.
- Kinderlose Paare unterstützen Familien über Steuern und Versicherungsleistungen.

FAMILIEN WERDEN IMMER SPÄTER GEGRÜNDET

Junge Menschen in Europa lassen sich mit dem eigenen Nachwuchs immer mehr Zeit. Gründe dafür sind u. a. längere Ausbildungszeiten, die höhere Erwerbsbeteiligung von Frauen und die Schwangerschaftsverhütung. Persönliche Selbstverwirklichung spielt für viele Paare eine zunehmend wichtigere Rolle. Über Familiengründung wird erst nachgedacht, wenn die angestrebte berufliche Situation erreicht ist, um dem Kind eine gesicherte Zukunft bieten zu können. Welchen Stellenwert hat das Lebensmodell Familie für junge Leute heute noch?

Studie »Jugend und Familie in Europa«, 2009

JA ZU KARRIERE UND FAMILIE

Der Wertewandel in der Jugend wird gerade auch von den weiblichen Heranwachsenden getragen. Mädchen und junge Frauen sind heute ehrgeiziger, aber auch selbstbewusster. »Karriere machen«, »sich selbstständig machen« und »Verantwortung übernehmen« ist für sie ebenso wichtig wie für Jungen und junge Männer. Gleichzeitig hat die Familie einen hohen Stellenwert. 75 % der weiblichen und 65 % der männlichen Befragten meinen, eine Familie zum Glücklichsein zu brauchen. Über zwei Drittel der Jugendlichen wollen später eigene Kinder haben. »Karriere und Familie schließen sich bei den meisten Jugendlichen heute nicht mehr aus, sondern sind zwei zentrale, gleichberechtigte Zielvorstellungen für die Lebensführung.«

14. Shell-Jugendstudie, 2002

WAS KINDER HEUTE KOSTEN

Monatliche Konsumausgaben für ein Kind in € je Paarhaushalt im Jahr 2003.
Veränderung im Vergleich zum Jahr 1998 in Prozent

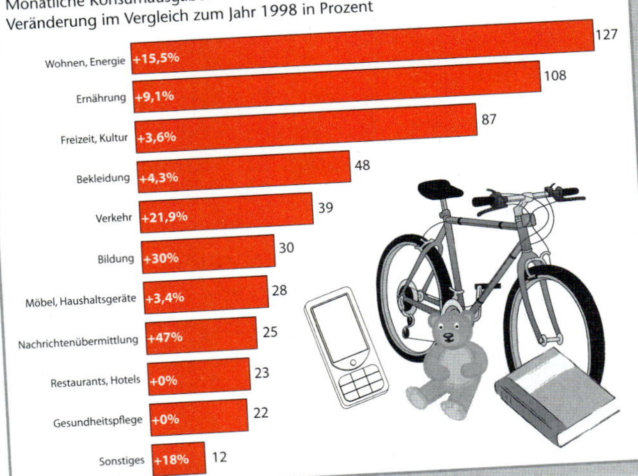

- ► Erklären Sie, warum Ehe und Familie für viele Menschen heute problematisch geworden sind.
- ► Begründen Sie, warum Ihrer Meinung nach das Wohnen im »Hotel Mama« zugenommen hat und ob bzw. inwiefern dies auf die Partnerschaftswünsche von jungen Menschen Auswirkungen hat.
- ► »Kinder sind später als Konsumenten, als Berufsausübende und für das Rentensystem für die Gesellschaft unverzichtbar.« Listen Sie Argumente für diese These auf.
- ► Kinder bedeuten Freude und Glück, kosten aber auch Geld, fordern Zeit und strapazieren die Nerven ihrer Eltern. Führen Sie ein Streitgespräch darüber, ob die Lasten der Kindererziehung Ihrer Meinung nach gerecht verteilt sind.
- ► Verfassen Sie einen fiktiven Leserbrief an die Bistumszeitung, in dem Sie sich dafür einsetzen, dass sich die sozialen und finanziellen Rahmenbedingungen für Ehe und Familie verändern. Was schlagen Sie vor? Beziehen Sie in Ihren Brief auch kirchliche Stellungnahmen mit ein.

Christliche Lebensformen

Die Vielfalt heutiger Lebens- und Familienformen sollte nicht den Blick darauf verstellen, dass es zu allen Zeiten, in allen Kulturen und auch im Christentum schon immer verschiedene Lebensformen gegeben hat, für die sich die Menschen entscheiden konnten. Nicht immer erfolgte die Wahl einer Lebensform freiwillig, sie war auch bedingt durch soziale Gründe, sodass z. B. die Vielzahl von Geschwistern es nur dem Haupterben erlaubte, eine eigene Familie zu gründen. Auch innerhalb der katholischen Kirche gibt es verschiedene Lebensformen, die gleichberechtigt nebeneinanderstehen: ein Leben in Ehe und Familie, als Single, als zölibatär lebende Priester oder Ordensleute.

Das katholische Verständnis von Ehe und Familie

Auch das katholische Eheverständnis ist einem Wandel ausgesetzt. Sah man die Ehe früher – ähnlich wie in Gesellschaft und Staat – in erster Linie als Rechtsgemeinschaft, so kommt in aktuellen kirchlichen Texten eine Vorstellung zum Tragen, die deutlicher vom Bild des »Bundes«, der Liebe zwischen Mann und Frau, geprägt ist. Mag die christliche Vorstellung von Partnerschaft und Ehe manchem als zu radikal oder gar weltfremd erscheinen, so wird doch deutlich, dass die Erwartungen, die Menschen heute an Beziehungen stellen – z. B. sozialer Rückhalt, emotionale Unterstützung, Treue, Kinder und Glück – mit fundamentalen Kennzeichnungen einer christlichen Ehe und Partnerschaft einhergehen.

Wesenseigenschaften der Ehe

»Die Liebe der Eheleute tendiert von ihrem ganzen Wesen her auf die Einheit in einer personalen Gemeinschaft, die alle Bereiche des Lebens umfasst. ›Sie sind also nicht mehr zwei, sondern eins‹ (Mt 19,6 vgl. Gen 2,24) und berufen, in ihrer Einheit ständig zu wachsen durch die Treue, mit der sie täglich zu ihrem Eheversprechen stehen. ›Die Ehegemeinschaft wurzelt in der natürlichen Ergänzung von Mann und Frau und lebt aus dem persönlichen Willen der Gatten, ihr ganzes Leben zu teilen, das, was sie haben, und das, was sie sind.‹ ... Auch die Fruchtbarkeit gehört wesentlich zur Ehe ... Dieser Dienst am Leben ist den Eheleuten von Gott selbst bei der Schöpfung aufgetragen, ja eingeschrieben worden: ›Gott segnete sie, und Gott sprach zu ihnen: Seid fruchtbar, und vermehrt euch‹ (Gen 1,28) ... Die Fruchtbarkeit der ehelichen Liebe beschränkt sich jedoch nicht auf die Zeugung; sie wird weiter und reicher durch Früchte des sittlichen, geistigen und übernatürlichen Lebens, welche die Eltern ihren Kindern durch die Erziehung weitergeben ... Deshalb müssen die Eheleute in verantwortlicher Elternschaft die Entscheidung über die Zahl ihrer Kinder im Angesicht Gottes letztlich selbst treffen. Sie dürfen dabei freilich nicht nach eigener Willkür vorgehen, sondern müssen sich von ihrem Gewissen leiten lassen ...
Schließlich gehört zum Wesen ehelicher Liebe ihre unauflösliche Treue. Sie ergibt sich aus der Ganzheitlichkeit, mit der sich die Eheleute gegenseitig schenken und annehmen; Liebe, die diesen Namen verdient, ist immer endgültig und kann nie nur bis auf Weiteres und zur Probe geschenkt werden. Dazu kommt, dass auch das Wohl der Kinder die unbedingte und unauflösliche Treue der Ehegatten erforderlich macht. Sie ist von Gott bei der Schöpfung selbst gewollt: ›Was aber Gott verbunden hat, das darf der Mensch nicht trennen‹ (Mk 10,9).«

Katholischer Erwachsenenkatechismus, Bd I, S. 392-394

- ▶ Fassen Sie den Textauszug aus dem Katholischen Erwachsenenkatechismus in einer Grafik zusammen.
- ▶ Stellen Sie der christlichen Sicht von Ehe und Familie Faktoren gegenüber, die eine Partnerschaft destabilisieren können (vgl. 55). Diskutieren Sie, ob das häufige Scheitern von Beziehungen nicht die christlichen Vorstellungen von Partnerschaft und Ehe infrage stellt.
- ▶ Planen Sie eine anspruchsvolle Talkshow zum Thema »Partnerschaft und Familie« und führen Sie diese mit einem Talkmaster und folgenden zwei Teilnehmern durch: ein Christ, der die Stärken der kirchlichen Position herausstreicht, und ein Vertreter der gegenteiligen Meinung, der die kirchliche Position für nicht tragfähig hält.

Alternative christliche Lebensformen

Neben der Ehe ist im Christentum die bewusst gewählte und gelebte Ehelosigkeit als besondere Form der Nachfolge gleichberechtigt:

»Wenn Menschen auf einen besonderen Ruf Gottes hin ehelos leben, um auf diese Weise die Nachfolge Jesu zu verwirklichen, nimmt Jesus sie in Schutz und ermutigt sie dazu: ›Manche sind von Geburt an zur Ehe unfähig, manche sind von Menschen dazu gemacht, und manche haben sich selbst dazu gemacht – um des Himmelreiches willen. Wer das erfassen kann, der erfasse es‹ (Mt 19,12). Die Berufung zur Ehelosigkeit ›um des Himmelreiches willen‹ ist eine Gnade Gottes, der zu folgen nicht im Belieben des berufenen Menschen steht, aber ohne seinen freien Entschluss auch nicht verantwortbar wäre. Im Horizont der von Jesus verkündeten Gottesherrschaft hat ein solcher Entschluss einen zeichenhaften Sinn: Das ehelose Leben im Dienst Gottes und in der Hingabe an die Menschen verweist auf das künftige Gottesreich ...
Der Zölibat des Priesters und die Ehelosigkeit der Ordensleute sind, wenn sie in der Ganzhingabe an Gott und im Dasein für andere vorgelebt werden, auch ein Anruf an Eheleute, in ihrer Ehe auf ihre Weise Gottes Reich zu suchen. Auf beiden Wegen kann der Ruf Jesu, sich Gott und den Menschen zu schenken, verwirklicht werden. Wie der Weg der Ehelosigkeit um des Gottesreiches willen eine eigene Weise der Liebe ist, so ist auch der Weg der Ehe eine eigene Weise, die Berufung der Person zur Liebe zu verwirklichen. Jeder der beiden Wege ist somit in der ihm eigenen Weise eine konkrete Verwirklichung des Menschen als ›Sein nach dem Bilde Gottes‹. Beide Wege widersprechen einander nicht und lassen sich nicht gegeneinander ausspielen.«

Katholischer Erwachsenenkatechismus, Bd. II, S. 364f.

Warum ein Mensch heute die Ehelosigkeit bewusst wählt, soll am Werdegang von Schwester Helene Binder verdeutlicht werden, der Generaloberin des Ordens der Benediktinerinnen der Anbetung für Deutschland, Frankreich und Österreich. Der Weg ins Kloster war ihr nicht in die Wiege gelegt. Eine Spätberufene ist die studierte Theologin, die erst mit 31 in den Orden eintrat. Sie arbeitete zunächst als Religionslehrerin und hatte sich viel Zeit für ihre Entscheidung genommen. Das Leben draußen war ihr zu wenig intensiv, die Suche nach größerer religiöser Erfahrung führte sie ins Kloster. Jedoch nicht leichten Herzens, das macht sie ganz deutlich: »Das war verbunden mit sehr vielen Ängsten.« Die Ängste kann man an der Klosterpforte nicht abgeben – Krisen gibt es immer wieder: »Ich kann hier nicht mehr vor mir und den anderen davonlaufen und muss mich stellen. Das ist schmerzlich, es gibt nicht mehr so viele Auswege. Aber nur dadurch kann die religiöse Suche an Intensität gewinnen«, meint sie nachdenklich. Für ihre Familie war ihr Gang ins Kloster schwierig: »Für meinen Vater war das furchtbar. Aber er hat mir trotzdem zu Hause eine Wohnung ausgebaut – ich kann jederzeit heimkehren.« Dieser familiäre Rückhalt ist ihr unendlich wichtig. Menschlichkeit findet sie im Kloster, auch wenn die Riten und Regeln auf Außenstehende sehr streng wirken. Doch sie bergen Vorteile, sagt die Priorin. »Zum Beispiel der Habit – mit der Ordenstracht bin ich immer richtig gekleidet. Nie muss ich mich mit der lästigen Frage beschäftigen, was ich heute wieder anziehen soll.« Der Habit ist zugleich Zeugnis und Erkennungsmerkmal. Das heißt aber nicht, dass Helene Binder nicht auch ohne Ordensgewand sein kann: »Beim Joggen trage ich natürlich Sportbekleidung«, sagt sie ganz selbstverständlich. Und im Urlaub lässt sie sich gerne vom Wind die Haare zerzausen.

- Verfassen Sie ein Referat über Singles heute und suchen Sie dazu Statistiken im Internet, z. B. auf www.bpb.de/wissen. Beschäftigen Sie sich auch mit den Gründen, warum Menschen heute unfreiwillig oder selbst gewählt als Single leben.
- Interpretieren Sie die Bibelstelle Mt 19,12. Welche Gründe nennt Matthäus dafür, dass Menschen allein leben? Beschreiben Sie die Alternative zur Partnerschaft, die er ins Gespräch bringt.
- Stellen Sie die Gründe zusammen, die Schwester Helene Binder für ihren Eintritt ins Kloster und für ein Leben in Partnerlosigkeit anführt. Ergänzen Sie ihre Motive mit denen aus dem obigen Textauszug.
- Stellen Sie die Chancen und Risiken eines Lebens in Partnerschaft und die eines Singledaseins einander gegenüber. Gehen Sie darauf ein, dass man Singles häufig vorwirft, sich egoistisch zu verhalten. Welche Argumente überzeugen Sie?

Wohlstand ohne Wachstum

Konrad Zuse, 1984

Die meisten Menschen sind in der Wachstumslogik gefangen. Sie wollen unter allen Umständen ihren Lebensstandard halten und verteidigen den Status quo. Sie flüchten in die Verdrängung. In Umfragen geben viel mehr Inder an, dass ihr Lebensstil die Umwelt schädige, als Deutsche, obwohl der Ressourcenverbrauch jedes Deutschen ungleich größer ist als der jedes Inders. Oder die Menschen flüchten in Machbarkeitsillusionen: Man könne doch mithilfe der Sonne so viel Strom produzieren. Warum also sparen? Die meisten Menschen akzeptieren nur Lösungswege, die ihren Lebensstil nicht verändern: Elektroautos statt Verbrennungsmotoren: ja – Alternativen zum Auto: nein. Dazu kommt die soziale Frage. Für viele Niedrigverdiener oder Hartz-IV-Empfänger klingt »Weniger ist mehr« wie blanker Hohn. Auch sie wollen nicht mehr Müll, aber mehr Wohlstand. Nicht »immer mehr« ist ihr Ziel, »etwas mehr« würde ihnen schon genügen.

Nach Harald Welzer, Sozialpsychologe

Der ewige Wachstumszwang führt schleichend in den Abgrund, ein Leben und Wirtschaften ohne Wachstum kann sich aber kaum jemand vorstellen. Ein gangbarer Weg ist es deshalb, sich zumindest kurzfristig von dem Ziel eines Wohlstands ohne Wachstum zu verabschieden. Der Zustand der Erde und des Klimas lässt uns keine Zeit, auf die Utopie einer wachstumsfreien Gesellschaft zu warten, wir müssen handeln. Gefordert ist deshalb ein anderes Wachstum. All das soll wachsen, was leicht, langlebig, wiederverwertbar, solar, mit der Natur vereinbar ist und was den Menschen dient: Erziehung, Bildung, Betreuung und Pflege. Schrumpfen soll dagegen, was schwer, fossil, atomar, wenig anpassungsfähig und zerstörerisch ist. Ohne Zweifel verlangt auch dieses andere Wachstum Veränderungen. Wer auf die Sonne setzt, muss Energie sparen. Nicht mehr der maximale, sondern ein nachhaltiger Gewinn für alle ist zu fordern. Umweltzerstörung und unsoziales Wirtschaften müssen teurer werden – wer die Natur schont, muss gewinnen.

Nach Wolfgang Sachs, Umweltwissenschaftler

Machen die Menschen da mit? Sozialpsychologen und Theologen sind sich in einem einig: Die Menschen machen nur dann mit, wenn sie spüren, dass sie durch Veränderung gewinnen – eine saubere Stadt, weniger Zeit im Stau und mehr Gemeinschaft. Nur dann, wenn sie erfahren, dass ein gutes Leben mehr ist, als immer mehr Güter zu produzieren und zu haben – und wenn auch jene an dem guten Leben teilhaben, die heute vom Wohlstand weitgehend ausgeschlossen sind. Deswegen sollen die Kirchen Zukunftswerkstätten schaffen, in denen Neues ersonnen und ausprobiert werden kann, ein achtsameres Leben und Wirtschaften mit möglichst geringem Naturverbrauch entwickelt und vorgelebt werden soll – mit dem christlichen Glauben als spiritueller Grundlage.

Nach Volker Jung, evang. Kirchenpräsident in Hessen-Nassau

Wenden Sie, wie bereits nach dem ersten Kapitel 34, Ihre erworbenen Kompetenzen auf die folgenden Aufgabenstellungen an:

- Das Bild von Konrad Zuse mit seinen zum Himmel strebenden Wolkenkratzern weckt Assoziationen zu einer bekannten alttestamentlichen Erzählung. Finden Sie Beispiele aus der Geschichte, welche die Gefahren bestätigen, die in dieser Menschheitsmetapher beschrieben werden.
- Formulieren Sie die Kernaussagen der drei Texte oben zum Thema »Wachstum«.
- Begründen Sie, warum es vielen Menschen schwerfällt, sich vom Wachstum zu verabschieden, und warum ein Umdenkprozess zu einem neuen Wirtschaften trotzdem sinnvoll ist. Beziehen Sie die Menschenrechte 48 - 51 in Ihre Überlegungen mit ein.
- Formulieren Sie ein Flugblatt, mit dem Sie ein Umdenken und persönliche Konsequenzen fordern. Begründen Sie dies mit dem biblisch-christlichen Menschenbild 42 f., den Sozialprinzipien 44 f. und/oder den Sozialenzykliken 46 f. Beziehen Sie auch weitere Überlegungen der christlichen Sozialethik mit ein, die in diesem Kapitel angesprochen werden. Ziehen Sie für sich persönliche Konsequenzen aus diesem Umdenken.

3 Aufbruch in die Zukunft

Kaleidoskop der Zukunft

»Jetzt mach ich erstmal mein Abi und nebenher genieße ich mein Leben. Man ist schließlich nur einmal jung! Mit meinen Freundinnen shoppen, Freunde treffen, Partys feiern, mit meinem kleinen Auto rumflitzen – das füllt mich völlig aus. An später möchte ich da gar nicht denken.«

Schülerin, 18 Jahre

Neue Ära des Weltraumtourismus

München (lh) – 18 Meter lang, Platz für sechs Weltraumtouristen und zwei Piloten: Die Ära des Weltraum-Tourismus rückt mit Vorstellung des Raumschiffs »SpaceShipTwo« ein Stückchen näher.

Zeitungsmeldung vom 24.01.08

Filmplakat »The Day After Tomorrow«, 2004

»Die gegenwärtige Generation darf nicht auf Kosten der Kinder und Kindeskinder wirtschaften, die Ressourcen verbrauchen, die Funktions- und Leistungsfähigkeit der Volkswirtschaft aushöhlen, Schulden machen und die Umwelt belasten ... Diese Maxime versucht man neuerdings mit dem Prinzip der Nachhaltigkeit und der Forderung nach einer nachhaltigen, d. h. einer dauerhaften und zukunftsfähigen Entwicklung auszudrücken.«

Für eine Zukunft in Solidarität und Gerechtigkeit – Wort des Rates der EKD und der DBK zur wirtschaftlichen und sozialen Lage in Deutschland, Hannover/Bonn 1997

NFT

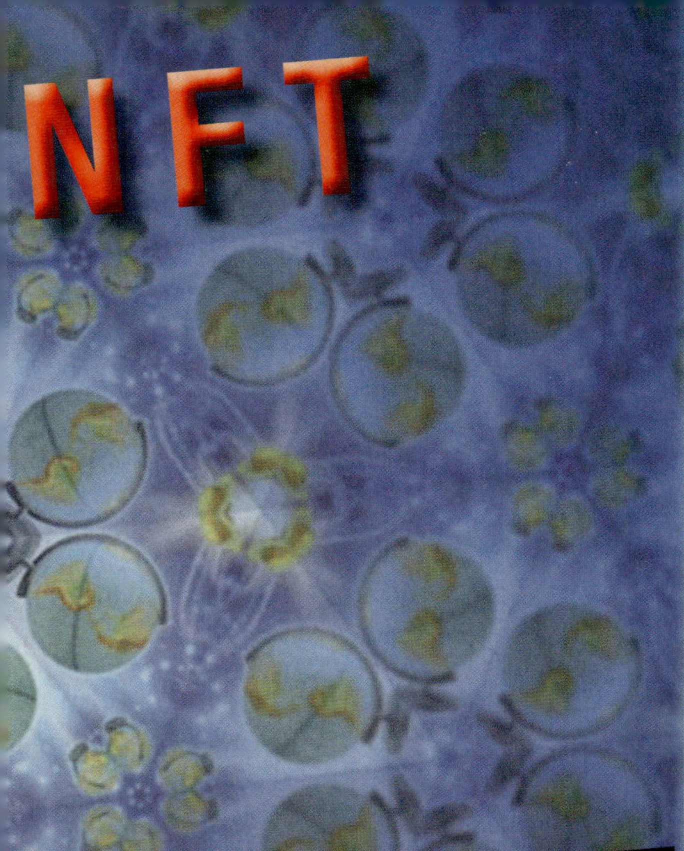

»Wenn der Menschensohn in seiner Herrlichkeit kommt und alle Engel mit ihm, dann wird er sich auf den Thron seiner Herrlichkeit setzen. Und alle Völker werden vor ihm zusammengerufen werden, und er wird sie voneinander scheiden, wie der Hirt die Schafe von den Böcken scheidet …«

Beginn der Rede »Vom Weltgericht«, Mt 25,31-46

Futurologie

Während sie
von einer Zwischenlösung
der Lebensprobleme
ihrer Kinder erfolgreich übergehen
zu Vorarbeiten
an einer Theorie
zur Lösung aller
Probleme der Kindeskinder
kommen sie nicht umhin
aus alter Gewohnheit
an ihren eigenen Problemen
zu krepieren

Erich Fried

Aus dem Film »I, Robot«, 2004

»Ich hab' mein Leben gelebt und leider vor Kurzem meine Frau verloren. Jetzt warte ich selber auf einen schnellen Tod ohne Schmerzen. Dann hoffe ich, meine Anna wiederzusehen und von allem erlöst zu sein.«

Rentner, 76 Jahre

Das will ich sehen

»Ich will sehen, wie sie ihre Schwerter
zu Pflugscharen schmieden.
Das will ich sehen. Das will ich sehen.
Ich will sehen, wie er jede Träne von ihren Augen
abwischt und der Tod nicht mehr ist …«

Sabrina Setlur

- Die auf der Doppelseite abgedruckten Beispiele geben einen Überblick über verschiedene Aspekte, die mit dem Thema »Zukunft« verbunden sein können. Zugleich spiegeln sie unterschiedliche Zugriffsmöglichkeiten auf das Thema wider. Sie können diese Dimensionen der Zukunft benennen und eine sinnvolle Kategorisierung vornehmen.
- Zugleich spiegeln sich die hier angerissenen »Kaleidoskopbilder der Zukunft« im ganzen Schulbuchkapitel wider. Verschaffen Sie sich einen Überblick über den Aufbau des Kapitels, indem Sie die hier abgedruckten Elemente den entsprechenden Doppelseiten zuweisen.
- Wovon hängt es ab, welches Kaleidoskopbild zur Zukunft Sie sehen wollen? Überlegen Sie sich zu jedem der hier vorgestellten Elemente eine Rolle bzw. Situation, in der diese Sichtweise für Sie wichtig sein könnte.

Vorzeichen der Zukunft

Religion vernetzt - Microsoft Internet Explorer

Datei Bearbeiten Ansicht Favoriten Extras ?

Adresse http://

+++ news +++ news +++ news +++ news +++ news ++++++ news +++ news +++ news +++ news +++ news ++

Mit Gentechnik gegen den Hunger?
Welternährungsorganisation sieht in der Biotechnik Chance für die Ärmsten

Werden die Terroristen zu ABC-Waffen greifen? – Wahrscheinlich ja!

Die Zukunftskinder
Die Medizin verhilft nicht nur unfruchtbaren Paaren zu Nachwuchs, sie entwickelt auch Instrumente, um das Kind zu optimieren. Wird der Mensch neu erfunden?

Die Erde rast auf die Klimakatastrophe zu

Blick in die Zukunft?
Barbesitzer bastelte ferngesteuerten Roboter, um unerwünschte Personen zu vertreiben

Deutsche sterben aus
Wegen Überalterung schrumpft die deutsche Gesellschaft stetig

Alzheimer und Parkinson bald verhinderbar?
Die Hirnforschung arbeitet an neuer Generation von Psychopharmaka

+++ email +++ email +++ email +++ email +++ email +++ email +++email +++ email +++ email +++ email +++

Liebe Menschen der zweiten Dekade des 21. Jahrhunderts,

hier ist das Netz. Wir schreiben das Jahr 2050 und haben beschlossen, Euch eine Mail zu senden, weil Ihr die Eltern und Großeltern unserer Nutzer seid und es an der Zeit wäre, dass Ihr ein paar grundlegende Dinge begreift ...
Ihr führt diese niedlichen Diskurse über Virtualität. »Virtuelle Welten« findet Ihr privat ziemlich reizvoll und öffentlich ziemlich böse, vor allem, wenn junge Leute damit umgehen. Grämt Euch nicht, das ist normal. Als die ersten Züge fuhren, glaubten Eure Vorfahren, dass Reisende bei Geschwindigkeiten über 50 km/h dem Wahnsinn verfallen müssten, weil die menschlichen Sinnesorgane mit der Informationsflut nicht zurechtkämen. Nun glaubt Ihr eben, die neue Informationsflut im

- Sammeln Sie in Zeitungen oder im Internet Meldungen, die sich auf die Zukunft beziehen, und werten Sie diese aus, indem Sie diese thematisch ordnen und prüfen, inwiefern sie eine Wertung der zukünftigen Entwicklung enthalten.
- Welche Faktoren/Größen beeinflussen Ihre Zukunft? Welche Rolle spielen die Medien bei Überlegungen, welche die Zukunft betreffen? Sie können diese Zusammenhänge in einem Schaubild darstellen.
- Überlegen Sie, welche Auswirkungen die heute prognostizierten Entwicklungen – sollten sie sich denn je verwirklichen – auf Ihre persönliche Zukunft haben, und schreiben Sie ausgehend davon Ihre persönliche Zukunftsvision nieder.

Fertig

Internet werde den Menschen eines Tages isoliert, realitätsfern, soziopathisch, kurz: wahnsinnig machen. Warum ausgerechnet Kommunikation zu Vereinsamung führen soll, hat bis heute niemand verstanden. Sei's drum.
Was Ihr möglichst bald einsehen solltet: Virtualität ist ein virtueller Begriff. Er findet keine Entsprechung in der sogenannten Realität. Mal Hand aufs Herz, liebe 2010er: Mehr als die Hälfte dessen, was Ihr für Erinnerung haltet, ist frei erfunden. Der Mensch baut seine eigene Biografie und damit sich selbst nach narrativen, sprich: kommunikativen Mustern, und nicht etwa durch eine Abbildung tatsächlicher Ereignisse.
Die Welt, die Ihr betrachtet, ist ein Interpretationsprodukt Eures Verstandes. Wenn Ihr Euch am Gartenzaun mit dem Nachbarn unterhaltet und jeder dabei glaubt, er habe den anderen verstanden, teilt Ihr einen glückseligen Raum gemeinsamer Virtualität ... Ihr steht an der Schwelle der Erkenntnis, dass Virtualität und Wirklichkeit einander ähneln, dass sie sich facettenartig ineinander verschieben. Jetzt geht noch einen Schritt weiter: Virtualität ist Wirklichkeit.
Keine andere, fremde, neue oder parallele Wirklichkeit, sondern die ganz normale, gute, alte Wirklichkeit in einem wieder neuen Gewand.
Bald wird das Erdöl alle sein. Ihr stellt Windräder auf, quetscht Raps, führt Kriege und diskutiert unter neuen Vorzeichen über Atomkraftwerke. Dabei seht Ihr den Wald vor lauter Bäumen nicht. Erinnert Ihr Euch an Google Earth? Entschuldigung, Ihr habt es ja noch vor Euch. Nun denkt Euch ein Google Earth, das die Erde dreidimensional abbilden kann. Als Livestream in Echtzeit. Vergesst die Sache mit den Flachbildschirmen, »flach« kann immer nur ein Vorstadium sein. Stellt Euch Euren Monitor als Zimmer vor, acht bis zweihundert Quadratmeter, je nach Bedürfnis und Geldbeutel ... Bei uns gehen die Menschen nicht mehr zur Arbeit, sie gehen auch nicht ins Netz. Sie sind das Netz. Sie sind in Frankfurt zum Arbeiten, in New York zum Einkaufen und in Thailand für den Urlaub. Die Zeit der stinkenden Eisen- und Schmierölmaschinen ist vorbei. Freut Euch darauf: Das Netz wird Euch Auto sein, ICE, Flugzeug und Raumschiff ... Wir rasen nicht mehr in schmutzigen Maschinen herum, um Informationen nachzujagen, sondern lassen die Informationen leise und sauber zu uns kommen. Auch in der Zeit können wir uns auf diese Weise frei bewegen – Daten altern nicht. »Gestern« und »heute« sind zu schwimmenden Begriffen geworden. Auch Euch gibt es noch. Wir haben Euch hier. Denn, Achtung bitte: Wir verfügen über Euren gesamten E-Mail-Verkehr ...

Auf bald, mit lieben Grüßen und Küssen,
Euer Netz

- Fassen Sie in einer Skizze zusammen, in welchem Zusammenhang die Autorin der fiktiven E-Mail oben, die Schriftstellerin Julie Zeh, Realität und Virtualität, Gegenwart und Zukunft sieht.
- Julie Zeh zieht zur Verdeutlichung ihrer Meinung Beispiele aus der Geschichte heran. Sie können weitere Ereignisse und Erfindungen suchen, welche das Leben der Menschen grundlegend verändert haben. Inwieweit lassen sich daraus hilfreiche Rückschlüsse über Entwicklungen in der Zukunft ziehen?
- Schreiben Sie eine Antwort auf diese fiktive E-Mail des »Netzes«, in der Sie darlegen, ob Sie die darin aufgestellten Prämissen teilen und inwiefern Ihnen die Ausführungen überzeugend erscheinen.

Vernetzen Sie Ihr Wissen aus den vorangegangenen Jahren

Sammeln Sie in »Expertengruppen«, was Sie zu den Stichworten »Propheten/Prophetie«, »Auferstehung und christliche Jenseitsvorstellungen«, »Reich-Gottes-Botschaft«, »Bio-Ethik« und »christliches Menschenbild« aus den vergangenen Schuljahren wissen. Sie können Ihr Wissen auch über www.religionvernetzt.de auffrischen.
Erstellen Sie dann in Kleingruppen mit den verschiedenen Experten je ein Schaubild (z. B. Mindmap), in dem Sie zentrale Inhalte und mögliche Zusammenhänge mit dem Thema »Zukunft« veranschaulichen. Dieses können Sie im Lauf Ihrer Arbeit mit diesem Kapitel immer weiter verfeinern bzw. verändern.

Religion vernetzt 9

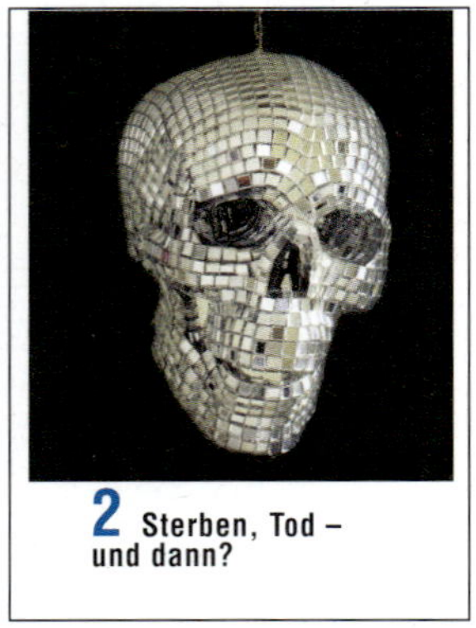

Religion vernetzt 10

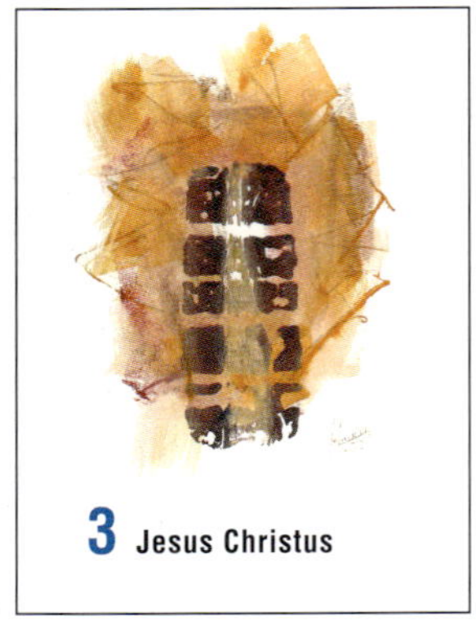

Religion vernetzt 10

Religion vernetzt 11

Das Titelbild betrachten

Das Bild »Der achte Tag« von Dieter Hacker aus dem Jahre 2001 spielt auf den Auferstandenen des »Isenheimer Altars« von Matthias Grünewald (99) an – allerdings in ungewöhnlicher Kombination, die an das Zitat »Ein Rennauto ist schöner als die Nike von Samothrake« des italienischen Futuristen Filippo Tommaso Marinetti aus dem Jahr 1909 denken lässt. Informieren Sie sich näher über diese Quellen des Bildes und erschließen Sie eine Deutung aus dem Zusammenspiel seiner Hauptelemente sowie seines Titels. Sie können sich auch überlegen, wo Sie sich in dem Bild positionieren würden oder durch was Sie gegebenenfalls das Auto ersetzen würden.

Utopien* lesen

Stellen Sie sich gegenseitig (oder im größeren Rahmen eines Leseabends) utopische Literatur vor und achten Sie bei der Analyse und Interpretation auf den Zusammenhang von Entstehungszeit und Form der Utopie (Eutopie, Dystopie, Ökotopie ...). Interessant kann auch die Berücksichtigung des Geschlechts des Autors/der Autorin sein. Diskutieren Sie die Aussagekraft der Werke für die Gegenwarts- und Zukunftsgestaltung.

Zukunft der Schule gestalten

Entwerfen Sie – in Absprache mit der Schulleitung – das Konzept für eine »Zukunftswerkstatt« an Ihrer Schule. Sammeln Sie im Vorfeld Argumente, warum solch eine Projektveranstaltung ein Gewinn für die Schule sein kann, falls Überzeugungsarbeit notwendig wird. Vielleicht können Sie an die Leitlinien einer bereits vorhandenen Schulverfassung anknüpfen. Nutzen Sie z. B. auch Ihr Wissen über die Sozialprinzipien (Kapitel 2), die wichtige Grundlagen für das Zusammenleben darstellen.

Apokalyptische Filme analysieren

Gerade Filme spielen immer wieder mit Grundschemata der Apokalyptik*, indem sie an eine Krisensituation aus ihrer Zeit anknüpfen und aus dem Dualismus von Gut und Böse, von Jetzt und Später eine spezifische Erregung und drastische Bilder entwickeln. Dies führt schrittweise in den Untergang bis hin zur Katastrophe, die nur eine Retterfigur abwenden kann. Es kommt zur finalen Entscheidungssituation, die für »Erwählte« den Blick auf eine »neue Welt« eröffnet. Sie können in Referaten an Filmbeispielen wie »Blade Runner« (1982), »12 Monkeys« (1995), »Armageddon – Das jüngste Gericht« (1998), »The Day After Tomorrow« (2004), »Matrix« (1999-2003) oder »Avatar – Aufbruch nach Pandora« (2009) zeigen, wie dieses Muster jeweils umgesetzt wird und welche Deutung sich daraus ergibt.

Bilder christlicher Zukunftsvorstellungen deuten

Suchen Sie in Kirchen oder Museen Ihrer Umgebung, in Bildbänden oder im Internet nach Kunstwerken, die christlich geprägte Zukunftsvorstellungen (z. B. Himmel/Paradies, Gericht, Apokalypse ...) aufgreifen, wie dieses Wandgemälde aus der Holzkirche in Rohrmoos. Analysieren Sie, wie diese Motive verarbeitet sind, welche Aspekte jeweils betont sind und welche Form der Darstellung gewählt wurde, um daraus – evtl. auch in Kooperation mit dem Fach Kunst – umfassende Interpretationen erwachsen zu lassen.

Vernetzungen im Schulbuch

Auch in diesem Kapitel gibt es Themen und Fragestellungen, die in anderen Kapiteln des Buches vertieft oder unter einer veränderten Perspektive aufgegriffen werden. Verfolgen Sie die Hinweise zu den angegebenen Themen quer zur Kapitelstruktur des Buches:

Kapitel 3

- Heute Zukunft gestalten 66 f.
- Künftige Herausforderungen 62 f.
- Jesu Botschaft umsetzen 72 f.

Kapitel 4

Erläutern Sie den Titel »Der Geist, der Zukunft schafft« (106) und stellen Sie die Bedeutung des Heiligen Geistes für Ihre persönliche Zukunft dar.

Kapitel 1

Verfassen Sie ein Plädoyer, warum Ethik (14 f.) für die Zukunftsgestaltung unerlässlich ist.

Kapitel 2

Zeigen Sie auf, inwiefern die Reich-Gottes-Botschaft Maßstäbe für sozialethisches Handeln (50 - 53) liefert.

Zukunftsforschung ...

Alle Menschen möchten wohl gern wissen, wie das Leben in der Zukunft aussehen wird. Einige wenden sich esoterischen Verfahren zu, andere begeistern sich für Vorstellungen der Science-Fiction. Zudem versprechen »Trendforscher«, gesellschaftliche Trends vorhersehen zu können. Ihre Ergebnisse verkaufen sie an Unternehmen, die sich in neuen Geschäftsfeldern Profit erhoffen. Davon abzugrenzen ist die Zukunftsforschung (früher auch Futurologie genannt), die sich wissenschaftlich mit möglichen, wünschbaren und wahrscheinlichen Zukunftsentwicklungen und Gestaltungsmöglichkeiten beschäftigt. Sie geht davon aus, dass die Zukunft nicht vollständig bestimmbar ist und verschiedene Zukunftsentwicklungen, »Zukünfte« genannt, möglich und gestaltbar sind. Die Zukunftsforschung unterliegt gültigen wissenschaftlichen Qualitätskriterien wie z. B. logischer Konsistenz, Überprüfbarkeit, terminologischer Klarheit, Angabe der Reichweite, Transparenz.

Themen der Zukunftsforschung

Die Zukunftsforschung verbindet verschiedene Disziplinen und Fachrichtungen. Folgende Themenfelder stehen heute u. a. besonders in ihrem Fokus:

- Technikentwicklung, Technikfolgenabschätzung, Technikbewertung, Technikgestaltung
- Risikoforschung
- Probleme der Bevölkerungsentwicklung, Beseitigung von Hunger
- Steuerungsfähigkeit demokratischer Gesellschaften
- Konfliktforschung, Friedens- und Abrüstungsstrategien, internationale Beziehungen
- Wirtschaftswachstum und ökologische Folgen
- Zukunft der Arbeit und der Arbeitsorganisation
- Ökologische Fragen nach Ressourcenverbrauch, nachhaltigen Lebens-/Arbeitsmodellen
- Neue Lebensformen und Lebensstile
- Zukunft der Kultur und der Mediennutzung (Informations-/Kommunikationsgesellschaft)

»Ich sehe die Aufgabe des Zukunftsforschers nicht so sehr darin, etwas zu prophezeien, zu prognostizieren. Es geht darum, die Zukunft als eine gestaltbare Aufgabe darzustellen. Das ist hierzulande schon eine Titanenaufgabe!«

Matthias Horx, Zukunftsforscher

Methoden der Zukunftsforschung

Die Methoden der Zukunftsforschung basieren auf vier grundlegenden Vorgehensweisen:
Grundlagen schafft das *empirisch-analytische Vorgehen*, das, ausgehend vom Bestand gespeicherten Wissens sowie von neuen Daten und Trends, wahrscheinliche und mögliche Entwicklungen unter genau bestimmten Annahmen und Voraussetzungen systematisiert und analysiert.
Die so gewonnenen Informationen werden im *normativ-intuitiven Vorgehen* in Zukunftsstudien und Zukunftsprojekten mit Fantasie und Kreativität zur Erstellung von Zukunftsbildern bzw. wünschbaren Zukunftsprojektionen verdichtet.
Wissenschaftliche Konzepte, Zukunftsprojekte und Maßnahmenempfehlungen unterstützen *planend-projektierend* die Umsetzung in die politische, die ökonomische oder die gesellschaftliche Praxis.
Im *kommunikativ-partizipativ gestaltenden Vorgehen* bezieht die Zukunftsforschung z. B. bei Zukunftswerkstätten Akteure aus gesellschaftlichen Praxisbereichen ein, vermehrt so Wissen, Fantasie und Kreativität bei der Erstellung von Zukunftsbildern und führt verstärkt die Fragen nach der Machbarkeit und der Umsetzung in den Überlegungsprozess ein. Ein konkretes Verfahren ist die »Szenariotechnik«.

- ▶ Charakterisieren Sie Zukunftsforschung und benennen Sie, was diese von anderen Versuchen, in die Zukunft zu blicken, abhebt.
- ▶ Das Verhältnis von Zukunftsforschung und Utopie (vgl. 68 f.) lässt sich als spannungsvoll beschreiben. Sie können dafür Gründe finden und eine angemessene Darstellung für den Zusammenhang beider entwickeln.
- ▶ Gehen Sie im Internet auf die Suche nach Seiten zur Zukunftsforschung. Dabei können Sie sich eine fundiertere Meinung über Charakter und Ziele der Zukunftsforschung bilden und darüber in der Lerngruppe diskutieren.

... mithilfe der Szenariotechnik

Mithilfe der Szenariotechnik können Vorstellungen über einzelne positive und negative Entwicklungen in der Zukunft zu Modellen zusammengefasst werden, die viele Faktoren berücksichtigen. Wissenschaftler greifen dazu auf Daten und Fakten aus Vergangenheit und Gegenwart zurück und denken diese weiter in die Zukunft – aber nicht nur linear, sondern durchaus fantasievoll (Extrapolation).
Trotzdem geht die Szenario-Methode prinzipiell von kontinuierlicher Entwicklung von der Gegenwart zu einer zeitlich immer weiter entfernten Zukunft aus. Revolutionäre, diskontinuierliche Ereignisse kann sie nicht berücksichtigen.
In der Regel werden drei Grundtypen von Szenarien entwickelt:

- ein positives Extremszenario mit der günstigst möglichen Zukunftsentwicklung;
- ein negatives Extremszenario mit dem schlechtest möglichen Entwicklungsverlauf;
- ein Trendszenario, das die heutige Situation in die Zukunft fortschreibt.

Kurzfristige Szenarien betrachten die nächsten fünf bis zehn Jahre (»t kurz«), mittelfristige elf bis 20 Jahre (»t mittel«) und langfristige Szenarien gehen über 20 Jahre hinaus (»t lang«).
Der Szenariotrichter veranschaulicht die Bedeutung der Szenarien: Die Gegenwart steht am Ausgangspunkt des Trichters. Je weiter durch den Trichter in die Zukunft geblickt wird, umso vielfältiger und komplexer werden die Möglichkeiten (z. B. der Eintritt eines Ereignisses, das zu einem Trendbruch führen kann), umso größer wird damit die Ungewissheit.
Die Darstellungsform als dreidimensionaler Trichter wirft aber auch Fragen auf, denn z. B. unterstellt sie durch die immer weitere Öffnung des Trichters auf der fortschreitenden Zeitachse, dass auch die Summe möglicher Zukünfte bzw. die Möglichkeit ihrer extremen Ausprägungen ansteigen. Zudem ist zwar die horizontale Achse als zeitliche benannt, die weiteren Achsen bleiben aber in ihrer allgemeinen Bedeutung unklar.

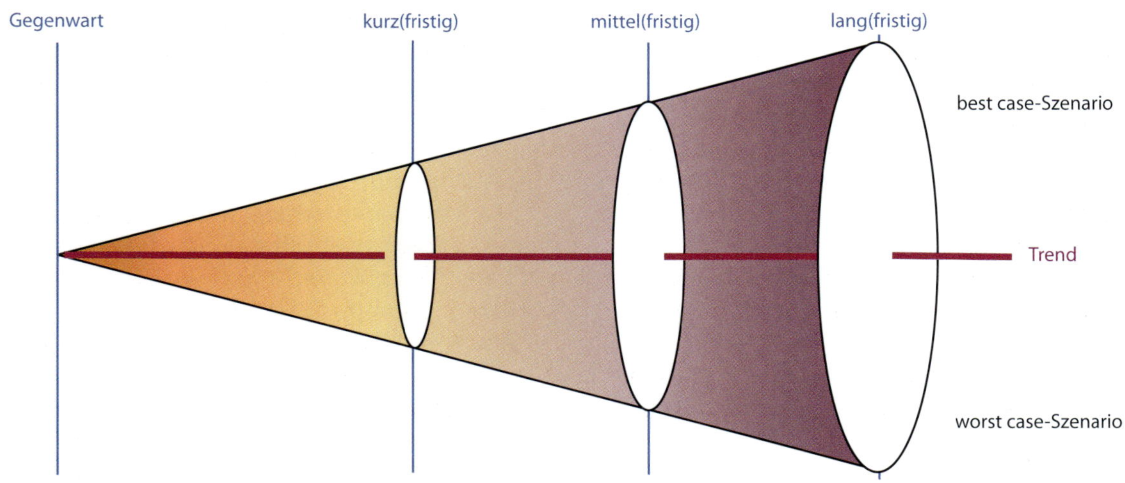

- ▶ Im Internet finden Sie zu verschiedenen Themen, z. B. zur globalen Erderwärmung, solch verschiedene Szenarien. Sie können diese in der Lerngruppe vorstellen.
- ▶ Vielleicht haben Sie längst die Szenariotechnik »im Kleinen« ausprobiert und sich die verschiedenen Möglichkeiten im Hinblick auf Ihren Abiturschnitt errechnet. Anhand dieses Beispiels können Sie – wenn auch nur in begrenzter zeitlicher Hinsicht – sich selbst drei Szenarien entwickeln. Dieses Beispiel kann zugleich Diskussionsstoff zu der Frage liefern, welche Aussagekraft und Bedeutung den Ergebnissen der Szenariotechnik letztlich zukommen kann.

(K)ein Ort für Utopie!?

»Das Große bleibt groß nicht, und klein bleibt nicht das Kleine. Die Nacht hat zwölf Stunden, dann kommt schon der Tag.«

Bertolt Brecht, Schriftsteller

»Wer dennoch Hoffnung hegt, ist bloß unzureichend informiert.«

Nach Heiner Müller, Dramatiker

»[Das ideale Gute] ist abstrakt: Wir kennen es nur aus unseren Träumen und aus den Träumen unserer Dichter und Propheten. Solche Ideale können nicht diskutiert, sondern nur lautstark verkündigt werden. Sie verlangen nicht die kritische und rationale Haltung eines unparteiischen Richters, sondern die emotionale Haltung des leidenschaftlichen Apostels. Die Haltung des Utopismus ist deshalb der rationalen Haltung entgegengesetzt.«

Karl Popper, Philosoph

»Damit diese Welt überlebe, brauchen wir utopische Visionen, die aus dem erfahrenen Elend herausführen. ›Where there are no visions, the people will perish.‹«

Jürgen Moltmann, Theologe

»Wenn ich könnte, würde ich das Wort Utopie aus dem Wörterbuch streichen. Was ist schon Utopie? Ein Sammelsurium von Ideen, die man eigentlich in der Gegenwart verwirklichen will, aber weil sich das als schwierig erweist, projiziert man sie in eine ferne Zukunft. Eine bequeme Sache.«

José Saramago, portugiesischer Schriftsteller und Nobelpreisträger

Von wissenschaftlichen Versuchen einer Zukunftsbeschreibung ist die Utopie abzugrenzen. Der von Thomas Morus 1516 veröffentlichte Roman »Utopia« ist der Namensgeber aller Utopien, wenn auch deren literarische Tradition wesentlich weiter bis zu Platons »Politeia« oder – als früheres Beispiel für eine weibliche Utopie – zu Christine de Pizans »Buch von der Stadt der Frauen« (1405) zurückreicht. In Morus' Roman steht die Insel *Utopia* (griech. = Nicht-Ort) beispielhaft für ein ideales Staatswesen. Seither verbindet sich mit »Utopie« die Vorstellung einer möglichen, aber noch nicht realisierten Gesellschaft. Diese fordert die unvollkommene Wirklichkeit zur Veränderung heraus. Häufig ist sie in Form einer »geschlossenen Gesellschaft« beschrieben, die – entweder in vergangenen Zeiten oder ferner Zukunft – beispielsweise auf einer Insel lebt. Dieses Grundmuster entwickelte sich – abhängig von gesellschaftlich-technischen Veränderungen – weiter. Im 20. Jahrhundert führten die Ernüchterungen durch ungebremsten Kapitalismus, Totalitarismus und die Kriegserfahrungen zum Entstehen negativer Utopie (»Dystopie«). In jüngster Zeit treten soziale Utopien immer stärker zurück hinter irrealen Fantasiewelten der postmodernen Science-Fiction-Literatur, in welchen technologische Entwicklungen das Modell einer idealen oder schrecklichen Gesellschaft überlagern. Dies spiegelt den neuzeitlichen Machbarkeitswahn wider, der Erlösung bereits als innerweltliches Geschehen verheißt.
Der Begriff Utopie reicht aber weit über die Literatur hinaus: Er kann politisch, philosophisch oder religiös Wunsch- und Schreckensbilder einer Gemeinschaft beschreiben. Seit dem Zusammenbruch der marxistisch-leninistischen Systeme ist allerdings immer wieder vom »Ende des utopischen Zeitalters« die Rede.

- ▶ Fassen Sie den Informationstext zu einer stichwortartigen Definition des Begriffs »Utopie« zusammen und überlegen Sie Gründe für die Entwicklung von der Utopie zur Dystopie.
- ▶ Die Zitate oben spiegeln unterschiedliche Haltungen gegenüber utopischem Denken wider. Sie können diese interpretieren, indem Sie – idealerweise nach einer Recherche zum gedanklichen Hintergrund der jeweiligen Autoren – auch nach Gründen suchen, aus denen heraus sich diese Einschätzung entwickelt hat.
- ▶ Nehmen Sie selbst aus Ihrer Erfahrung und Reflexion heraus zu zwei Zitaten und damit zur Bedeutung von Utopie (kritisch) Stellung. Sie können Ihrem Statement Prägnanz verleihen, indem Sie für Ihre Meinung ebenfalls einen griffigen, zuspitzenden Schlusssatz formulieren. Lesen Sie das Ergebnis nach Beendigung des Kapitels noch einmal und überarbeiten Sie es gegebenenfalls.

Ein Beispiel utopischer Literatur von heute

Der dystopische Roman »Oryx und Crake« von Margaret Atwood (2003) handelt von dem hochbegabten Crake und seinem Freund, dem intellektuell eher schwächeren »Wortmenschen« Jimmy. Beide leben in einer von Klimakatastrophen geplagten Welt und wohnen aufgrund ihrer Intelligenz (oder intelligenter Vorfahren) privilegiert in streng gesicherten Wohn- und Forschungskomplexen. Crake forscht an der Entwicklung neuer Medikamente, wie z. B. der »Unsterblichkeitspille«, und der Züchtung des »perfekten Menschen«. Die »Massen« dagegen haben im »Plebsland« mit Kriminalität, Krankheiten und Umweltproblemen zu kämpfen. Als sich Crake und Jimmy beide in Oryx verlieben, kommt es zur Katastrophe: Eine Pandemie, die in Zusammenhang mit Crakes Pille steht, befällt die Menschheit und rottet sie nahezu aus. Jimmy überlebt als »Mensch von gestern« inmitten einiger »Craker«, der gezüchteten Prototypen Crakes, und reflektiert die Ereignisse ...
Damit enthält der Roman mehr als nur eine utopische Ebene. Die Gegenwart des Romans liegt nach einem apokalyptischen Szenario, in dem fast alle Menschen und ihre Errungenschaften untergehen. Aber selbst die erinnerte Vergangenheit ist der aktuellen Zukunft voraus. Allerdings nicht allzu weit ...

»Wir haben's geschafft ... Das Neuroregenerationsprojekt. In einem Organschwein wächst jetzt echtes menschliches Neokortex-Gewebe. Endlich, nach lauter Blindgängern. Stell dir vor, was für Möglichkeiten, für Hirnschlagpatienten und ...« »Ja, genau das brauchen wir«, sagte Jimmys Mutter. »Noch mehr Leute mit Schweinehirnen. Weil wir noch nicht genug davon haben!« »Kannst du nicht ein Mal positiv sein, nur ein einziges Mal? Immer dieses negative Zeug, dies ist nicht gut und das ist nicht gut, in deinen Augen ist nie irgendwas gut genug!« »Was soll daran positiv sein? Dass euch wieder eine neue Möglichkeit eingefallen ist, um einen Haufen Verzweifelter abzuzocken?«, sagte Jimmys Mutter mit dieser neuen, langsamen, zornfreien Stimme. »Gott, bist du zynisch!« »Nein, du bist zynisch. Du und deine schlauen Partner. Deine Kollegen. Es ist falsch, die ganze Organisation ist falsch, es ist eine moralische Jauchegrube, und das weißt du.« »Wir können Menschen Hoffnung geben. Hoffnung ist kein Abzocken!« »Doch, bei den Preisen, die NooSkin verlangt, ist es das sehr wohl! Ihr hypt eure Sachen auf, lasst die Leute blechen, bis sie pleite sind, und dann ist Schluss mit der Behandlung. Euretwegen können sie verrotten. Hast du vergessen, wie wir früher geredet haben, hast du vergessen, was wir alles vorhatten? ...«

»Wie viel Elend«, sagte Crake einmal in der Mittagspause ..., »wie viel überflüssige Verzweiflung ist aus biologisch unpassenden Verbindungen hervorgegangen, aus der Unvereinbarkeit von Hormonen und Pheromonen. Mit dem Ergebnis, dass diejenige, die du so verzweifelt liebst, dich nicht lieben kann oder will. Als Spezies sind wir in dieser Hinsicht wirklich armselig: unvollkommen monogam. Wenn wir eine lebenslange Paarbindung zustande brächten, wie die Gibbons, oder aber uns für die totale Promiskuität ohne Schuldgefühle entscheiden könnten – es gäbe keine Liebesqualen mehr.« ... »Und was ist mit der Kunst?«, sagte Jimmy verzweifelt. Schließlich studierte er an der Martha-Grahan-Akademie und fühlte sich verpflichtet, das Kunst-und-Kreativitäts-Territorium zu verteidigen. »Was soll damit sein?«, fragte Crake zurück und sah ihn mit seinem ruhigen Lächeln an. »Diese Unvereinbarkeiten, von denen du redest, waren immer eine Quelle von Inspiration. Sagt man jedenfalls. Denk an Dichtung – denk an Petrarca, denk an John Donne, denk an die Vita Nuova, denk an ...« »Kunst«, sagte Crake. »Da, wo du bist, wird wahrscheinlich immer noch ein ziemliches Trara darum gemacht. Wie sagte Byron so schön? Wer würde schreiben, wenn er etwas anderes könnte? Irgendwas in der Art.«

- ▶ Veranschaulichen Sie in einem Mindmap, welche gesellschaftlichen »Wunsch- und Schreckensbilder« in diesen Textauszügen sichtbar werden.
- ▶ Sie können zu der in den Texten dargestellten Welt Anknüpfungspunkte in unserer Zeit finden. Stellen Sie entsprechende Meldungen, Aussagen, Entwicklungen ... aus verschiedenen Medien zu einer Collage oder Wandzeitung zusammen.
- ▶ Übertragen Sie die Ergebnisse der linken Seite auf den Roman »Oryx und Crake« und nehmen Sie Stellung zu Realitätsnähe und Bedeutung dessen utopischem Vorstellungsgebäude. Sie können diese Aufgabe vertieft angehen, wenn Sie den Roman ganz lesen oder sich vorstellen lassen.

»Dann schmieden sie Pflugscharen aus ihren Schwertern«

Utopische Momente finden sich auch in der Bibel immer wieder – im Alten Testament vor allem in den Prophetenbüchern, obwohl Prophetinnen und Propheten eher Deuter der aktuellen politischen Lage sind als Utopisten. Häufig warnen sie vor politischen oder individuellen Niederlagen, die sie als Folge gegenwärtigen Fehlverhaltens ansehen. Die Zukunft, die sie in ihren mahnenden Worten vorstellen, ist jedoch immer eine auf Israel bezogene Zukunft, die sich in dieser Welt abspielen wird. In späteren Redaktionsschichten, ca. ab dem 5. Jahrhundert v. Chr., bekommen solche Mahn- oder Drohworte teilweise den Charakter apokalyptischer Vorhersagen, die eine bessere Zukunft ansagen; diese kann aber nicht mehr aus der Geschichte und der Gegenwart selbst heraus entstehen, sondern kommt von außen – von Gott – durch eine »Geschichtswende«. Die politische Lage ließ realistischerweise nur noch solch eine Zukunftsdeutung/-hoffnung zu, die »apokalyptisch« genannt wird. Schließlich stand Israel in dieser Zeit dauerhaft unter dem Druck oder gar der Herrschaft fremder Reiche: Im 4. Jahrhundert v. Chr. begann auch in Palästina mit Alexander dem Großen die totale Vorherrschaft des Hellenismus. Damit verändert sich die Geschichtsdeutung des Volkes Israel: Die Vorstellung einer kontinuierlichen Heilsgeschichte Israels mit seinem Gott wird abgelöst von der apokalyptischen Erwartung eines Endes, das Gott herbeiführen wird. »*Apokalypsis*« (griech.) bedeutet »Enthüllung«, denn diese Textpassagen oder Schriften »enthüllen« in sehr bildhaft-drastischer Weise, was aus dem gegenwärtigen Stand der Geschichte heraus nicht mehr zu erkennen ist, dass nämlich unterdrückerische Weltmächte jetzt schon unweigerlich auf ihr Ende zusteuern, auch wenn sie momentan auf dem Gipfelpunkt ihrer Macht zu stehen scheinen, dass Gott mit einem zukünftigen Äon des Lichts und des Heils die jetzige Welt der Finsternis und des Schreckens ablösen wird. Apokalyptiker interpretieren ihre negative Situation schon als »Wehen der Endzeit«. Dabei weitet sich die nationale Antithetik zwischen Israel und den heidnischen Feinden zunehmend auf den Dualismus zwischen den heiligen und den antigöttlichen Mächten aus, die in einem »Jüngsten Gericht« von Gott voneinander geschieden werden. Diese apokalyptischen Gedanken kommen ab 200 v. Chr., z. B. im Buch Daniel, der einzigen alttestamentlichen Apokalypse, voll zum Durchbruch.

Prophetische Verheißungen – damals und heute

Ein Beispiel für diese Entwicklung ist neben Jesaja auch das alttestamentliche Buch Micha. Der Prophet Micha von Moreschet trat gleichzeitig mit Jesaja um 760-701 v. Chr. im ländlichen Juda auf und sagte seinem Land, das von den Assyrern massiv bedroht wurde, Unheil voraus. Er warnte davor, dass Jerusalem, die Hauptstadt des Südreichs, mitsamt seinem Tempel ebenso untergehen könne wie Samaria, die Hauptstadt des Nordreichs. Im Jahr 701 v. Chr. kam es tatsächlich zur Verwüstung Judas – nur ein kleiner Rest konnte als assyrischer Vasallenstaat überleben, bis Juda schließlich 586 endgültig unterging.

In Mi 4,1-5 kündigt eine spätere Fortschreibung des Textes aus dem 4. Jahrhundert, die auch in Jes 2,2-5 eingeflossen ist, ein weltweites endzeitliches Friedensreich an:

- ▶ Fassen Sie zusammen, was Apokalyptik ausmacht und wie sie den Weg in die Prophetenbücher des AT findet.
- ▶ Vergleichen Sie Psalm 46 und Joel 4 mit den Aussagen von Micha 4. Ausgehend von Gemeinsamkeiten und Unterschieden können Sie ein vertieftes Verständnis der Bibeltexte und der ihnen zugrunde liegenden Motive erlangen.
- ▶ Die Entwicklung von der Prophetie hin zur Apokalyptik wird oft zwiespältig bewertet. Sammeln Sie Gründe für diese Einschätzung und bilden Sie sich Ihr eigenes Urteil.

1 *Am Ende der Tage wird es geschehen: Der Berg mit
dem Haus des Herrn steht fest gegründet als höchster
der Berge; er überragt alle Hügel. Zu ihm strömen die
Völker.* 2 *Viele Nationen machen sich auf den Weg. Sie
sagen: Kommt, wir ziehen hinauf zum Berg des Herrn
und zum Haus des Gottes Jakobs. Er zeige uns seine
Wege, auf seinen Pfaden wollen wir gehen. Denn von
Zion kommt die Weisung, aus Jerusalem kommt das
Wort des Herrn.* 3 *Er spricht Recht im Streit vieler Völker,
er weist mächtige Nationen zurecht. Dann schmieden
sie Pflugscharen aus ihren Schwertern und Winzer-
messer aus ihren Lanzen. Man zieht nicht mehr das
Schwert, Volk gegen Volk, und übt nicht mehr für den
Krieg.* 4 *Jeder sitzt unter seinem Weinstock und unter
seinem Feigenbaum und niemand schreckt ihn auf. Ja,
der Mund des Herrn der Heere hat gesprochen.* 5 *Denn
alle Völker gehen ihren Weg, jedes ruft den Namen
seines Gottes an; wir aber gehen unseren Weg im
Namen Jahwes, unseres Gottes, für immer und ewig.*

Diese Friedensverheißung hat im Verlauf der Geschichte große Wirkmacht entwickelt: Angelehnt an eine gleichnamige Skulptur, die als Geschenk der UdSSR an die UNO seit 1959 vor deren Hauptgebäude in New York steht, wurde das Motiv »Schwerter zu Pflugscharen« zum zentralen Symbol der ost- und westdeutschen Friedensbewegung. Jugendliche der DDR trugen das stilisierte Symbol als Aufnäher. Als dies 1982 als »staatsfeindlich« verboten wurde, schnitten es einige aus ihren Jacken – und trugen fortan das kreisrunde Loch als symbolisches, politisches Bekenntnis.

In der DDR hatten sich die Kirchen trotz des Totalitätsanspruchs der Staatspartei SED und ihrer marxistisch-leninistischen Ideologie weitgehende Eigenständigkeit bewahrt. So war es z. B. auf Kirchentagen möglich, im geschützten kirchlichen Raum über alternative Gesellschaftsgestaltung zu sprechen. Im Rahmen des Wittenberger Kirchentages 1983 organisierte der Friedenskreis um Pfarrer Friedrich Schorlemmer eine besondere Aktion, um auf die Gefahren durch ungezügeltes atomares Wettrüsten aufmerksam zu machen: Vor rund 2.000 Menschen brachte der Kunstschmied Stefan Nau begleitet von der Lesung von Bibeltexten in einer »Schmiedliturgie« ein Schwert zum Glühen, legte es auf den Amboss und schmiedete es zu einer Pflugschar um.

- Recherchieren Sie Hintergrundinformationen zur Skulptur des russischen Bildhauers Jewgeni Wutschetitsch (1908-1974) und zur (ost-) deutschen Friedensbewegung in ihrem historischen Kontext. Warum war gerade das Motiv »Schwerter zu Pflugscharen« ein geeignetes Motiv für die DDR-Friedensbewegung, die mit großer Härte bekämpft wurde?
- Die sogenannte Jesaja-Apokalypse (Jes 24 – 27) oder das apokalyptische Buch Daniel im AT enthalten viele weitere apokalyptische Bilder. Nach der (kursorischen) Lektüre dieser Schriften können Sie solche Motive vorstellen und in Kunst, Musik, Literatur, Werbung ... auf die Suche nach deren Rezeption gehen.
- Beurteilen Sie anhand der vorgestellten Rezeption des »Schwerter zu Pflugscharen«-Motivs sowie eventuell weiterer untersuchter Motive die Wirkkraft biblisch-utopischer Bilder und stellen Sie diese der Kraft »weltlicher« Utopien gegenüber.

Jesu Botschaft vom Reich Gottes*

Unter den Utopien des Christentums nimmt die Botschaft vom Reich Gottes die zentrale Position ein. Sie entwickelte sich aus der alttestamentlichen Grundaussage »Gott ist unser König«, welche vom 4. Jahrhundert v. Chr. an immer stärker apokalyptische Züge angenommen hatte. Die Hoffnung, dass Gott seine königliche Macht erweisen werde, verschob sich damit auf eine »Endzeit«. Dies barg einerseits die Gefahr der Weltflucht, verband sich andererseits im rabbinischen Judentum mit strengem Toragehorsam: Nur wer das Gesetz erfülle, werde aus dieser Welt gerettet und könne kommendes Heil* gewinnen. Jesu Verkündigung von der »*basileia tou theou*« (griech. = Reich/Herrschaft Gottes) ist vor diesem Hintergrund zu sehen. Besondere Nähe zeigt seine Botschaft zu seinem Lehrer Johannes dem Täufer, der wie Jesus selbst als charismatischer Außenseiter und gottgesandter Prophet auftrat und z. T. strenge Zukunftsaussagen formulierte. Das Charakteristische und Besondere an Jesu Botschaft zeigt sich bei allen Ähnlichkeiten vor allem im Kontrast zum Denken seiner geistigen Umwelt und den Vorstellungen des Johannes:

Johannes der Täufer	Jesus
»*Kehrt um! Denn das Himmelreich ist nahe.*« (Mt 3,2) »*Schon ist die Axt an die Wurzel der Bäume gelegt; jeder Baum, der keine gute Frucht hervorbringt, wird umgehauen und ins Feuer geworfen.*« (Mt 3,10)	»*Selig, ihr Armen, denn euch gehört das Reich Gottes.*« (Lk 6,20) »*Das Reich Gottes kommt nicht so, dass man es an äußeren Zeichen erkennen könnte. Man kann auch nicht sagen: Seht, hier ist es!, oder: Dort ist! Denn: Das Reich Gottes ist (schon) mitten unter euch.*« (Lk 17,20) »*Seid also wachsam! Denn ihr wisst nicht, an welchem Tag euer Herr kommt.*« (Mt 24,42) »*Wenn ich aber die Dämonen durch den Finger Gottes austreibe, dann ist doch das Reich Gottes schon zu euch gekommen.*« (Lk 11,20) »*Macht euch also keine Sorgen und fragt nicht: Was sollen wir essen? ... Was sollen wir anziehen? ... Euer himmlischer Vater weiß, dass ihr das alles braucht. Euch aber muss es zuerst um sein Reich und um seine Gerechtigkeit gehen; dann wird euch alles andere dazugegeben.*« (Mt 6,31-33)
➡ Ausgehend von der Erwartung, das Ende stehe unmittelbar bevor (akute Naherwartung), droht Johannes mit dem Gericht und mahnt zu Umkehr und Taufe.	➡ Jesus verkündet die Gegenwart der Gottesherrschaft als »bedingungslose« Heilstat Gottes und bindet diese »eschatologische Gegenwart« an seine Person und seine allumfassende Liebesbotschaft.

- ► Entwerfen Sie ein Mindmap als Übersicht über die eschatologischen Denkweisen zur Zeit Jesu. Positionieren Sie auch Jesu Botschaft von der Herrschaft Gottes darin und verdeutlichen Sie Parallelen, Nähen und entscheidende Differenzen.
- ► »Basileia tou theou« ist mit »Reich Gottes«, »Herrschaft Gottes«, »Königreich Gottes« oder »Himmelreich« übersetzt worden. Viele Menschen sprechen auch von »Himmel« oder »Paradies«. Besprechen Sie in Kleingruppen: Warum ist es so schwierig, eine geeignete Übersetzung zu finden? Welche Assoziationen stellen sich bei Ihnen zu den jeweiligen Grundwörtern ein? Welchen Begriff favorisieren Sie? Einigen Sie sich in Ihrer Gruppe und formulieren Sie eine kurze Begründung.

Jesu Kampf gegen Dämonen und die »Mächte des Bösen«, sichtbar z. B. in seinen Heilungen (griech. *dynamis*), und seine Verkündigung, die dazu aufruft, es ihm gleichzutun, markieren den Anspruch der Gegenwart der Basileia Gottes. Zugleich zeigt Jesus in vielen Äußerungen, vor allem den Gleichnissen vom Senfkorn (Mt 13,31f.) und vom Sauerteig (Mt 13,33), dass es eine Diskrepanz und damit einen »eschatologischen Vorbehalt« zwischen diesem Anbruch und der erwarteten, zukünftigen Gottesherrschaft gibt. Aus der Spannung zwischen der Heilszusage (»schon da«) und der endgültigen Vollendung (»noch nicht vollendet«) ergibt sich auch die Aufforderung an den Menschen, am Kommen des Gottesreiches mitzuwirken.
Die ersten christlichen Gemeinden gingen von einer baldigen Wiederkunft Jesu Christi aus, die dann die Erfüllung der Erwartungen bringen werde. Die Vorstellung eines Endgerichts diente als Motivation, sich in der kurzen Phase der Parusie (Naherwartung) zu bewähren.

Francesco Clemente, 2008

- ▶ Deuten Sie die oben genannten Gleichnisse in Mt 13,31-33 als bildhaft-symbolische Verkündigung des Reiches Gottes. Dabei können Sie dem auf die Spur kommen, was das Reich Gottes den Menschen verheißt und was die Spannung von »schon da« und »noch nicht vollendet« ausmacht.
- ▶ Das Bild des neapolitanischen Künstlers F. Clemente trägt den Titel »Hoffnung«. Beschreiben und interpretieren Sie, wodurch es Hoffnung zum Ausdruck bringt, und prüfen Sie, inwiefern es Nähe zur christlichen Hoffnung auf das Reich Gottes zeigt.
- ▶ Überlegen Sie die heutige Bedeutung und Konsequenzen der jesuanischen Reich-Gottes-Botschaft, indem Sie zunächst in Ihrer Klasse Thesen dazu formulieren und diese dann in einem Kugellagergespräch besprechen.

»Leben in Fülle« – christliche Hoffnung auf Auferweckung*

Christliche Eschatologie* umfasst neben der Hoffnung auf das Reich Gottes auch die Auferweckung der Christinnen und Christen. Bereits bei den ersten Christen rückt aufgrund ihrer Ostererfahrung die Auferweckung ins Zentrum des Glaubens. Dies wird z. B. in den Briefen des Paulus sichtbar (vgl. 1 Kor 15). Der Blick ins Neue Testament zeigt, dass Jesu Verkündigung den Auferweckungsglauben voraussetzt, aber stärker das Reich Gottes betont. Das deutet an, dass die Auferweckung von den Toten nicht nur ein individuell bedeutsames Ereignis, sondern auf die Gemeinschaft des Volkes Gottes bezogen ist.
Ein verbreitetes Bild dafür ist die zum Jüngsten Gericht* versammelte Menschheit. In dieser Vorstellung eines »Endgerichts« treffen sich also christliche individuelle und universale Endzeitvorstellungen. Damit steht Jesus in jüdischer Tradition: Schon die apokalyptisch-prophetische Literatur der Nachexilszeit deutete die Überwindung des Todes im Zusammenhang mit der Durchsetzung der Gottesherrschaft bei allen Völkern. Damit auch die Verstorbenen daran teilhaben können, wird Gott den physischen Tod überwinden.

Ein Religionskurs im Gespräch zum Thema: »Auferweckung – Wie soll das gehen?«

Michael: Wenn ich tot bin, bin ich tot, die Auferweckung ist doch überhaupt nicht beweisbar, oder?

Lehrerin: Richtig, so eine Erfahrung oder die Berichte über Jesu Auferweckung sind mit unserem Erfahrungshorizont nicht verstehbar.

Michelle: Aber für mich macht das Leben ohne ein Leben nach dem Tod auch keinen Sinn.

Lehrerin: Genau darauf baut der Auferweckungsglaube auf – und auf dem Osterzeugnis der Jüngerinnen und Jünger. Aber es ist für uns heute ganz schön schwierig, sich darauf zu verlassen, oder?

Jonas: Warum sollte ich das auch? Ich will doch nicht immer und ewig so weiterleben.

Lea: Stellst du dir unter »ewigem Leben« nur eine Fortsetzung deines jetzigen Lebens vor? Dann gebe ich dir recht. Aber »Leben nach der Auferweckung« bedeutet doch etwas anderes, oder?

Lehrerin: Ja, es soll weit darüber hinausgehen und die »Erfüllung« all dessen sein, was sich jetzt in deinem Dasein anfanghaft gut und glücklich entwickelt. Ich hoffe, dass das dann zu seiner vollen Blüte kommt. Könnt ihr das nachvollziehen?

Jonas: Heißt das dann, dass ich dort Freunde, Familie und Menschen, die ich gern mag, wiedersehe?

Lehrerin: Kannst du dir Glück ohne gelungene Beziehungen, Gemeinschaft und Liebe vorstellen?

Jonas: Eigentlich nicht. Das ist mir schließlich das Wichtigste im Leben.

Michael: Das würde dann bedeuten, dass wir, so wie wir jetzt sind, mit unserer Familie, all unseren Freunden und so weiterleben – nur besser?

Lehrerin: Ja, so ähnlich. Da uns die Auferweckung ein »Leben in Fülle« bringen soll, gehe ich davon aus, dass wir in unserer Identität und Persönlichkeit mit all ihren Beziehungen weiterleben.

Michelle: Treffen sich da nur die Seelen wieder? Die Körper verrotten doch oder werden verbrannt?

Lehrerin: Die Trennung von Leib und Seele ist in ihrem Ursprung keine christliche Vorstellung. Das Weiterleben der Seele ist wohl vor allem deswegen ein beliebtes Denkmodell geworden, weil es ein bisschen was von dem anklingen lässt, was ich gerade angedeutet habe: dass im Leben nach dem Tod ein Leben mit Gefühlen und Beziehungen seine Erfüllung findet.

Marie: Ja, das schwingt im Begriff »Seele« für mich ein bisschen mit. Zugleich hat es mich immer stutzig gemacht, was die Seele denn sein soll. Wann findet die Auferweckung dann statt? Gleich nach dem Tod? Aber wie ist das dann mit dem Weltgericht am »Ende der Tage«?

Lehrerin: Das lässt sich dreistufig beschreiben: Schon mit der Taufe ist der ewige Tod überwunden. Wenn du dann stirbst, lebst du als Gläubige in endgültiger Gemeinschaft mit dem auferstandenen Jesus und am Ende der Zeiten beim

Weltgericht wird diese dadurch vollendet, dass alle Auferweckten diese »Glückseligkeit« spüren.

Lea: Könnte ich dann endlich auch mal Gott treffen?

Marie: Das würdest du dir wünschen, oder?

Lea: Naja, dann könnte ich ihn mal ein paar Dinge fragen, wenn man nicht sowieso nach dem Tod auf einmal alles weiß ... Vielleicht würde ich dann die Welt verstehen können ...

Lehrerin: Nach christlicher Vorstellung ist völliges Glück nur in Vereinigung mit Gott möglich. Das setzt voraus, dass wir nach dem Tod in voller Gemeinschaft mit Gott leben. Wie das aussieht, kann ich nicht genau sagen, aber ich hoffe auf unendliche Geborgenheit, bedingungslose Liebe und absolutes Vertrauen. Das sind Gefühle und Sehnsüchte, die ihr sicher auch kennt.

Jonas: Ja schon, ich verstehe diese Hoffnung, trotzdem kann ich mir nur schwer vorstellen, wie das Leben nach dem Tod aussehen soll. Wie können Menschen so unendlich glücklich sein?

Lehrerin: Viele Menschen haben sich damit abgemüht, Vorstellungen von einem Leben nach dem Tod zu entwickeln – auch weil es die Angst vor dem Tod und seiner Ungewissheit verringert. Es gibt viele (Sprach-)Bilder, die das »Leben in Fülle« veranschaulichen: der Gedanke eines endzeitlichen Festmahls, einer Hochzeit ... oder dieses Gedicht:

Ein Leben nach dem Tode

Glauben Sie fragte man mich
An ein Leben nach dem Tode
Und ich antwortete: ja
Aber dann wußte ich
Keine Auskunft zu geben
Wie das aussehen sollte
Wie ich selber
Aussehen sollte
Dort

Ich wußte nur eines
Keine Hierarchie
Von Heiligen auf goldnen Stühlen sitzend
Kein Niedersturz
Verdammter Seelen
Nur

Nur Liebe frei gewordne
Niemals aufgezehrte
Mich überflutend

Kein Schutzmantel starr aus Gold
Mit Edelsteinen besetzt
Ein spinnwebenleichtes Gewand
Ein Hauch
Mir um die Schultern
Liebkosung schöne Bewegung
Wie einst von tyrrhenischen Wellen
Wie von Worten die hin und her
Wortfetzen
Komm du komm

Schmerzweb mit Tränen besetzt
Berg-und-Tal-fahrt
Und deine Hand
Wieder in meiner

So lagen wir lasest du vor
Schlief ich ein
Wachte auf
Schlief ein
Wache auf
Deine Stimme empfängt mich
Entläßt mich und immer
So fort

Mehr also fragen die Frager
Erwarten Sie nicht nach dem Tode?
Und ich antworte
Weniger nicht.

Marie Luise Kaschnitz

- Christliche Eschatologie ist von den drei Hauptgrößen »Reich Gottes«, »Auferweckung« und »Endgericht« bestimmt. Um diese zusammenzudenken, können Sie ein Modell entwickeln, indem Sie wichtige Aussagen dieser Doppelseite in ein aussagekräftiges Schema (z. B. Zeitleiste eines Lebens von Geburt an) umsetzen.
- Interpretieren Sie das Gedicht im Hinblick auf die darin enthaltenen Vorstellungen vom »Leben nach dem Tode«. Legen Sie dabei besonderes Augenmerk auf die verwendeten sprachlichen Bilder und deren Deutungsmöglichkeiten.
- Im Begriff »Auferweckung« bündeln sich viele schwer formulierbare Hoffnungen und Ängste. Suchen Sie für Ihre eigenen Vorstellungen vom »Leben in Fülle« eine angemessene Ausdrucksform, z. B. ein Akrostichon, ein Gedicht oder ein abstraktes Bild, das mit Farbsymbolik spielt. Oder antworten Sie schriftlich auf die letzte Frage im Text oben oder im Gedicht.

»Denn die Stunde seines Gerichts ist gekommen ...«

Offb 14,7

Die Vorstellung eines Weltgerichts am »Jüngsten Tag« ist seit urchristlichen Tagen mit dem Hoffen auf die (baldige) Wiederkunft Jesu Christi zur Vollendung der Welt verbunden. Anfangs zeigt sie noch positive Konnotationen mit der Hoffnung auf endzeitliches und endgültiges Heil im Reich Gottes. Mit der sich hinauszögernden Parusie verlängerte sich jedoch die Zeit der »Bewährung«; die Sorge um ein Scheitern an göttlichen Maßstäben und eine mögliche »Verurteilung« im Gericht wuchs und erreichte zur Reformationszeit wohl ihren Höhepunkt. Um das Gottesbild von dem einseitigen Zerrbild eines omnipräsenten, strafenden Richters zu befreien, stellte die Theologie gegen Ende des 20. Jahrhunderts den Gerichtsgedanken in den Hintergrund und verharmloste damit aber auch einen zentralen Aspekt christlicher Eschatologie. Umso wichtiger ist ein zeitgemäßes Verständnis des »Weltgerichts«, das Gott als Richter, der Gerechtigkeit schafft, ernst nimmt, es aber im Einklang mit der christlichen Befreiungsbotschaft vom Reich Gottes zu vermitteln vermag.

Wenn Gott tatsächlich »wie ein guter Vater und eine liebende Mutter« (Hochgebet für besondere Anliegen IV) ist, der seinen Geschöpfen Leben über das irdische Maß hinaus schenkt, dann kann wiederum nur die Liebe der Maßstab seines Richtens sein. Damit fällt aber der ganze Bereich von Rache und Vergeltung aus ... Andererseits kann gerade dem liebenden Gott nicht gleichgültig sein, wenn Unrecht geschieht: Dieses ist ein Verstoß gegen Gottes Ordnung und direkt oder wenigstens indirekt auch Aggression gegen andere Geschöpfe. Die Ordnung ist ihrerseits nicht Willkürerlass, sondern entspringt nochmals der Liebe Gottes, die auf diese Weise das Ineinander- und Zusammenspiel der Geschöpfe in Frieden herbeiführen und gewährleisten will. Die Vorschriften des Zehnergesetzes, der Zehn Gebote vom Berg Sinai, sind ein Musterbeispiel dafür. Wenn Gott also sein Ziel erreichen will, die Geschöpfe in seinen Frieden und in seine Gemeinschaft zu bringen, dann muss diese Ordnung (wieder) hergestellt werden, damit sein Werk vollendet wird. Das ist der Sinn der eschatologischen Rede vom Gericht. Sie denkt an die ursprüngliche Wortbedeutung, wie sie deutlich wird im Ausruf: »Recht so!« Gericht hängt zusammen mit richtig, gerade, ausgerichtet. Dementsprechend sind auch Bilder der Bibel für die gemeinte Sache »Ernte, Lohnauszahlung, Scheidung (von Schafen und Böcken)«. Das eschatologische Gericht Gottes ist also weder Strafjustiz noch Machtdurchsetzung, sondern das endliche und endgültige Herstellen seines Reiches, das als Reich der Gerechtigkeit ein Reich der Liebe ist ...
In der traditionellen Lehre kommt ... die Vorstellung eines besonderen und eines allgemeinen Gerichtes zum Tragen, wobei freilich beide chronologisch auseinanderliegend vorgestellt werden. Richtig daran ist, dass sich das Gericht Gottes zunächst auf den Einzelnen als solchen beziehen muss: Es ist der Ausdruck der ganzen und vollen Achtung, die Gott vor der Unverfügbarkeit, der Freiheit und Eigenständigkeit des Individuums als seines einmaligen Ebenbildes hat. In dieser Kundgabe erlebt der Mensch sein Leben in seiner Ganzheit und Abgeschlossenheit – und erleidet es zugleich, wenn es ganz nur als Fragment, abgeschlossen nur als lückenhafte Existenz gewesen ist. Vor der unendlichen abstrichlosen Liebe Gottes erkennt er sich in Schmerz und Pein als einen, der mehr in sich als in Gott verliebt gewesen ist. Weil aber die wahre Liebe immer auf andere geht – konkret auf Gott in seinen Geschöpfen, wie es die Gerichtsrede Mt 25 ... klarmacht –, öffnet sich dem Individuum in der Selbsterkenntnis des Gerichtes zugleich die Welterkenntnis: Das Gericht wird Weltgericht, indem der Einzelne seine Einbindung ins Ganze und dessen Geleitetheit durch Gott erkennt.

Wolfgang Beinert

- Fassen Sie die Aussagen von Wolfgang Beinert in Thesen zusammen.
- Der Text von W. Beinert stellt die Vorstellung vom Jüngsten Gericht auch in größere theologische Zusammenhänge, z. B. rekurriert er auf das christliche Menschenbild, den Dekalog oder das Reich Gottes. Veranschaulichen Sie diese Vernetzungen in einer Grafik und diskutieren Sie deren Bedeutung.
- Als zentraler Begriff angesichts des Endes eines Menschen gilt »Ver-Antwort-ung«. Erläutern Sie diesen Zusammenhang vor dem Hintergrund der obigen Aussagen.
- Bilder des Weltgerichts (vgl. 77) stehen häufig in der Gefahr, als Drohkulisse verwendet zu werden, um christliche Lebensweise einzufordern. Nehmen Sie in Anbetracht der Aussagen dieser Seite dazu Stellung, ob dies angemessen ist.

Stefan Lochner, um 1435

Das Jüngste Gericht ist ein häufiges Motiv christlicher Kunst. Seine Gestaltung zeigt Grundkonstanten, z. B. hinsichtlich des Aufbaus. Eine literarische Vorlage dafür findet sich in Mt 25,31-46, der wiederum alttestamentliche Metaphorik, z. B. vom zu Gericht sitzenden Hirten und seiner Herde (vgl. Ps 23; Ez 34,17 u. ö.), aufnimmt und die Aussagen Jesu damit in einen größeren Zusammenhang stellt. Das Bild drückt aber nur die Gerichts*situation* aus – und nicht, was die Kriterien des Urteils sind. Dazu entwirft etwa die in Mt 25 gestaltete »Gerichtsrede Jesu« ein allgemein menschliches Ethos.
Antwort bietet auch Paulus in seinem Römerbrief (3,28). Die beiden neutestamentlichen Bibelstellen betonen dabei unterschiedliche Heilskriterien, die in ihrer Spannung und wechselseitigen Ergänzung in die theologische Reflexion über die Rechtfertigung des Menschen Eingang gefunden haben.

- ▶ Interpretieren Sie das Bild »Weltgericht« von Stefan Lochner, indem Sie zunächst beschreiben, was Sie sehen. Anschließend können Sie untersuchen, wie die Motive gestaltet sind: Beachten Sie Komposition, den Einsatz malerisch-bildnerischer Mittel (Linien- und Pinselführung, Farbgebung, Verarbeitungsweise und -spuren), die Formensprache (Formen, Abstraktionsniveau, Plastizität, Proportionen ...), die Perspektive und Räumlichkeit sowie das Licht und deuten Sie abschließend die Funktion sowie die künstlerische Intention dieser Gestaltungsweise.
- ▶ Gehen Sie bei den oben angegebenen neutestamentlichen Bibelstellen auf die Suche nach Heilskriterien und entwickeln Sie im Gespräch darüber ein Modell, das diese sinnvoll zusammendenkt. Dabei können Sie auch Ihre sonstigen Kenntnisse biblischer Texte und Weisungen heranziehen (vgl. 28 ff.).
- ▶ Überlegen Sie eine Möglichkeit, die erarbeiteten Bedingungen für ein »gutes Urteil« in die klassische Bildmotivik einzubeziehen, und entwerfen Sie eine entsprechende Skizze.

Die Offenbarung des Johannes

Entstehungshintergrund

Das letzte Buch der Bibel schrieb vermutlich ein aus der Oberschicht stammender Judenchrist auf der Insel Patmos, wohin er geraten war, um sich den Verfolgungen im Römischen Reich zu entziehen; die Frage der Verfasserschaft ist letztlich nicht eindeutig geklärt. In verschlüsselter Symbolsprache, welche die Bilderwelt der jüdischen Bibel wachruft, wendet er sich am Ende des 1. Jahrhunderts mit einer Art »Untergrundliteratur« an sieben kleinasiatische Gemeinden (in der heutigen Türkei). Das Buch bezeichnet sich selbst als »Apokalypse Jesu Christi«, also eine durch Jesus Christus geschenkte Enthüllung der Pläne Gottes in Form einer Vision.
Es zeichnet Schreckensszenarien, Gerichtsankündigungen, aber auch Trost- und Rettungsbilder für die in Repression standhaften Christen. Unter Kaiser Domitian wurde massiv Kaiserkult betrieben, der keine drastische Verfolgungssituation, wohl aber Konflikte mit sozialen und wirtschaftlichen Folgen für Christen bedeutete (vgl. Offb 13,17).
Die Offenbarung erteilt nicht über den genauen Verlauf der Geschichte Auskunft, vielmehr ruft sie zu Festigkeit und Glaubenstreue in Zeiten schwerwiegender Herausforderungen auf.

Bamberger Apokalypse, Tafel 40, um 1000

Inhalt

Nach der direkten Anrede der sieben Empfängergemeinden beginnt in Offb 4 – 11 eine erste Visionenreihe: Im geöffneten Himmel ist das Zukünftige zu sehen. Die Vision des himmlischen Thronsaals beginnt mit einer Gottesschau, dann folgt die Beschreibung der Übergabe eines siebenfach versiegelten Buches an das Lamm, das allein die Würde besitzt, die Siegel nach und nach zu öffnen. Das Lamm hat somit schon umfassende Macht empfangen, und die zu ihm Gehörenden sind bereits »Könige« (Offb 5). Damit ist das endzeitliche Heil angedeutet, bevor die kommenden Schrecknisse geschildert werden. Denn daraufhin erscheinen vier apokalyptische Reiter, dann die Seelen erschlagener Märtyrer, woraufhin der Kosmos angesichts kosmischer Katastrophen unvorstellbaren Ausmaßes ins Wanken gerät. 144.000 Erwählte aus den zwölf Stämmen Israels und viele Menschen aus anderen Völkern werden von Gott bewahrt. Nach dem Bruch des letzten Siegels und einer großen himmlischen Stillephase erschallen nacheinander sieben Posaunen, die mit der Öffnung des himmlischen Tempels enden.

- Skizzieren Sie in Schlagworten Inhalt und Entstehungshintergrund der Johannes-Offenbarung. Ihre Intention erschließt sich, wenn Sie zwischen beiden eine Verbindung herstellen.
- Gehen Sie einzelnen Motiven des Buchs der Offenbarung nach, zum Beispiel der »Hure Babylon«. Lesen Sie dazu Offb 17,1-8. Den Schlüssel zum Verständnis finden Sie in 17,18: »Und die Frau, die du gesehen hast: Das ist die Stadt, die Große, die Königtum hat über die Kriege der Erde.« Diese Gleichsetzung von Städten und Hure ist im AT durchaus üblich.

Die zweite Visionenreihe (Offb 12 – 19) steigert den Gerichtsgedanken weiter und entwirft wieder viele mythologische und apokalyptische Bilder, die nach der Ausgießung von sieben Zornschalen ins Endgericht über die »große Hure Babylon« münden.
In der Mitteilung der kommenden Endzeitereignisse erscheint Christus als Vernichter der Feinde, das tausendjährige Reich bricht an, auch der Satan wird nach einem letzten Kampf vernichtet. Danach können die Toten auferstehen, um gerichtet zu werden. Zuletzt sieht Johannes einen neuen Himmel und eine neue Erde, und schließlich kommt vom Himmel das neue Jerusalem als Wohnung Gottes unter den Menschen herunter und verheißt die nahe Parusie. Gottes abschließendes Wort dazu ist: »Seht, ich mache alles neu« (Offb 21,5).

Max Beckmann, 1941/42

- Unbefangener Umgang mit apokalyptischen Vorstellungen ist heute schwierig. Suchen Sie Gründe dafür im Geltungsbereich und in der inhaltlichen Ausgestaltung der Johannes-Offenbarung.
- Die Johannes-Offenbarung regte seit dem Frühmittelalter zur Gestaltung zahlreicher Apokalypse-Zyklen an. Hier sehen Sie zwei Umsetzungen von Offb 22,1-5, des Motivs des »ewigen Lebens in Herrlichkeit«. Die Bamberger Apokalypse ließ das ottonische Herrscherhaus um 1000 in einem der besten Skriptorien des Reiches auf der Bodenseeinsel Reichenau als Prachthandschrift der Offenbarung anfertigen. Max Beckmann schuf seinen Zyklus 1941 im Amsterdamer Exil und Versteck in subjektiver Gestaltung seiner Lutherbibel. Beschreiben und interpretieren Sie die beiden Bilder vor ihrem zeitlichen Hintergrund und im Vergleich miteinander.
- Die Offenbarung des Johannes entwickelt in ihren drastischen und teilweise auch parodierenden Bildern eine Art antiker »politischer Theologie«, erliegt aber der Gefahr, in ein krasses Freund-Feind-Schema zu verfallen. Heute müsste es einer sinnvollen Rezeption gelingen, das kritische Potenzial gegen übermächtige Staats- und Gesellschaftsherrschaft zu bewahren, ohne dabei die Grundlagen der jesuanischen Liebesgebote zu vernachlässigen. Berücksichtigen Sie dies und übertragen Sie ein Motiv künstlerisch oder literarisch in seinem Bild- und Bedeutungscharakter auf die heutige Zeit.

»Apokalypse now«

Künstlerische Zukunfts- und vor allem Untergangsvisionen unserer Zeit und Kultur nutzen häufig die Faszination, die von der drastischen Bildersprache der einzigen neutestamentlichen Apokalypse, der Offenbarung des Johannes (78 f.), ausgeht:

Daniel Richter, 2004

Armageddon

armageddon kommt oder ist im vollen gange
macht euch große sorgen denn jetzt sind wir in der zange
ich bange um mein leben denn ich höre von dem beben
und nur für einhundertvierundvierzigtausend wird es rettung geben
hast du gehört armageddon ist da
nichts ist wie es ist und nichts bleibt wie es war

fast schon überfallartig gehen wir über euch weg
erst guckt ihr voll apathisch und dann liegt ihr fett im dreck
weil uns auszubremsen geht jetzt leider gar nicht mehr
und der michel im S8 der gibt so einiges her
also duckt euch armageddon haben wir fett im nacken
die platte haben wir produziert und das alles zu verpacken
dass ihr es in die schädel kriegt
wir werden geschickt von einer höheren stelle
wir bringen licht in eure dunkle welt hell
armageddon kommt schnell noch ein jahr oder vier
scheiß auf die daten armageddon ist hier! ...
und armageddon ist nicht hollywood
bruce willis und so einer
die nutte babylon fällt wie börse mit geld erschüttert die welt
wir sind alle geprellt
ihr wisst nicht wie es sich verhält
fällt euch nicht auf das es anfängt zu enden ...

Söhne Mannheims

- Suchen Sie aus den Liedtexten und den Bildern apokalyptische Motive heraus und vergleichen Sie diese miteinander. Lesen Sie dazu die Bibelstellen Offb 9,17-20; 14; 16,13-19 und 21,1-8. Mithilfe Ihrer Kenntnisse aus 78 f. können Sie die Bedeutung der Textstellen erschließen und erklären, wie es zu den unterschiedlichen Deutungen kommen kann.
- »Das will ich sehen« ist der Titel und der markante Refrain des Liedes von S. Setlur. Er kann in verschiedene Richtungen interpretiert werden. Diskutieren Sie Ihre verschiedenen Vorstellungen und stellen Sie Thesen dazu auf, warum Musik, Kunst (auch Literatur und Film) heute häufig auf apokalyptische Motive zurückgreifen.
- Nehmen Sie Stellung zu der Frage, welche der hier vorgestellten Rezeptionen der ursprünglichen Aussageabsicht der biblischen Apokalypse am nächsten kommt.

Marion Zuber, 2008

Das will ich sehen

Ich will sehen, wie sein Zelt bei den Menschen ist und er bei ihnen weilt.
Das will ich sehen.
Ich will sehen, wie sie seine Völker sind und er selbst bei ihnen ist.
Das will ich sehen. (Das will ich sehen.)
Ich will sehen, wie Wolf und Lamm einträchtig weiden
und der Löwe Stroh frisst wie ein Stier.
Ich will sehen, wie kein Schaden gestiftet wird noch irgendwie Verderben
auf seinem ganzen heiligen Berg.
Das will ich sehen. (Das will ich sehen.)
Ich will sehen, wie er Kriege aufhören lässt bis an das äußerste Ende der Erde. Das will ich sehen.
Ich will sehen, wie sie ihre Schwerter zu Pflugscharen schmieden.
Das will ich sehen. Das will ich sehen.
(Refrain)
Ich will sehen, wie er jede Träne von ihren Augen abwischt und der Tod nicht mehr ist.
Ich will sehen, dass weder Trauer noch Schmerz noch Geschrei mehr sind,
weil sie mit den früheren Dingen vergangen sind.
Das will ich sehen. Das will ich sehen. (Das will ich sehen.)
Ich will sehen, wie die Augen der Blinden geöffnet werden
und die Ohren der Tauben aufgetan werden.
Ich will sehen, wie der Lahme klettert wie ein Hirsch und der Stumme jubelt.
Das will ich sehen. Das will ich sehen. ...

Sabrina Setlur

Zukunftsfragen sind Gegenwartsfragen

Fest verwurzelt in Bamberg und mit Lust, sich immer wieder auf Neues einzulassen, lebt und arbeitet **Christine Hertrich**. Nach beruflichem Engagement bei der Katholischen Landjugend und bei Attac auf Bundesebene ist die Theologin und Sozialpädagogin nun vor Ort beim Bund Naturschutz tätig. Außerdem nimmt sie sich Zeit für ihre Tochter, für Beziehungen und ehrenamtliches Engagement, z. B. bei der Interreligiösen Fraueninitiative Bamberg, die sie mit angestoßen hat und für die sie nun Geld akquiriert. Diese Lebensform zeigt ihre bewusste Entscheidung für ein »gutes Leben«, das geprägt ist von dem Gefühl, »die Zeit drängt«, nötige Veränderungen sofort anzupacken, aber auch von der Einsicht, dass »Entschleunigung« notwendig und Gelassenheit möglich ist. Sie empfindet ihre Lebensform als privilegiert, da ihre Familie ohne Existenzängste leben kann.

Sich mit Leidenschaft dafür einzusetzen, dass Kirche und Gesellschaft die »Zeichen der Zeit« erkennen und sich verändern, ist der Beruf des Theologen **Andreas Schneider**. Im Erzbistum Bamberg setzt er sich für den Aufbau sozialer Bewegungen und des Fairen Handels ein: Er berät Weltläden und Fairhandelsgruppen und arbeitet als Referent in der Bildungs- und Projektarbeit. Er leitet den Eine-Welt-Laden Fürth und ist dort Fairtrade-Referent. Zu seinen Auftraggebern zählen Transfair, Attac, Gepa, Misereor, der BDKJ, das Erzbistum Bamberg, das Kindermissionswerk, die Katholische Landjugend.
Gemeinsam mit Christine Hertrich lebt er in der Altstadt von Bamberg, verbringt gerne viel Zeit mit seiner Tochter Sophia, in der Küche und auf Festen aller Art.

Ein Gespräch mit Christine Hertrich und Andreas Schneider über ihr Engagement, ihre Motivation und Überzeugungen

Christine: Mir fällt es schwer, die Welt so zu akzeptieren, wie sie ist. Die Zustände widersprechen meinem Gerechtigkeitssinn und fordern meinen Einsatz heraus. Ich will aber mehr die Gegenwart als die Zukunft gestalten, weil bei Debatten über die Zukunft der Blick dafür verlorengeht, was jetzt schon zu tun ist. Das sieht man deutlich an der Klimafrage. Ich habe das selbst z. B. bei Attac auch so erlebt: Je größer und ferner die Utopie, umso schwieriger wird die Verständigung darüber, was zu tun ist, um sie zu realisieren. Eine konkrete Problemlage schafft dagegen Einigkeit über die nächsten Handlungsschritte. Als sich z. B. das große Ziel, mit anderen Bamberger Frauen ein Frauenbildungshaus aufzubauen, als nicht realisierbar erwies, wurden neue Energien frei. So ist eine interreligiöse Fraueninitiative entstanden, die sich in der Stadt etabliert hat und in der sich Frauen verschiedener Religionen, Kulturen und sozialer Herkunft auf ganz neue Art begegnen.

Andreas: Mir geht es genauso. Statt Zeit und Energie für die Debatte von Zukunftsfragen aufzuwenden – solche Themenstellungen sind mir schon verdächtig –, muss es im Hinblick auf die dringlichsten Fragen der Zeit doch darum gehen, was gegenwärtig, sofort getan werden kann. Denn die Zukunft entscheidet sich immer im Jetzt. Da werden die Weichen in die eine oder andere Richtung gestellt. Die, die viel von Zukunft sprechen, sind oft deren Totengräber. Das habe ich von Jesus gelernt. Seine Utopie ist gegenwärtig. Er nimmt ja beispielsweise für sich in Anspruch, dass das Reich Gottes – das ist seine Definition einer neuen Welt – bereits dort beginnt und Realität wird, wo er wirkt und handelt.

Religion vernetzt: Wenn ihr euch für Veränderungen einsetzen wollt und das Gefühl habt, dass in unserer Welt vieles nicht in Ordnung ist, welche Vorstellung habt ihr dann von einer »anderen Welt«?

Andreas: Bild, Metapher für diese andere Welt ist für mich das Festmahl, die mediterrane Tafel mit Fiesta, Tanz, Musik. Das lebendige und ausgelassene Feiern sehe ich als Gegenentwurf, ja Widerstand, gegen die von Leid und Elend geprägte Welt – Straßenkinder, zerbombte Siedlungen, Existenzkampf im Slum oder Lohnsklaverei. Im Fest hingegen realisiert sich Lebenslust, Gemeinschaft, Freiheit, die Welt, wie sie sein könnte. Das trägt, taugt schon als Traum, als Blaupause für eine neue Gesellschaft, eine zukünftige Welt. So wie sich Jesus das mit dem »himmlischen Hochzeitsmahl« vorgestellt hat. Damit formuliert er seine Vision einer gleichberechtigt und geschwisterlich im »Endzeit-Fest« vereinten Menschheit. Bereits zu Lebzeiten versucht er das ja mit seinen Gastmahl-Einladungen beispielhaft vorwegzunehmen, indem er Außenseiter und Abgeschriebene zu Tisch lädt und mit ihnen zecht.

Christine: Ich mag das Bild auch, frage aber aus feministischer Perspektive mal nach: Wer arrangiert denn das Fest? Wer bereitet alles vor? Ist das real wirklich herrschaftsfrei? Ich würde »Festmahl« weiter fassen als Möglichkeit, sich außerhalb von Raum und Zeit zu fühlen und den Alltag zu übersteigen.

Religion vernetzt: Wie geht ihr mit Misserfolgen um oder mit der Einsicht, dass alles, was ihr leistet, ja nur ein »Tropfen auf dem heißen Stein« sein kann?

Christine: Ich fühle schon manchmal Resignation oder Hoffnungslosigkeit. Aber das Gleichnis vom Sämann [Mk 4,1-9 par] macht mir Mut. Wir säen Dinge, ohne zu wissen, was daraus wird; und irgendwo, ohne dass wir das direkt beeinflussen können, entwickelt sich etwas Neues. Das richtet den Blick auf das Mögliche und nicht auf die Hindernisse. So war das auch bei unserer Fraueninitiative.

Andreas: Misserfolge interessieren mich kaum. Denn letztlich ist die »Endzeitschlacht« zwischen Finsternis und Leben schon geschlagen. Wir wissen von Jesu Botschaft, falls wir das glauben, dass der Gott des Lebens sein Gefecht gegen die todbringenden Mächte bereits gewonnen hat. Und dass das »Böse«, so mächtig es auch scheint, nur noch »Rückzugsgefechte« auskämpft. So gesehen ist mir bewusst, dass wir nur einen bescheidenen Anteil am Aufbau einer neuen Welt leisten, deren Vollendung aber dann doch Hauptaufgabe Gottes ist. Mein Handeln sehe ich auch als Widerstand gegen die Hoffnungslosigkeit. Es baut auf die Hoffnung, dass da jemand ist, der Interesse an der Welt hat, dass die Welt Sinn hat und es eine göttliche Gerechtigkeit gibt – und die wird allen, die um ihr Lebensglück betrogen wurden, zu ihrem Recht verhelfen.

- ▶ Informieren Sie sich mithilfe des Internets näher über Projekte und Organisationen, in denen Christine Hertrich oder Andreas Schneider arbeiten (www.attac.de, www.frauenort.de, www.forum-fairer-handel.de, www.fair4you-online.de). Sie können auch weitere Felder gesellschaftlichen Engagements aufnehmen und z. B. Projekte von Amnesty International, BUND, Caritas, dem Lions Club oder der Hanns-Seidel-Stiftung daraufhin untersuchen, welche Projekte auf zukunftsbezogene Gegenwartsgestaltung sie jeweils begleiten.
- ▶ Fassen Sie zusammen, aus welcher Motivation heraus sich die beiden für solche Projekte und Initiativen einsetzen. Gehen Sie dem nach, indem Sie die zitierten Bibelstellen lesen und auch Zusammenhänge zu Ihrem Wissen über Eschatologie herstellen.
- ▶ Diskutieren Sie die Überschrift dieser Doppelseite vor dem Hintergrund des dargestellten Gesprächs und nehmen Sie zu der Frage Stellung, ob das Wirken der beiden als »utopisches Handeln« zu bezeichnen ist.
- ▶ Die hier vorgestellten Lebensentwürfe können Sie anregen, eigene Lebensvisionen zu entwickeln und damit Ihre eigene Zukunft, die nach dem Abitur spürbar in Ihren Händen liegt, zu gestalten. Suchen Sie in Ihrem persönlichen Umfeld oder auch in den Medien Menschen mit interessanten Biografien. Finden Sie heraus, welche Schritte sie auf ihren Weg gebracht haben und welche Hoffnungen sie in ihrem Handeln tragen. Interessantes Material können Sie sammeln und ggf. vorstellen.

Leben auf der Erde – mit oder ohne Zukunft?

Wie betrifft der Klimawandel die Menschen? Einsichten in die Problematik

Der UN-Klimarat prognostiziert für das Weltklima bis 2100 dramatische Veränderungen:

Die Folgen der vom Menschen verursachten Erderwärmung sind in Deutschland bereits heute eindeutig nachweisbar. »In Deutschland beobachten wir einen Trend hin zu größerer Trockenheit im Sommer, insbesondere im östlichen Teil«, erklärt der Potsdamer Klimaforscher Stefan Rahmstorf, einer der Leitautoren des 4. Weltklimaberichts ...
Im weltweiten Durchschnitt steige der Meeresspiegel derzeit um etwa drei Zentimeter pro Jahrzehnt. »Zum einen dehnt sich das vorhandene Meerwasser aufgrund der Erderwärmung aus. Zum anderen gelangt durch das Schmelzen des Kontinentaleises zusätzliches Wasser ins Meer«, erläuterte Rahmstorf ... »Das ist nur sehr schlecht für uns, weil wir die Städte dort gebaut haben, wo bislang die Küstenlinien gewesen sind.« Ähnliches gelte für Änderungen bei der Niederschlagsverteilung. »Unsere Flussläufe sind darauf ausgerichtet, die Wassermassen aufzunehmen, die erfahrungsgemäß in den letzten Jahrhunderten immer wieder vorgekommen sind«, sagte der Klimaforscher. »Wenn sich das ändert, bekommen wir Probleme wie beim Hochwasser 2002 in Dresden.« Über dem Nordatlantik zeige sich zudem ein signifikanter Trend hin zu stärkeren tropischen Wirbelstürmen. Im südlichen Europa gebe es schon heute mehr Trockenheit und Dürreprobleme als früher. »Bis 2100 könnten die Temperaturen um bis zu sechs Grad Celsius steigen«, sagte Rahmstorf ... »Aufhalten lässt sich der Klimawandel nach den Berechnungen der Klimaforscher nur durch eine Halbierung des weltweiten Treibhausgas-Ausstoßes bis 2050.«

sueddeutsche.de vom 02.02.2007

Noch gravierender als uns treffen die Klimafolgen die Entwicklungsländer, da viele der vorhergesagten Auswirkungen des Klimawandels die Befriedigung elementarer Grundbedürfnisse erschweren und Armut verstärken.
Die zu erwartende weitere Verstärkung der Extreme im Wasserkreislauf erhöht die Gefahr von Dürren und sintflutartigen Niederschlägen mit Überflutungen. Wassermangel und Erhöhung der Durchschnittstemperaturen führen zu deutlichen Ertragsverlusten und erheblichen Folgen für die Ernährungssicherheit, vor allem in (sub-)tropischen und heute schon trockenen Regionen – also dort, wo die größte Gefahr von Hunger besteht. Arme Länder verfügen außerdem über weit weniger Möglichkeiten zur Vermeidung und Bewältigung von Klimafolgen als wohlhabende Länder. Armut erschöpft sich nicht in einem Mangel an Einkommen, sondern umfasst oft sozialen Ausschluss, geringe Bildungschancen, gesundheitliche Mangelversorgung, Mangel an Rechtssicherheit, politischen Rechten und kultureller Freiheit sowie politische Ohnmacht.

www.klima-und-gerechtigkeit.de

- Die Artikel sprechen viele Klimaprobleme an. Fassen Sie diese zusammen und sammeln Sie weiteres Sachwissen über Umweltprobleme – vor allem auch in globaler Perspektive. Beziehen Sie auch verharmlosende Gegenpositionen mit ein.
- Diese Doppelseite arbeitet mit Schlagworten. Sie haben das nötige Sachwissen und ethische »Handwerkszeug«, um diese mit Leben zu füllen, bereits in Kapitel 1 und 2 erlernt. So können Sie sinnvolle Zusammenhänge zwischen den Begriffen und den drei Abschnitten, die dem methodischen Dreischritt »Sehen – Urteilen – Handeln« entsprechen, herstellen.
- Umweltgerechtes Handeln ist zurzeit in aller Munde – ohne dass dies zu einer wirklichen Wende im Handeln führt. Suchen Sie Gründe dafür und diskutieren Sie die spezifische Bedeutung der Normen und Werte einer christlichen Umweltethik.
- Umweltethik steht hier als exemplarisches Beispiel für Zukunftsethik. Sie können das ethische Wissen und Urteilsvermögen, das Sie in diesem Schuljahr entwickelt haben (vgl. Kapitel 1 und 2), auch auf weitere Zukunftsthemen (vgl. 62) übertragen und somit eigenständig zukunftsethische Überlegungen anstellen, z. B. in Form eines Kriterienkatalogs oder in Form von Thesen. Eine Strukturierungshilfe ist der hier gezeigte Dreischritt »Sehen – Urteilen – Handeln«.

Warum den Stopp des Klimawandels anzielen? Ethische Kategorien zur Beurteilung

Menschenwürde (Gottesebenbildlichkeit) | **Eigenwert der Schöpfung**

↓ Menschenrechte ↓ Option für die Armen ↓ Solidarität ↓ Gerechtigkeit ↓ Verantwortung

↓

dauerhaft umweltgerecht

Leitbild nachhaltiger Entwicklung / Retinität

sozial fair — ökonomisch effizient

Grundoptionen				
Anthroporelationaler Schöpfungsbegriff: Der Mensch steht in Beziehung zu allen Mitgeschöpfen, aber aufgrund seiner herausgehobenen Rolle vor Gott in Verantwortung für sich und seine Umwelt.	*Verantwortungsethik:* Der Mensch handelt unter Berücksichtigung der Folgen seines Handelns mit dem Ziel des größten Nutzens für alle.	*Vorsorgeprinzip:* Bei Unsicherheiten im Handeln haben Minderung von Risiken und Schonung der natürlichen Lebensgrundlagen Vorrang.	*Verursacherprinzip:* Wer Umweltschäden verursacht, muss rückwirkend ihre Kosten übernehmen oder sie vorausschauend in wirtschaftliche Kalkulationen einbeziehen.	*Prinzip der Verhältnismäßigkeit:* Der Nutzen einer Umweltmaßnahme muss größer sein als ihr Schaden.

Was tun gegen den Klimawandel? Einige Vorschläge für umweltgerechtes Handeln

Minderung des Treibhausgasausstoßes	Maßnahmen zur Anpassung an den Klimawandel
• sparsame und effiziente Energienutzung, v. a. erneuerbare Energien • Preisinstrumente wie Energie-/Klimasteuern • Handel mit Verschmutzungslizenzen • Aufforstung bzw. Stopp der Entwaldung • Abscheidung und Deponierung von Kohlenstoff • nachhaltige Verkehrs- und Raumplanung • Umwelterziehung und politischer Einsatz • …	• Neuorientierung der Entwicklungspolitik, da Entwicklungsländer vorrangig betroffen sind • Katastrophenmanagement • solidarische Verteilung von Kosten bei Versicherungs- und Anpassungsmaßnahmen • …

Spe Salvi

Der Mensch hat viele kleinere oder größere Hoffnungen, Tag um Tag – verschieden in den verschiedenen Perioden seines Lebens. Manchmal kann es scheinen, dass eine dieser Hoffnungen ihn ganz ausfüllt und dass er keine weiteren Hoffnungen braucht. In der Jugend kann es die Hoffnung auf die große, erfüllende Liebe sein; die Hoffnung auf eine bestimmte Stellung im Beruf, auf diesen oder jenen für das weitere Leben entscheidenden Erfolg. Wenn aber diese Hoffnungen eintreten, zeigt sich, dass dies doch nicht alles war. Es zeigt sich, dass er eine darüber hinausreichende Hoffnung braucht. Dass ihm nur etwas Unendliches genügen könnte, das immer mehr sein wird als das, was er je erreichen kann. In diesem Sinn hat die Neuzeit die Hoffnung auf die zu errichtende vollkommene Welt entwickelt, die durch die Erkenntnisse der Wissenschaft und einer wissenschaftlich fundierten Politik machbar geworden schien. **So wurde die biblische Hoffnung auf das Reich Gottes abgelöst durch die Hoffnung auf das Reich des Menschen, die bessere Welt, die das wirkliche »Reich Gottes« sein würde. Dies schien endlich die große und realistische Hoffnung zu sein, derer der Mensch bedarf. Sie konnte – für einen Augenblick – alle Kräfte des Menschen mobilisieren; das große Ziel schien allen Einsatzes wert. Aber im Lauf der Zeit zeigte sich, dass diese Hoffnung immer weiter davonläuft.** Es wurde den Menschen zunächst bewusst, dass es vielleicht eine Hoffnung für die Menschen von übermorgen ist, aber keine Hoffnung für mich. Und so sehr zur großen Hoffnung das »Für alle« gehört, weil ich nicht gegen die anderen und nicht ohne sie glücklich werden kann, so ist umgekehrt eine Hoffnung, die mich selber nicht betrifft, auch keine wirkliche Hoffnung. Und es zeigte sich, dass dies eine Hoffnung gegen die Freiheit ist, denn der Zustand der menschlichen Dinge hängt in jeder Generation neu von der freien Entscheidung dieser Menschen ab. Wenn sie ihnen durch die Verhältnisse und die Strukturen abgenommen würde, wäre die Welt doch wieder nicht gut, weil eine Welt ohne Freiheit keine gute Welt ist. So ist zwar der stete Einsatz dafür nötig, dass die Welt besser wird, aber die bessere Welt von morgen kann nicht der eigentliche und genügende Inhalt unserer Hoffnung sein. Und immer tut sich dabei die Frage auf: Wann ist die Welt »besser«? Was macht sie gut? Nach welchem Maßstab bemisst sich ihr Gutsein? Und auf welchen Wegen kann man zu diesem »Guten« kommen?

Noch einmal: Wir brauchen die kleineren oder größeren Hoffnungen, die uns Tag um Tag auf dem Weg halten. Aber sie reichen nicht aus ohne die große Hoffnung, die alles andere überschreiten muss. Diese große Hoffnung kann nur Gott sein, der das Ganze umfasst und der uns geben und schenken kann, was wir allein nicht vermögen. Gerade das Beschenktwerden gehört zur Hoffnung. Gott ist das Fundament der Hoffnung – nicht irgendein Gott, sondern der Gott, der ein menschliches Angesicht hat und der uns geliebt hat bis ans Ende: [jede Einzelne und] jeden Einzelnen und die Menschheit als ganze. Sein Reich ist kein imaginäres Jenseits einer nie herbeikommenden Zukunft; sein Reich ist da, wo er geliebt wird und wo seine Liebe bei uns ankommt. Seine Liebe allein gibt uns die Möglichkeit, in aller Nüchternheit immer wieder in einer ihrem Wesen nach unvollkommenen Welt standzuhalten, ohne den Elan der Hoffnung zu verlieren. Und seine Liebe ist uns zugleich Gewähr dafür, dass es das gibt, was wir nur dunkel ahnen und doch im Tiefsten erwarten: das Leben, das »wirklich« Leben ist.

Enzyklika von Papst Benedikt XVI.
über die christliche Hoffnung (30. November 2007), 30f.

- ▶ Die Enzyklika stellt im Textausschnitt weltliche und christliche Hoffnung gegenüber. Legen Sie dar, inwiefern sich die beiden unterscheiden.
- ▶ Stellen Sie die Aussagen des Textausschnitts in einen weiteren Zusammenhang, indem Sie Ihr Wissen über Utopie, christliche Eschatologie und Freiheit einbeziehen. Entwickeln Sie ausgehend davon wesentliche Aussagen über das Reich Gottes und ordnen Sie diese in das Feld säkularer und christlicher Zukunftshoffnungen ein.
- ▶ Prüfen Sie ausgehend von Ihren Erfahrungen und Kenntnissen der Geschichte den Wahrheitsgehalt der im Text fett hervorgehobenen Aussagen und nehmen Sie dazu Stellung, ob diese nicht auch auf die biblische »Reich-Gottes-Hoffnung« zutreffen.

4 Ich glaube

Glauben bekennen

Was bleibt nach 900 Stunden Religion?

Sie haben im Verlaufe Ihrer Schulzeit etwa 900 Stunden Religionsunterricht besucht und konnten dabei zentrales und theologisches Wissen sowie persönliche Haltungen zum Glauben erwerben. Dieses Kapitel greift Grundbegriffe und grundlegende Zusammenhänge des Christentums in knapper Form noch einmal auf, um am Ende der Schulzeit in intensiver Wiederholung und eigenständiger Reflexion zu ermöglichen, das erworbene Sachwissen zu sichern und persönliche Einstellungen zum Glauben noch einmal zu hinterfragen. Der Rückgriff auf Gelerntes und bereits Bekanntes ist also beabsichtigt und gewünscht.
Als Gegenstand dieser abschließenden Reflexion bietet sich das Apostolische Glaubensbekenntnis an, da es als Verdichtung dessen angesehen werden kann, was das Christentum hinsichtlich seiner Lehre und seines Glaubens ausmacht. Das Kapitel lädt aber auch zum Weiterdenken an jenen Stellen ein, welche das Credo (= erstes Wort der lat. Fassung des Glaubensbekenntnisses: »ich glaube«) seiner Bedeutung gemäß nicht mit einschließt, z. B. im Hinblick auf gesellschaftliche oder interreligiöse Bezüge.

Persönliche Annäherungen an das Credo – Beispiele aus einem Religionskurs

»Das Apostolische Glaubensbekenntnis bedeutet für mich den Kern des katholischen Glaubens und beinhaltet Dinge, die ein meiner Meinung nach ›wirklicher‹ Christ auch glauben muss. Da ich das nicht bin, halte ich den Großteil davon für Legenden oder Märchen, die vielleicht einen wahren Kern haben, aber als Sinnbild gesehen werden sollten.«

Jan, 17 Jahre

»Für mich bedeutet das Glaubensbekenntnis, zur Gemeinschaft dazuzugehören, wenn man es beten kann, weil jeder Christ es kennt. Sozusagen wie die Hymne für dein Land ist das Glaubensbekenntnis das Gebet für den christlichen Glauben und symbolisiert Gemeinschaft und Dazugehörigkeit. Außerdem gibt man mit diesem seinen Glauben preis und verstärkt ihn.«

Jana, 17 Jahre

»Das Glaubensbekenntnis bedeutet mir relativ wenig. Es gehört für mich zum Kirchenbesuch wie eine Formel zur Mathematik. Ich kenne es, aber habe mich noch nie gefragt, wo es herkommt.«

Kevin, 16 Jahre

»Das Glaubensbekenntnis enthält für mich zentrale Glaubensaussagen. Trotzdem bekomme ich beim Beten des Glaubensbekenntnisses immer wieder Bauchschmerzen: Ich glaube nicht ›an die katholische Kirche‹ oder daran, dass Maria Jesus als Jungfrau zur Welt gebracht hat. Natürlich weiß ich, dass sich diese Aussagen ›theologisch richtig‹ deuten lassen, aber trotzdem fühle ich mich dabei unehrlich.«

Anna, 17 Jahre

- ▶ Geben Sie das Anliegen dieses Kapitels wieder und diskutieren Sie es. Inwiefern spiegelt sich in den Schüleräußerungen das Zusammengehören von religiösem Wissen und eigenen Glaubensüberzeugungen wider?
- ▶ Machen Sie sich über Ihre Voreinstellung zum Apostolischen Glaubensbekenntnis Gedanken. Versehen Sie dazu den Text (**91**) geistig mit Ausrufezeichen (Zustimmung), Fragezeichen oder Zeichen der Ablehnung.
- ▶ Welche Bedeutung sprechen Jugendliche dem Glaubensbekenntnis heute zu? Suchen Sie Gründe dafür.
- ▶ Setzen Sie die Karikatur und ihre Interpretation in Beziehung zu den Aussagen und der gesamten Doppelseite.

Mein Credo

Die christliche Zeitschrift »Publik Forum« hat vor einigen Jahren mit dem Projekt »Mein Credo« dazu aufgerufen, den eigenen Glauben zu formulieren. Unter den zahlreichen Zuschriften war auch der folgende Text einer 10. Hauptschulklasse:

ICH GLAUBE
an etwas, das ich nie gesehen habe, denn an irgendetwas glaubt jeder.
Es hat mit der Erschaffung der Welt zu tun und sich jetzt zurückgezogen.
Vielleicht bin ich ihm den Glauben schuldig, weil es sich auch um mich sorgt.
Am Ende werden wir für unser Tun »die Rechnung präsentiert bekommen«.
Ich denke oder glaube auch an Jesus,
der für Frieden eintrat, dabei auf Gewalt verzichtete und gekreuzigt wurde.
Das war zwar gut gemeint, konnte aber gegen das Elend der Welt nichts ausrichten,
denn daran sind die Menschen selber schuld.
Ich glaube nicht an die Kirche mit ihren manchmal scheinheiligen Gottesdienstbesuchern
und ihren teilweise veralteten Regelungen.
Ich glaube nicht an die Kirche, die nur was für alte Leute ist.
Sie hat mir als modernem Menschen fast nichts mehr zu bieten.
Wir haben gelernt, was Glauben bedeutet, aber wir entscheiden selbst, ob wir glauben wollen.
Wenn wir es wollen, ist es egal, was andere über uns sagen.
AMEN?!

Das Titelbild

Auf dem Titelbild des Kapitels ist ein T-Shirt mit dem Selbstbildnis von Albrecht Dürer darauf zu sehen (»Selbstbildnis im Pelzrock«, 1500, Öl auf Holz, 67 x 49 cm). Dürer malte sich in einer Pose, die bis zu diesem Zeitpunkt vor allem Darstellungen von Jesus Christus vorbehalten war, dessen Gesichtszüge er nachahmt. Da Dürer ein gläubiger Christ war, ist das Bild möglicherweise ein besonderer Ausdruck seines Glaubens, eine Art Glaubensbekenntnis.
Verfassen Sie einen Bildkommentar, der die besondere Stellung dieses Bildes in der Geschichte der Malerei, den geometrischen Aufbau und die Christusimitation berücksichtigt.
Stellen Sie sich vor, Sie tragen dieses T-Shirt. Sie finden es nicht nur schick, sondern Sie drücken mit ihm auch etwas Inhaltliches aus. Erklären Sie das!
Skizzieren oder gestalten Sie ein T-Shirt, das Ihr »Credo« oder Ihre Position zu Religion und/oder christlichem Glauben wiedergibt.

- Erstellen Sie eine Synopse zu den Glaubensaussagen dieser Seite, die verdeutlicht, welche zentralen christlichen Glaubensinhalte darin vorkommen und welche eher nicht. Sie können Ihre Ergebnisse dann gemeinsam deuten.
- Es ist relativ einfach zu sagen: »Das glaube ich nicht«, aber oftmals schwierig, wirklich zu bekennen: »Das glaube ich.« Tun Sie genau das: Schreiben Sie »Ihr Credo« und achten Sie auf positive Formulierungen. Sie können dann Ihr Credo auch in die oben erstellte Übersicht aufnehmen.
- Das »Credo-Projekt« verwässere den christlichen Glauben und leiste der Gestaltung eines individuellen »Patchwork-Glaubens« Vorschub, gaben Kritiker zu bedenken. Diskutieren Sie darüber, ob und inwiefern diese Vorwürfe berechtigt sind.

Das Apostolische Glaubensbekenntnis

Wenn jemand von einem Nicht-Christen gefragt wird, was eigentlich das Christentum sei und es ausmache, fällt es ihm oder ihr womöglich auf die Schnelle und in der gebotenen Kürze gar nicht so leicht, einige Sätze zu formulieren. Schließlich wurde die Person nicht nach ihrem »Privatglauben« gefragt (wie z. B. beim »Credo-Projekt«), sondern nach den zentralen und verbindlichen Glaubensaussagen des Christentums.

Zur Entstehung christlicher Bekenntnistexte

Die ersten christlichen Aussagen mit Bekenntnischarakter finden sich im Neuen Testament. Sie versuchen, das Entscheidende des christlichen Glaubens in freiem Ausdruck zusammenzufassen. Hier einige Beispiele:

»Jesus ist der Herr.« *(1 Kor 12,3; Röm 10,9)*

»So haben doch wir nur einen Gott, den Vater. Von ihm stammt alles, und wir leben auf ihn hin. Und einer ist der Herr: Jesus Christus. Durch ihn ist alles, und wir sind durch ihn.« *(1 Kor 8,6)*

»Denn vor allem habe ich euch überliefert, was auch ich empfangen habe: Christus ist für unsere Sünden gestorben, gemäß der Schrift, und ist begraben worden. Er ist am dritten Tag auferweckt worden, gemäß der Schrift, und erschien dem Kephas, dann den Zwölf.« *(1 Kor 15,3-5)*

»Tauft sie auf den Namen des Vaters und des Sohnes und des Heiligen Geistes.« *(Mt 28,19)*

Als Orte dieser vielgestaltigen Äußerungen (»Sitz im Leben«) kommen innergemeindliche Felder wie Liturgie (Lob- und Danksagungen, Segenszusprüche ...), Verkündigung, Katechese oder die Sakramentenspendung infrage. Und auch nach außen, etwa in der geistigen und verbalen Auseinandersetzung mit der jüdischen und vor allem der römisch-hellenistischen Umwelt, mussten griffige und eindeutige »Firmierungen« von den ersten christlichen Gemeinden gefunden werden; denn von diesen Seiten kamen kritische Anfragen an die zentralen christlichen Überzeugungen:

- Wie kann Jesus, der doch als Mensch gelebt hat, Gottes Sohn sein?
- Existiert er schon immer?
- Ist das Bekenntnis zu Vater, Sohn und Heiligem Geist nicht eine Abwendung vom Monotheismus?
- Wie gehören diese drei Größen also zusammen? Welche sind göttlicher Natur?

Das Ringen um Antworten auf diese und weitere Fragen wird in den ersten christlichen Konzilien im 4. Jahrhundert deutlich. Diese Versammlungen reagieren auf die Anfragen mit Bekenntnistexten, die eindeutige Festlegungen mit dogmatisch abgrenzendem Charakter liefern, welche vor allem die Christologie* betreffen. Bedeutsam ist vor allem das 381 niedergelegte Nizäno-Konstantinopolitanische Glaubensbekenntnis (vgl. 100).

- ► Analysieren Sie die Bekenntnisaussagen aus dem Neuen Testament und erarbeiten Sie die inhaltlichen Unterschiede.
- ► Vergleichen Sie diese Grundformeln mit dem Apostolischen Glaubensbekenntnis (91) und arbeiten Sie tabellarisch heraus, welche Veränderungen Sie feststellen. Suchen Sie Gründe für diese Entwicklung.
- ► Die Festlegungen, welche die Christologie* und Trinität* betreffen (vgl. 100), haben Sie im letzten Schuljahr näher kennengelernt. Frischen Sie mithilfe von »Theologie kompakt« Ihr Wissen diesbezüglich auf und rekonstruieren Sie im Partnergespräch die Zusammenhänge mit den hier vorgestellten Inhalten.

Das häufig im Gottesdienst und vor allem bei Tauffeiern verwendete sogenannte »Apostolische Glaubensbekenntnis«, das, wie schon der Name andeutet, lange Zeit den Aposteln zugeschrieben wurde, ist in vollständiger Form erst ab dem 8. Jahrhundert belegbar. Es hat aber Wurzeln, die bis ins 3. Jahrhundert zurückreichen. Eine solche frühere Form, das »Romanum«, diente in der Stadt Rom als Taufbekenntnis und bildete die Grundlage für verschiedene lokale Bekenntnistexte. Das »Apostolikum« verdichtet die wichtigsten Bilder der Bibel und die Glaubensaussagen der frühchristlichen Zeit:

Das Apostolische Glaubensbekenntnis

Ich glaube an Gott,
den Vater, den Allmächtigen, den Schöpfer des Himmels und der Erde,
und an Jesus Christus, seinen eingeborenen Sohn, unsern Herrn,
empfangen durch den Heiligen Geist, geboren von der Jungfrau Maria,
gelitten unter Pontius Pilatus, gekreuzigt, gestorben und begraben,
hinabgestiegen in das Reich des Todes,
am dritten Tage auferstanden von den Toten, aufgefahren in den Himmel,
er sitzt zur Rechten Gottes, des allmächtigen Vaters;
von dort wird er kommen, zu richten die Lebenden und die Toten.
Ich glaube an den Heiligen Geist,
die heilige katholische Kirche,
Gemeinschaft der Heiligen,
Vergebung der Sünden,
Auferstehung der Toten
und das ewige Leben.
Amen.

- Bekenntnisformeln des Glaubens können ganz unterschiedlichen Charakter haben. Überlegen Sie zentrale Unterscheidungsmerkmale und nehmen Sie eine Zuordnung der verschiedenen Credos auf 88 - 91 vor.
- Wie die frühen Christinnen und Christen sehen sich auch die Gläubigen von heute immer wieder Anfragen an ihren Glauben ausgesetzt. Formulieren Sie Ihre kritischen Nachfragen an zentrale christliche Glaubensaussagen schriftlich, tauschen Sie diese dann aus und überlegen Sie sich Antworten. Hilfen dafür können Sie in »Theologie kompakt« oder in einem theologischen Lexikon finden, in einem Katechismus oder in Fachbüchern.
- In den ersten Jahrhunderten n. Chr. erlebten die Christinnen und Christen immer wieder Verfolgungssituationen. In dieser Zeit entstanden auch ganz andere, nonverbale Glaubensäußerungen, die sowohl Bekenntnis- als auch Erkennungscharakter hatten. Die Zeichnung oben ist ein Beispiel aus dem 3. Jh. und ist in den Katakomben Roms zu finden. Das griechische Wort für Fisch »ΙΧΘΥΣ« trägt die Anfangsbuchstaben eines alten Christus-Bekenntnisses in sich: Iesous Christos Theou (H)Yios Soter – Jesus Christus, Gottes Sohn, Retter. Suchen Sie nach heute verbreiteten christlichen Erkennungs- und Bekenntniszeichen und diskutieren Sie – nach einer Wiederholung Ihres Wissens über Symbole – über deren Bedeutungsgehalt für die Menschen von heute. Sie können auch eigene bildliche Ausdrucksformen schaffen, die zentrale Aussagen des christlichen Glaubens zusammenfassen.

Ich glaube

Das kirchliche Glaubensbekenntnis beginnt mit den Worten »Ich glaube«. Es ist also ein persönliches Zeugnis, das sich auf einen bestimmten Akt – glauben – bezieht. Beide Worte lassen sich von unterschiedlichen Zusammenhängen her sehen, sodass ihre Bedeutung im Glaubensbekenntnis an Fülle gewinnt.

Wo und wie bin ICH von Religion(en) umgeben?

»Das Kino, könnte man sagen, ist eine Kirche, die viel gibt und wenig fordert, eine Kirche, die uns die Beichte in der unverfänglichsten Form abnimmt, die eine Gemeinschaft der Gläubigen schafft durch nichts als den gebannten Blick auf die Leinwand, die nicht nur für die Welt, sondern für das Universum gehalten wird. Eine Kirche, die stets vollständige Erklärungen der Welt, der Moral, der Sünde und der Erlösung liefert.«

Georg Seeßlen, Filmkritiker

»Wer weiß noch, dass die strafrechtliche Figur der unterlassenen Hilfeleistung (§ 323c StGB) sich der Beispielgeschichte Jesu vom barmherzigen Samariter (Lk 10,25-37) verdankt?«

Wolfgang Huber, evang. Bischof

ICH

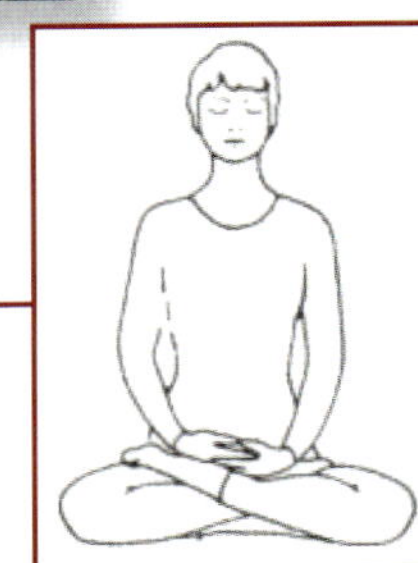

caritas

…

ICH stelle große, also religiöse Fragen

»Was sind religiöse Fragen – im Unterschied zu nicht-religiösen Fragen? Nicht-religiöse Fragen beziehen sich auf etwas in der Welt. Landläufig definiert man nun – im Gegenzug – religiöse Fragen als solche, die sich auf die Wirklichkeit jenseits der Welt beziehen (das Nicht-Weltliche, die Welt über/hinter dieser Welt, die andere Welt). Dies ist zumindest missverständlich, wenn dabei unterstellt würde, die Aussagen über die andere Welt wären ohne Bezug zu Aussagen über diese Welt. Daher ist genauer zu formulieren:

Religiöse Fragen beziehen sich nicht auf etwas in der Welt, sondern auf die Welt selbst. In ihnen ist nicht Einzelnes in der Welt fraglich, sondern die Welt selber und das In-der-Welt-Sein sind hier fraglich. Bei nicht-religiösen Fragen wird die fraglose Selbstverständlichkeit der Welt (und der Lebenswelt) vorausgesetzt. Religiöse Fragen dagegen gehen auf Distanz zur Welt insgesamt. Sie artikulieren Differenz zur Welt, um einen (neuen) Bezug zur Welt zu gewinnen. Aussagen über ein Jenseits der Welt, eine andere Welt, die Welt des ganz Anderen machen Sinn nur, wenn in ihnen diese Differenz, d. h. der Bezug zur Welt erkennbar mitgedacht wird; andernfalls bezögen sie sich auf eine Sonderwelt in der Welt.«

Henning Luther, Theologe

ICH bin Mensch

Annalies Klophaus, 1986

ICH wähle aus

»Die Formel ›Individualisierung der Religion‹ artikuliert einen realen Widerspruch. Religion ist nämlich zum einen das Gegenteil von Individualisierung, sie ist Bindung, Gedächtnis, kollektive Identität und Ritual, aus denen, profanisiert und naturalisiert, die Gesellschaftlichkeit ›gemacht‹ ist. Religion ist zweitens die Quelle von Individualisierung. Gehe und bete zu dem Gott deiner Wahl! Religion beruht auf der Glaubensentscheidung des Einzelnen und damit letztlich auch auf der Unterstellung der Freiheit des Individuums ... Entsprechend ist in historischer Langzeitperspektive zu unterscheiden zwischen Individualisierung Eins und Individualisierung Zwei: Individualisierung Eins meint Individualisierung in der Religion; Individualisierung Zwei meint Individualisierung von der Religion (›eigener Gott‹).«

Ulrich Beck, Soziologe

- ▶ Suchen Sie sich zwei oder mehr Elemente dieser Doppelseite aus, die Sie kommentieren und aufeinander beziehen.
- ▶ »Wo und wie bin ICH von Religion(en) umgeben?« Sie können z. B. am Computer eine eigene Grafik oder Präsentation zu diesem Befund erstellen. Achten Sie darauf, einen aussagekräftigen Religionsbegriff zu gebrauchen.
- ▶ Sie können die Szene, die in der Karikatur auf 92 gezeigt wird, in Partnerarbeit fortsetzen, indem Sie ein Gespräch zwischen dem Fragesteller und dem Schalterbeamten führen. Nutzen Sie die Elemente dieser Doppelseite als Hintergrund.
- ▶ »Was macht den Menschen zum Mensch?« Setzen Sie sich unter dieser Frage mit dem Bild von Annalies Klophaus (220 x 370 cm) auseinander und bringen Sie Ihre Gedanken in eine sprachlich kreative Form (z. B. Akrostichon, Elfchen, Sonett o. Ä.).

Glaube

»Glauben« ist eine Grundhaltung, die Menschen hilft, ihr Leben zu bewältigen. Die Besonderheit des religiösen Glaubens besteht in der inhaltlichen Ausrichtung auf einen spezifischen Gegenstand: Gott.

Glaube in moderner Gesellschaft

»Die moderne Wissensgesellschaft leidet an einer merkwürdigen Schizophrenie. Sie wird technologisch immer komplexer, ihr kumuliertes Wissen wird immer größer, der Einzelne aber braucht gerade deshalb immer mehr Glauben, um dem Wissen zu vertrauen. Schon bei den meisten Dingen des Alltagslebens, vom Auto über die Mikrowelle bis zum Handy, sind wir darauf angewiesen, dem Wissen anderer zu vertrauen und zu glauben. Bestenfalls werden wir zu gläubigen Mitwissern. Da jeder Einzelne nur Spezialist für ein Detail der Wissensgesellschaft sein kann, wächst mit der Komplexität auch das Maß an Glauben. Gegenwartsphilosophen sprechen darum auch von der Wissensgesellschaft als Glaubensgemeinschaft. Je mehr Wissen, desto mehr Glauben an das Wissen anderer. Das heißt: Gerade die durchrationalisierte Moderne erzwingt ein ständig wachsendes Maß an Glauben. Ich muss dem Supermarkt glauben, dass die Lebensmittel nicht giftig sind, ich muss dem Autobauer vertrauen, dass die Bremse wirklich bremst. Ich muss sogar der Rentenversicherung glauben, dass ich in fernen Jahrzehnten einmal Geld bekomme.«

Wolfram Weimer, Journalist

Religiöser Glaube

»Glaube ist ein Akt vernünftigen Vertrauens, das zwar keine strengen Beweise, aber gute Gründe hat. Wie ja doch auch ein Mensch, der nach manchen Zweifeln auf einen anderen Menschen sich in Liebe einlässt, genau besehen keine strengen Beweise für sein Vertrauen hat, wohl aber – wenn es sich nicht um eine fatale ›blinde Liebe‹ handelt – gute Gründe. Blinder Glaube aber kann ebenso verheerende Folgen haben wie blinde Liebe.
Insofern also ist des Menschen Glaube an Gott weder ein rationales Beweisen noch ein irrationales Fühlen noch ein dezisionistischer (= sich von sich selbst ableitender und begründender) Akt des Willens, sondern ein begründetes und in diesem Sinn eben vernünftiges Vertrauen. Dieses vernünftige Vertrauen, welches Denken, Fragen und Zweifeln einschließt und das zugleich Sache des Verstandes, des Willens und des Gemütes ist: dies heißt im biblischen Sinn ›Glauben‹. Kein bloßes Fürwahrhalten von Sätzen also, sondern ein Sicheinlassen des ganzen Menschen, und zwar nicht primär auf bestimmte Sätze, sondern auf die Wirklichkeit Gottes selbst.«

Hans Küng, Theologe

Lernender Glaube

»Glauben heißt Lernen, denn die Gottesbeziehung geht nicht spurlos am Menschen vorüber. Als permanente Zumutung an den Menschen, seine Situation zu transzendieren, sich selbst infrage zu stellen, offen zu sein für Gott als das Ziel und den Sinngrund seiner Selbstwerdung, auf den jede Situation hinbezogen ist, löst der Glaube einen Lernprozess aus bzw. geht in einen Lernprozess ein. Andererseits setzt Lernen als ein Sicheinlassen auf Neues das Vertrauen in die Sinnhaftigkeit dieses Lernens und damit des Lebens überhaupt voraus. Darum kann einer nur in dem Maß lernen, wie er Vertrauen hat. Insofern entspricht der Glaube als radikale Neuorientierung des Menschen (Umkehr, Buße) der umfassenden Vorgabe Gottes ›Ich bin dein Gott‹ und dem darin gründenden Vertrauen. Damit wird Glaube zur Motivation für lebenslanges Lernen.«

Hans-Jürgen Fraas, Theologe

... und Vernunft

Zum Verhältnis von Glaube und Vernunft gibt es viele Thesen. Hier werden einige Argumente vorgestellt, die deutlich machen wollen, dass Glaube nicht unvernünftig ist.

Grundlegende Überzeugungen

Eine Auflistung verschiedener religiös-gläubiger Überzeugungen könnte sehr schnell zeigen, dass es sich hierbei um grundlegende Überzeugungen handelt. Für solche Überzeugungen ist es typisch, dass sie den Rahmen meines Weltbilds darstellen. Dieses Weltbild ist gewissermaßen der Reim, den ich mir auf die Welt und ihre Phänomene mache. Es enthält daher nicht nur Existenzbehauptungen, die für mich selbstverständlich sind, sondern auch Werturteile und ethische Grundhaltungen; mein Weltbild ist so mit meinem Leben verbunden, dass es die Lebensformen prägt, die mich prägen. Die Ausprägung grundlegender Überzeugungen folgt nicht immer vernünftigen Maßstäben, sie hängt vielmehr von vielen Bedingungen und Lebenssituationen ab. Menschen haben allerdings die Chance, ihre Prägungen zu befragen und deren Vernunftanteile zu erhöhen. Grundlegende Überzeugungen sind also weder immer vernünftig noch durchgehend unvernünftig.

Vom Ende her

Die Eigenart religiöser Überzeugungen zeichnet sich durch einen Bezug zur Dimension des Unendlichen bzw. des Unbedingten aus. Dazu gehört der Gedanke, dass wir das Unendliche – Gott – erst am Ende der Zeit von Angesicht zu Angesicht schauen können, wenn und weil unsere irdische Pilgerfahrt beendet sein wird und alles, was uns an einer vollkommenen Gottesbegegnung gehindert haben mag, weggefegt sein wird. Solange wir jedoch auf unserer irdischen Pilgerfahrt noch unterwegs sind, sind wir auf das Deuten von Ereignissen angewiesen, wobei uns dabei klar vor Augen steht, dass wir, während wir »unterwegs« sind, keine Eindeutigkeit erzielen können. Wir können also erst vom Ende her, wenn es keine neuen Ereignisse mehr zu sichten und zu bewerten gilt, eine Deutungsperspektive verstetigen und eindeutig machen. Solange wir uns aber noch »mitten im Geschehen« befinden, bleibt die gewünschte Eindeutigkeit eine Utopie. Dies gilt im Grund auch überall dort, wo wir uns auf eine Ganzheit »einen Reim machen« müssen, obwohl wir das Ganze als Ganzes noch nicht zu Gesicht bekommen haben. Eine Ganzheit in den Blick zu nehmen, ist aber nicht schon deshalb unvernünftig, weil wir sie nicht ganz überschauen können.

Die Frage nach dem Vernunftbegriff

Ein anderes Problem berührt den Vernunftbegriff. Es ist nämlich gar nicht so klar, was »vernünftige Begründung« genau bedeutet. In religiösen Dingen eine Person für vernünftig zu halten, meint, dass diese Person ihre religiösen Überzeugungen »guten Gewissens« vertritt und vertreten kann. Wer guten Gewissens an seinen religiösen Überzeugungen festhält, der kann nicht an etwas in sich Widersprüchliches glauben, das sich mit der Vernünftigkeit seiner Bildung und Lebenspraxis nicht verträgt. Jemand kann guten Gewissens an seinen religiösen Überzeugungen festhalten, wenn er andererseits vor dem Vorhandensein alternativer religiöser Weltbilder nicht die Augen verschließt, sondern versucht, sich einen Reim darauf zu machen, wie und wieso es zu den Unterschieden und zu den Gemeinsamkeiten in Hinsicht auf diese Weltbilder kommen konnte und von welcher Warte aus er sich überhaupt ein Urteil über diese Weltbilder erlauben darf. Und wer guten Gewissens an seinen religiösen Überzeugungen festhält, muss in der Lage sein zu zeigen, wo und wie diese Überzeugungen sein Leben prägen und wie sie sich im Leben als fruchtbar erweisen. Er kann deutlich machen, auf welche existenziellen Fragen sie eine Antwort zu geben versuchen, wie sie das Unbedingte im vernünftigen, bewussten Leben vergegenwärtigen und ob die Instanzen, von denen der Erwerb bestimmter Überzeugungen abhängt, ihrerseits vertrauenswürdig sind.

Nach Thomas Schärtl, Philosoph

- ▶ Stellen Sie Gemeinsamkeiten und Unterschiede von Glauben als allgemeinem Phänomen einerseits und religiösem Glauben andererseits in einer Übersicht zusammen.
- ▶ Notieren Sie die Grundaussagen der hier versammelten Texte, um die Frage nach dem Verhältnis von religiösem Glauben und Vernunft diskutieren zu können.
- ▶ Schreiben Sie unter Berücksichtigung dieser Doppelseite eine kleine Abhandlung zu einer der beiden Thesen: 1. Glauben heißt Nicht-Wissen. 2. Ich glaube nur, was ich sehe.

Wer bist du, Gott?

Mit der Frage, ob es einen Gott gibt und, wenn ja, wer dieser Gott ist, beschäftigt sich vermutlich jeder Mensch irgendwann im Laufe seines Lebens. Auf Fragen wie »Woher komme ich?«, »Wohin gehe ich?«, »Woher kommt die Welt?«, »Wozu bin ich auf der Welt?« antwortet der biblisch-christliche Glaube mit Gott, der als Schöpfer der Welt und den Menschen Existenz verliehen hat. Die Frage »Wer bist du, Gott?« zieht aber oft noch weitere Fragen nach sich:

- Warum lässt Gott Leid, Böses und Übel zu?
- Begleitet mich Gott in meinem Leben?
- Warum sollen wir überhaupt an Gott glauben?
- Hört Gott, wenn wir beten?
- Was war am Anfang?
- Ist Gott eine Frau oder ein Mann?
- Wie kann ich Gott erfahren?

Neben den spezifisch christlichen Antworten gibt es zahlreiche andere Traditionen und Mythen aus verschiedenen Kulturen und Religionen, welche über die Ursprünge von Welt und Menschen handeln. Daran wird ersichtlich, dass die Fragen nach den Ursprüngen des Lebens schon immer von großer Bedeutung und hohem Interesse waren und allen Menschen aufgrund ihrer Vernunft zu eigen sind. Schon mehrfach waren verschiedene Gesichtspunkte von Gott und Welt Thema des Religionsunterrichts. Auf dieser und den folgenden Doppelseiten werden die Formulierungen des Glaubensbekenntnisses über Gott in den drei »Personen« thematisiert. Diese Bekenntnisaussagen stellen in gewisser Weise eine Zusammenschau und Komprimierung dessen dar, was durch Bibel und Tradition zum Fundament des christlichen Glaubens geworden ist.

Gott in den Zeugnissen der Bibel

Jüdisches und christliches Reden von Gott orientiert sich nicht nur an der je persönlichen Erfahrung oder Vorstellungskraft, sondern auch und maßgeblich an den Gotteswahrnehmungen, die als Dokumente einer Glaubensgemeinschaft in der Bibel aufbewahrt sind. In ihnen lässt sich aufzeigen, dass sich das »Bild« von Gott im Lauf der Geschichte aufgrund von Erfahrungen ausgeprägt und immer wieder weiterentwickelt hat. In die Darstellungen der biblischen Schriftsteller haben auch deren Deutungen der Gottesbeziehungen Eingang gefunden, sodass heutige Leserinnen und Leser den Gott der Bibel vermittelt durch die und in den biblischen Glaubenszeugnissen entdecken können.

Wer bist du für mich?
• Retter • Zuflucht • Hirte • Herr • Befreier • Erlöser • Schöpfer • Allmächtiger • Feuer • Anfang und Ende • Fremder • Licht • Fels • Mutter • Vater • Wegbegleiter • Heiliger • Gott mit uns • Barmherziger • der du fern bist • Fürst des Friedens • Unbekannter im Himmel • Kraft • Liebe

Denn du bist groß und tust Wunder; du allein bist Gott. Ps 86,10

Gott ist uns Zuflucht und Stärke,
ein bewährter Helfer in allen Nöten. Ps 46,2

Abba, Vater, alles ist dir möglich. Nimm diesen Kelch von mir! Aber nicht, was ich will, sondern was du willst, soll geschehen. Mk 14,36

Das Apostolikum nimmt drei grundlegend bezeichnende Erfahrungen bzw. Eigenschaften Gottes heraus, die auf den folgenden drei Seiten näher betrachtet werden: Schöpfer – Allmächtiger – Vater.

- ► Setzen Sie die obige Liste der Fragen fort, die Ihnen im Zusammenhang mit dem Gottesglauben kommen. Sammeln Sie Gründe, warum diese Fragen immer wieder neu gestellt werden können.
- ► Im Kasten oben sind Eigenschaften bzw. Titel Gottes abgedruckt. Welcher Aussage stimmen Sie zu und welche trifft in keiner Weise Ihre Vorstellung von Gott? Begründen Sie Ihre Auswahl.
- ► Neben Namen gibt es auch Darstellungen von Gott. Beschreiben Sie das Bild (97) und vergleichen Sie es mit Ihrem eigenen Bild von Gott.
- ► Recherchieren Sie Gottesbezeichnungen aus anderen Religionen, z. B. aus dem Islam. Vergewissern Sie sich über Gemeinsamkeiten und Unterschiede.

Der Schöpfer

Wie sind Welt und Mensch entstanden?

Miniatur aus der Kölner Bibel, 1478, koloriert und gedruckt von Anton Koberger, 1483

Diese Fragen beantwortet die Bibel auf ihren ersten Seiten im Buch Genesis. Die Schöpfungsmythen gehören zu den bedeutenden Erzählungen der Menschheitsgeschichte und haben das Weltbild von Judentum, Christentum und Islam zutiefst geprägt. Die Antwort auf die Fragen besteht in einer entschieden positiven Sicht der Welt, in einer klaren Absage an eine letzte Sinnlosigkeit – obwohl alles irdische Leben nicht ewig ist, sondern endlich, aber deshalb noch lange nicht hoffnungslos sein muss, sondern sinnvoll ist. Die Voraussetzung dieser Antworten liegt im Glauben daran, dass die Welt Schöpfung ist. Sie ist Gottes Werk und verdankt sich ihm. Der Mensch ist als Geschöpf und Ebenbild Gottes geschaffen, als Mann und Frau, unabhängig von Alter, Gesundheit, Bildung. Der biblische Glaube ist zutiefst davon überzeugt, dass Gott der Welt und den Menschen zugewandt ist und bleibt; davon erzählen die Bücher im Alten und Neuen Testament. Gott offenbart sich in seiner Schöpfung, er erhält und trägt sie. In Jesus Christus ist das Wort Gottes Fleisch geworden (Joh 1,14); Gott teilt sich den Menschen endgültig mit, indem er mitten unter ihnen ist und ihnen den Sinn der Schrift erschließt (vgl. Lk 24,32). Die Menschen, von deren Glauben die Bibel spricht, sind dabei immer Antwortende auf Gottes Wort, auf seine Selbstmitteilung. Die Schöpfung ist aufs Engste verbunden mit der Offenbarung des Gottesnamens JHWH (hebr. = »Ich bin der ›Ich-bin-da‹«) und der Verwirklichung des Bundes, den Gott mit seinem Volk geschlossen hat und in Jesus Christus erneuert hat. Nach der Schöpfung überlässt Gott seine Geschöpfe nicht sich selbst, sondern er gibt den Menschen die Möglichkeit, in Freiheit und Verantwortung an der Vollendung mitzuwirken. Das Credo stellt Gott als den Schöpfer des Himmels und der Erde, als Urgrund des Lebens und des Glaubens an den Anfang des Bekenntnisses.

- Zeigen Sie nach der Lektüre des Textes auf, inwiefern der Glaube an einen Schöpfergott auch das Verhältnis der Menschen untereinander und mit ihrer Mit- und Umwelt beeinflusst.
- Vergleichen Sie das christliche Bild vom Schöpfergott mit Schöpfergottheiten anderer Religionen, indem Sie auf Ihr Wissen aus vergangenen Jahren zurückgreifen, und stellen Sie Unterschiede heraus. Gehen Sie dabei auch auf das oben abgedruckte Kunstwerk mit ein.
- Gerade der Glaube an einen Schöpfer wird im Zeitalter der Naturwissenschaften immer wieder infrage gestellt oder abgelehnt. Legen Sie mit einer Methode Ihrer Wahl ausschließlich wissenschaftsorientierten Zeitgenossen dar, dass der Glaube an einen Schöpfergott und die wachsende Erkenntnis in den Naturwissenschaften vereinbar sind, und greifen Sie dazu auf Ihr Wissen aus den letzten Jahren zurück.

Der Allmächtige

Im Alten Testament findet sich dort, wo in der deutschen Übersetzung »der Allmächtige« steht, der alte Gottesname *(el) schaddaj*, dessen ursprüngliche Bedeutung nicht mehr erklärbar ist. Bei der Übertragung der hebräischen Bibel ins Griechische suchten die Übersetzer nach einem treffenden Wort für diesen Gottesnamen und wählten *Pantokrator* (griech. = »Allmächtiger«, »Allerhalter«). Bei der späteren Übersetzung des griechischen Textes ins Lateinische wurde *Pantokrator* mit *Deus omnipotens*, der Allmächtige, wiedergegeben. Seine (All-)Macht zeigt der Gott der Bibel, indem er aus Chaos Ordnung schafft und immer wieder neues Leben schenkt; sie ist Ausdruck seiner Liebe und Fürsorge für die Menschen. All dies schwingt im Credo mit.

Nach den Erfahrungen der jüngeren Geschichte und aufgrund von gegenwärtigen Ereignissen fällt es vielen Menschen schwer, von einem allmächtigen Gott zu sprechen. Oft ist das Leid, das sie erleben oder mitansehen mussten, zu groß – der Allmächtige hätte eingreifen müssen ... Deshalb versuchen Menschen mit solchen Erfahrungen, andere Attribute für Gott zu finden. Auch das Schweigen Gottes zählt zu den eher »dunklen Seiten« Gottes. Menschen sehnen sich danach, Gott zu spüren, ihn zu hören, seine Nähe zu erleben – und bleiben doch ohne Antwort. »Meine Seele dürstet nach Gott ... Warum hast du mich vergessen?«, betet ein Mensch voll Sehnsucht (Ps 42,3a.10b). Jesus selbst scheint bei seinem Sterben am Kreuz Gott als unendlich fern zu erleben, wenn er schreit: »Mein Gott, mein Gott, warum hast du mich verlassen?« (Ps 22,2a). Aber diese Gottesferne behält trotz aller Ausweglosigkeit nicht das letzte Wort. Der Psalmist endet in 42,12 voll Zuversicht: »Meine Seele, warum bist du betrübt und bist so unruhig in mir? Harre auf Gott; denn ich werde ihm noch danken, meinem Gott und Retter, auf den ich schaue.«

Ich glaube an Gott, den Allmächtigen
der Macht hat zu allem
der alles kann was er will
und – warum denn nicht tut was er kann?
Ich glaube an dich
den *ohnmächtigen* Gott
der du nicht alles willst was du kannst
und nicht alles tust worum wir dich bitten
weil du dich *gebunden* hast
an die Liebe und an die Wahrheit
und an die Freiheit
die du verschenkt hast ...

Ich glaube an deine Ohnmacht
auch gegenüber allem Leid
das durch die Freiheit hervorgebracht wird
durch die Freiheit
die du
uns Menschen gegeben hast ...

Ich glaube an dich
den *mit-leidenden (sym-pathischen!)* Gott
den ich anschreien darf –
gemeinsam mit allen
die schreien und deren Schrei in der Qual erstickt:
»Mein Gott, warum?«
... und bin bereit
mit der bedrängenden Frage
nach dem Warum und Wofür
nach dem Sinn all des
unsagbaren Leids
zu warten
auf deine Antwort zu warten
bis du
einst antworten wirst vor dem Gericht der Gequälten
ich setze – dennoch! –
auf deine *All-Macht der Liebe*
und dass du weißt was du tust ...

Ich glaube an dich den Allmächtigen
wie die Bibel deine Allmacht versteht:
dass kein »Gott« neben dir Macht hat über das All
Ich glaube an dich
den all-mächtigen Vater

Reinhard Körner

- ► Konkretisieren Sie Erfahrungen von Menschen in Vergangenheit und Gegenwart, welche die Allmacht Gottes infrage stellen könnten.
- ► Analysieren Sie, wie das oben abgedruckte Glaubensbekenntnis die Theodizee-Frage und die Allmacht Gottes zusammenzudenken versucht.
- ► Erklären Sie in eigenen Worten einem fragenden Mitmenschen die Allmacht Gottes.

Der Vater

Gott ist Vater und Mutter und offenbart sich endgültig im Sohn

René Magritte, 1962

In vielen Religionen wird Gott als Vater angerufen. Johannes Paul I. (1912-1978), der nur 33 Tage als Papst regierte, sagte in einem Gebet: »Gott ist Vater, und mehr noch, er ist uns auch Mutter.« Auch die Bibel bezeugt einen Gott, der nicht nur männliche, sondern auch weibliche Züge trägt. So zeigen viele biblische Texte, dass Gott dem Menschen wie ein barmherziger Vater (vgl. Lk 15,11ff.) oder wie eine liebende Mutter (vgl. Jes 66,13; Ps 131,2) begegnet. Darin kommt zum Ausdruck, dass die Liebe und Güte dieses Gottes vergleichbar dem Wesen eines Vaters, einer Mutter ist. »Gott übersteigt die Geschlechter und die männlich-weiblichen Bestimmungen. Dennoch gründen sie in Gott, und wenn Gott sich offenbart, bedient er sich dieser Kategorien ... Gott kann sich als Vater wie auch als Mutter zu erkennen geben, obwohl er beide transzendiert, denn er wohnt ja in einem unzugänglichen Licht« (Leonardo Boff).
Die Sprache des Glaubens baut auf die menschlichen Erfahrungen mit den Eltern auf. Freilich darf Gott nicht auf diese Erfahrungen mit irdischen Eltern reduziert werden, sondern er geht über die menschliche Vater- und Mutterschaft hinaus. In Jesus Christus hat sich dieser Gott endgültig geoffenbart und als wahre Liebe erwiesen (vgl. 1 Joh 4,8.16). Jesus selbst wusste sich nach dem Zeugnis aller Evangelien in einer einmaligen Gemeinschaft mit »seinem Vater« (Mt 11,27; Mk 14,36). Der Prolog des Johannes-Evangeliums formuliert die »Exklusivität« dieser Beziehung: »Niemand hat Gott je gesehen. Der Einzige, der Gott ist und am Herzen des Vaters ruht, hat Kunde gebracht« (Joh 1,18). Und Paulus formuliert in 2 Kor 5,19: »Gott war in Christus, als er durch ihn die Welt mit sich versöhnte.« Göttliche Liebe verkörpert sich gewissermaßen im Sohn. Trotz aller Nähe und Intimität bleibt Gott der »Vater im Himmel«, d. h., er bleibt letztlich ein unverfügbares Geheimnis. Durch Jesus können die Menschen Gott, den Vater, aber mit einem menschlichen Angesicht erkennen. Gott selbst ist es, der in seinem Sohn Beziehung zur Welt aufnimmt, sodass mit Jesus Gott als »Abba, Vater« (Mt 6,9 par Lk 11,2) angeredet werden kann.

- Betrachten und beschreiben Sie das oben abgedruckte Bild hinsichtlich einer möglichen Gottesaussage.
- Erläutern Sie, inwiefern die Rede von Gott als Vater mit der Sendung Jesu als Sohn Gottes in untrennbarem Zusammenhang steht. Welche konkreten Aussagen zum Leben als Christen in der Welt von heute lassen sich daraus ableiten?

Jesus Christus – wahrer Gott und wahrer Mensch

Aussagen des Neuen Testaments

Ostern hat die Erinnerung an Jesus von Nazaret entscheidend geprägt. Dieser Mensch war »der Erstgeborene der Toten; so hat er in allem den Vorrang« (Kol 1,18). Der Glaube an die Auferweckung Jesu verdichtet sich zunächst in kurzen Formeln und Bekenntnissen (90) und entfaltet sich später in den Überlieferungen der Taten und Worte Jesu. In Jesus selbst zeigt sich, wie Menschen nach Gottes Willen leben; in ihm verkörpert sich gleichsam Gottes Wort. Dieses »Wort war bei Gott, und das Wort war Gott« (Joh 1,1). Und dieses »Wort ist Fleisch geworden« (»Inkarnation«, Joh 1,14). Am »Menschensohn« lässt sich ablesen, wie Gott ist. Die Beziehung wird folgerichtig mit dem biblischen Begriff »Sohn Gottes« bezeichnet. Vom Glauben an den Mensch gewordenen Gott erzählen u. a. die Kindheitsevangelien (Mt 1,18-25 und Lk 1,15.26-38). Das Apostolikum fasst diesen Glauben so zusammen: »empfangen durch den Heiligen Geist, geboren von der Jungfrau Maria«.

Das Ringen der antiken Konzilien

Die Christen in der Antike mussten in ihren Überlegungen noch weit über die Erzählungen und Reflexionen der Evangelisten und ersten christlichen Theologen hinausgehen, denn sie hatten sich intensiv mit der philosophischen Frage auseinanderzusetzen, wie man sich das Verhältnis zwischen Gott und Mensch bei Jesus Christus genauer vorstellen sollte. Zur Diskussion standen verschiedene theologische Modelle der Zu- oder Unterordnung Jesu Christi zu oder unter Gott, den Vater (Christologie*, Trinität*). Dass dabei die Menschennatur Jesu Gott nicht gleichgesetzt werden konnte, war unbestritten. Doch wie sollte man seine Göttlichkeit verstehen? Die einen meinten, dass es neben dem allumfassenden Gott (von Anfang an) ein zweites Gott-Wesen, einen göttlichen Logos, gegeben habe, der in Jesus Mensch geworden sei. Andere behaupteten, Jesus sei zunächst Geschöpf Gottes wie jede andere Kreatur, sei aber von Gott gleichsam als Sohn adoptiert worden.

Das 325 einberufene **Konzil von Nizäa** (heute: Iznik, Türkei) entschied die zentrale Frage der Christologie. Beschlossen wurde vom Konzil der verbindliche Glaubenssatz (Dogma), Jesus Christus sei eines Wesens mit dem Vater, also wirklich Gott. Auf späteren Konzilien kam es zu weiteren Differenzierungen, die aber ohne die entsprechenden Kenntnisse etwa der neuplatonischen Philosophie nur schwer nachvollziehbar sind.

Das **Konzil von Konstantinopel** (heute: Istanbul, Türkei) hat 381 die Aussagen über Vater und Sohn auch auf den Heiligen Geist bezogen. Im Dogma wird zwischen einem göttlichen Wesen in drei Personen unterschieden. Damit ist die Lehre von der Dreieinigkeit (Trinität) Gottes grundgelegt. Das Nicäno-Konstantinopolitanische Glaubensbekenntnis formuliert diese Aussage über Jesus: »aus dem Vater geboren vor aller Zeit: ... wahrer Gott vom wahren Gott ... eines Wesens mit dem Vater«.

Das **Konzil von Chalzedon** (antike Stadt am kleinasiatischen Ufer des Bosporus gegenüber von Konstantinopel, heute: Teil von Istanbul) griff 451 die Streitfrage auf, wie göttliche und menschliche Natur in Jesus Christus verbunden sein können. Die Theologen der Kirchenprovinz Alexandria vertraten engagiert den Vorrang der Gottheit Christi, diejenigen der Provinz Antiochia (heute: Antakya, Türkei) betonten dagegen seine Menschheit. Das Dogma spricht im bewusst gewählten Paradox davon, dass göttliche und menschliche Natur »unvermischt und unverwandelt, ungetrennt und ungeteilt« in der Person Jesu Christi vorliegen.

Die antiken Christen erklärten zwar nicht, wie man sich die Einheit von Gott- und Menschsein Jesu vorstellen könne, sie bleibe letztlich ein Geheimnis Gottes. Bleibend betonten sie aber:

- Menschsein und Gottheit Jesu können nicht gegeneinander ausgespielt werden.
- Der christliche Glaube ist eine monotheistische Religion. Schöpfung und Geschichte können auf das Handeln eines einzigen Gottes zurückgeführt werden.

- ▶ Fassen Sie den Text über die neutestamentlichen Aussagen in seinen wesentlichen Punkten zusammen.
- ▶ Geben Sie die Glaubensaussagen der antiken Konzilien mit eigenen Worten wieder. Erklären Sie, in welchen Zusammenhängen Ihnen der Personbegriff schon begegnet ist (Religion vernetzt 11, S. 90) und wie die unterschiedlichen Begriffe zusammenhängen.
- ▶ Diskutieren Sie, wie man die Aussagen des Neuen Testaments oder der antiken Konzilien heutigen Menschen verständlich machen kann. Suchen Sie nach Verständnishilfen.
- ▶ Begründen Sie, warum es auch heute theologisch richtig ist, sowohl an der Gottessohnschaft als auch am Menschsein Jesu festzuhalten.

Christologie von unten

Mathis Grünewald, 1506-1515

In den folgenden Jahrhunderten der Kirchengeschichte bleiben abstrakte Reflexionen auf die metaphysischen Bedingungen einer »Abstiegschristologie« bestimmend, welche den »Abstieg« Gottes in die Welt zu ihrem Angelpunkt macht. Eine neuere Christologie beschreitet im 20. Jahrhundert dagegen einen Weg »von unten«; die Schlüsselfrage lautet jetzt: Welche Spuren des Göttlichen lassen sich im Wirken Jesu entdecken? Wie wird in seinen Vorstellungen vom Reich Gottes, in seinen Begegnungen mit Leidenden und in seiner Leidensgeschichte deutlich, wie Gott handelt? Das theologische Nachdenken setzt also stärker beim Menschen Jesus an. Es beschreibt und bedenkt die vollständige Lebensgeschichte und das ganze Geschick Jesu bis zu seinem Kreuzestod und seiner Auferweckung. Dass Gott selbst als Mensch auf Erden gesprochen, gehandelt, gelebt und gelitten hat und dass jeder Mensch von ihm angenommen wird, wird jetzt als eine unmittelbare Folge der Menschwerdung Gottes verstanden. Man darf die Inkarnation Jesu also nicht auf das einmalige Geschehen seiner Geburt einengen und so tun, als ob mit dem Faktum der Geburt die Annahme der menschlichen Natur durch den Gottessohn Jesus abgeschlossen sei. Inkarnation geschieht vielmehr in der ganzen Lebensgeschichte Jesu bis hin zu seiner Auferweckung.

Die Auferweckung Jesu

Der gewaltsame Tod Jesu erschütterte seine Anhänger zunächst so sehr, dass sie nach Galiläa – in ihr altes Leben – zurückkehrten. Erst Frauen und dann die Apostel machten in der Begegnung mit dem von Gott von den Toten Auferweckten die Erfahrung, dass Jesus über seinen Tod hinaus gegenwärtig und wirksam ist. Es verbreitete sich unter ihnen rasch die Gewissheit, dass ihr Vertrauen in Jesus und seine Überzeugungen nicht sinnlos gewesen waren. Was Jesus gesagt und wie er gehandelt hat, war nicht durch seinen Tod vernichtet worden. In ihrem Glauben an die Auferweckung formulierten sie, dass Jesus in veränderter Weise lebendig ist und bleibt. Und in diesem Glauben wagten sie selbst ein »neues« Leben.

- ▶ Verbinden Sie die tradierten Glaubensaussagen über das Gott- und Menschsein Jesu mit der »Christologie von unten«.
- ▶ Interpretieren Sie das Bild von Mathis Grünewald. Achten Sie dabei besonders auf die Körperhaltung Jesu. Benennen Sie Hinweise im Bild auf den wahren Menschen und den wahren Gott.
- ▶ Wiederholen Sie Ihr Wissen über die beiden Begriffe »Inkarnation« und »Auferweckung/Auferstehung«. Erläutern Sie mit eigenen Worten, welcher Zusammenhang zwischen ihnen besteht.

Was Jesus bedeutet

Jesus – das Ursakrament

Das ganze Leben von Jesus Christus, seine Taten und seine Worte, sein Tod und seine Auferstehung, können als Zeichen für das mit ihm angebrochene Reich Gottes verstanden werden. An diesem Zeichen, mit Jesus, hat sich die Herrschaft Gottes bereits durchgesetzt. In der Kirche verdichtet und konkretisiert sich die Erinnerung an die Heilstaten Jesu Christi in den Sakramenten, besonders in der Feier der Eucharistie. Auf sinnenfällige Weise wird in den Sakramenten zum Ausdruck gebracht, dass Christen an wichtigen Punkten ihres Lebens ebenso wie im Alltag an der Leben spendenden Kraft Gottes teilhaben können: Die Sakramente gestalten gleichsam die Wirklichkeit nach den Regeln des Reiches Gottes. In diesem Sinne ist Jesus das Ursakrament, weil in ihm die Zuwendung Gottes zum Menschen unüberbietbar greifbar geworden ist.

Am Abend, an dem er ausgeliefert wurde und sich aus freiem Willen dem Leiden unterwarf, nahm er das Brot und sagte Dank, brach es, reichte es seinen Jüngern und sprach: Nehmet und esset alle davon. Das ist mein Leib, der für euch hingegeben wird. Ebenso nahm er nach dem Mahl den Kelch, dankte wiederum, reichte ihn seinen Jüngern und sprach: Nehmet und trinket alle daraus. Das ist der Kelch des neuen und ewigen Bundes, mein Blut, das für euch und für alle vergossen wird zur Vergebung der Sünden. Tut dies zu meinem Gedächtnis.
Geheimnis des Glaubens.
Deinen Tod, o Herr, verkünden wir und deine Auferstehung preisen wir, bis du kommst in Herrlichkeit.

Aus dem eucharistischen Hochgebet
(nach Mt 26,26-28; 1 Kor 11,23b-26)

Erinnern wir uns,
was dieser Jesus in unsrer Mitte war und ist und sein wird.
Er kam: das Wort des Vaters, wurde Mensch wie wir, die Sünde ausgenommen.
Er lebte verborgen inmitten der Menschen bis zu seinem dreißigsten Jahr.
Dann stand er auf und redete vom Reich Gottes, dass die Liebe alles in allem sei.
Er heilte und tröstete, spendete Brot und erweckte Tote.
Er gab ein Beispiel des Dienens, litt und starb am Kreuze.
Er erstand von den Toten und machte gewiss, dass der Tod nicht das Ende sei.
Die Liebe ist stärker als der Tod, die Gerechtigkeit siegt über den Hass, der Friede über den Streit.
Er ist beim Vater und der Geist beider macht uns zu seinen Jüngern, bis er wiederkommt.
Und um diesen Geist bitten wir für die kommenden Tage, für unser Leben, für die Zukunft der Welt.

Alois Albrecht

Kirche – das Grundsakrament

Durch alle seine Worte und Taten, aber vor allem durch seinen Tod und seine Auferstehung hat Jesus die Welt erlöst und ist damit für alle Christen zum Ursakrament, also zum Urbild eines Heilszeichens, geworden. Weil und insofern die Kirche Jesu Erlösungswerk in ihren Worten und Taten fortsetzt, wird sie für ihre Mitglieder zum Grundsakrament und damit zum Vorbild für alle Einzelsakramente. Die Kirche heute betont ganz im Sinne Jesu ihre dienende Funktion in vier Grundvollzügen: Im Verkünden der biblischen Botschaft (Martyria), in ihren Gottesdiensten (Liturgia) und in der tätigen Nächstenliebe (Diakonia) bewegt sich diese Gemeinschaft (Koinonia) im gemeinsamen Leben und Feiern aller Christen auf den größeren Horizont der Herrschaft Gottes zu.

- ▶ Verdeutlichen Sie sich anhand von Beispielen aus dem Alltag der Kirche, was es bedeutet, wenn Jesus als das Ursakrament bezeichnet und von der sakramentalen Grundstruktur der Kirche geredet wird.
- ▶ Arbeiten Sie zentrale Aussagen aus dem Erinnerungstext von A. Albrecht über Jesus heraus. Verhelfen Sie in einem (fiktiven) Dialog Jugendlichen, welche die auf 103 erwähnten Einstellungen haben, zu einem fundierteren Jesusbild.

Jesus und die Sakramente

Die Sakramente der Kirche werden auf unterschiedliche Weise auf das Ursakrament Jesus Christus zurückgeführt. Durch die Taufe werden Christen in die Gemeinschaft der Kirche Jesu Christi aufgenommen und betreten gleichsam den Herrschaftsbereich Gottes. Gott allein soll ihr Herr sein, sie sind befreit von der Macht der Sünde und des Bösen. Die Eucharistie vergegenwärtigt als Erinnerungs- und Liebesmahl das letzte Mahl, das Jesus vor seinem Tod mit seinen Jüngern feierte und bei dem er in Brot und Wein sein Leben für das Heil der Menschen hingab. Auf die Eucharistie sind die anderen Sakramente hingeordnet, die mit existenziell entscheidenden Situationen im Leben eines Menschen in Verbindung gebracht werden können und darin einen Bezug zu Jesus herstellen: In der Feier der Versöhnung erfahren Menschen die befreiende und verzeihende Güte Gottes, die Jesus auch den Menschen seiner Zeit zugesprochen hatte. In der Firmung werden Christen durch die Zusage eines göttlichen Beistands, des Heiligen Geistes, gestärkt. In der Eheschließung, dem Symbol des Bundes, den Gott immer neu mit seinem Volk schließt, spenden sich zwei Menschen das Sakrament der Liebe, die in Jesus allen Menschen begegnet ist. Das Sakrament der Weihe verleiht geeigneten Männern die Vollmacht, im Auftrag Jesu Sakramente zu spenden. In der Krankensalbung erfahren Menschen mit Gebrechen die heilende und aufrichtende Zuwendung Gottes, analog zu den Krankenheilungen und Dämonenaustreibungen Jesu. In allen Sakramenten erinnert sich die Kirche also an die Taten Jesu und vergegenwärtigt sein Heilswirken.

Wer ist Jesus für Sie?

Die Frage, was Jesus für einen selbst bedeutet, beschäftigt Christen auch heute. Dass eine Antwort auf diese Frage nicht so einfach ist, belegt eine Befragung von 400 Schülerinnen und Schülern elfter Klassen durch den Religionspädagogen Tobias Ziegler. Er fragte die Jugendlichen im Jahr 2002, welche Bedeutung Jesus für sie hätte. Nach der Auswertung lassen sich fünf Grundhaltungen zu Jesus Christus beschreiben:

- Kritiklos-indifferent (15%): Sie haben entweder keinerlei kritische Fragen oder Zweifel; oder aber sie vertreten eine ablehnende oder in der Schwebe bleibende Position.
- Kritisch-ablehnend (24%): Sie lehnen mit Verweis z. B. auf die Irrelevanz von Religion für die Bewältigung des Alltags Jesus ab; oder aber sie haben ihr ursprüngliches Einverständnis aufgrund der kritischen Auseinandersetzung mit den Vorstellungen des eigenen Kinderglaubens verloren.
- Zweifelnd-unsicher (17%): Sie schwanken zwischen Ablehnung und Zustimmung. Sie äußern zum Teil ein Glauben-Wollen, aber Nicht-(mehr-) Können oder halten an einem Irgendwie-Glauben fest, in dem Jesus trotz mancher Zweifel noch eine Funktion hat.
- Kritisch-aufgeschlossen (20%): Sie bekennen sich einerseits zu einer persönlichen Bedeutsamkeit Jesu; gleichzeitig aber hinterfragen oder verneinen sie die Geltung bestimmter Aussagen kritisch.
- Kritiklos-zustimmend (24%): Bei ihnen bleiben das über Jesus Gesagte und insbesondere auch die dabei geäußerten Aussagen ohne Abstriche stehen.

Und was hätten Sie auf die Frage geantwortet?

- ▶ Erklären Sie einem interessierten Nichtchristen, inwiefern die Sakramente mit existenziell entscheidenden Situationen in Verbindung gebracht werden können und zugleich auf Jesus zurückgehen. Stellen Sie einen Zusammenhang her.
- ▶ Entwickeln Sie ein Mindmap, in das Sie die Aussagen der Jugendlichen aus der Untersuchung von Ziegler einarbeiten. Finden sich hier wenigstens noch bruchstückhafte Aussagen zum Menschsein und zur Gottheit Jesu?
- ▶ Das Credo enthält eine »biografische Lücke«: Formulieren Sie einen Abschnitt, in dem Sie die Jesusdarstellung auf 100 - 103 als Antwort auf die Aussagen der Jugendlichen auf dieser Seite verwenden und Ihren Glauben an Jesus Christus zeitgemäß in eigene Worte fassen.

Heiliger Geist – wer bist du?

Den Heiligen Geist, die dritte trinitarische Person, zu erklären, ist nicht einfach. Als eigene Größe tritt er in den Vordergrund des Glaubens, als Jesus nicht mehr leibhaftig greifbar war, aber seine Anwesenheit spürbar blieb im Kreis derer, die in seinem Geist weiterlebten und -wirkten. Ihnen hatte Jesus das Kommen des Geistes als Beistand (Joh 16,7) zugesagt. Im 4. Jahrhundert wurde die Frage nach der Eigenständigkeit des Heiligen Geistes auf dem Konzil von Konstantinopel (381) erörtert: Manche meinten, er sei ein dem Sohn untergeordneter Diener, eine Art Engelwesen. Die griechischen Kirchenväter Basilius, Gregor von Nazianz und Gregor von Nyssa wendeten dagegen ein: Wenn der Heilige Geist nicht göttlichen Wesens ist wie der Vater und der Sohn, dann kann er uns auch nicht die Gemeinschaft mit Gott und die Teilhabe am Leben Gottes schenken.
Dieser Glaube kommt im Konzilstext, dem sogenannten »Großen Glaubensbekenntnis« (Nizäno-Konstantinopolitanum), zum Ausdruck:

> **»Wir glauben an den Heiligen Geist,**
> **der Herr ist und lebendig macht,**
> **der aus dem Vater und dem Sohn hervorgeht,**
> **der mit dem Vater und dem Sohn angebetet**
> **und verherrlicht wird.«**

Ursprünglich meint Geist im biblischen Sprachgebrauch *ruach* (hebr.)/*pneuma* (griech.)/*spiritus* (lat.) Wind, Luft, Sturm, Atem als Zeichen des Lebens. Gottes Geist ist es, der Neues schafft. Diese endzeitliche Erneuerung sieht das Neue Testament im Auftreten und Wirken Jesu Christi gekommen. Jesus besitzt den Geist Gottes in ungemessener Fülle: Als Auferstandener ist er deshalb Quelle des göttlichen Geistes; er schenkt ihn als Gabe den Aposteln, er sendet ihn an Pfingsten seiner Kirche (Apg 2,32f.); jedem Christen wird im Sakrament der Firmung die Sendung des Heiligen Geistes in besonderer Weise zugesagt.
Der Wirklichkeit und Wirkung des Geistes Gottes kann man sich annähern über eine Beschäftigung mit biblischen Erzählungen, in denen vom Geist Gottes die Rede ist; in Biografien und Texten von Mystikern wird deutlich, was geistbegabte Menschen wahrnehmen, empfinden und denken. In meditativen Übungen, Ritualen und Gebeten kann der Betende zudem »begreifen«, dass die erfahrbare Wirklichkeit geistdurchdrungen ist. Dem modernen und postmodernen Menschen, für den Gott in den Kategorien von Kraft und Energie plausibel wird, könnte die Vorstellung vom Geist als Welt durchströmende Liebe Gottes, als Gottes Wirkkraft, eine Brücke zum christlichen Gottesverständnis sein.

Greifbar und doch nicht greifbar, unsichtbar und doch mächtig – wirkmächtig, sein Wirken hat Folgen –, lebenswichtig wie die Luft, die man atmet, energie-geladen wie der Wind, der Sturm – das ist Geist. Alle Sprachen kennen ein Wort dafür und ihre je verschiedene geschlechtliche Zuordnung zeigt, dass der Geist nicht so einfach zu bestimmen ist: »der« Geist, »die« Ruach oder »das« Pneuma.
Gott ist uns Menschen nahe im Geist, gegenwärtig im Geist, durch den Geist, ja, als Geist! Der zu Gott aufgenommene Jesus ist zu einem »lebendig machenden Geist« (1 Kor 15,45) geworden. »Der Herr (gemeint ist ›*Kyrios*‹, also Jesus, der Erhöhte) ist der Geist« (2 Kor 3,17). Er ist in der Existenz- und Wirkweise des Geistes, und im Geist vermag er gegenwärtig zu sein. In der Begegnung von Gott, Kyrios und Geist mit dem glaubenden Menschen geht es um ein und dieselbe Begegnung.

Nach Hans Küng, Theologe

Arno Scherling, »ruach«, 2009

Das »filioque«

Im Glaubensbekenntnis von Nizäa-Konstantinopel (381) war der Glaube, dass der Geist »aus dem Vater hervorgeht« (vgl. 100, 104) niedergeschrieben. Weil er nach dem Zeugnis des Neuen Testaments auch der Geist Jesu Christi, der Geist des Sohnes, ist, wird im 7. Jahrhundert im Zuge der Auseinandersetzung mit Häresien in den lateinischen Credo-Text der abendländischen Kirche das »filioque« eingefügt: »der aus dem Vater *und dem Sohn* hervorgeht«. Damit wird das Verständnis von der Liebe Gottes, die im Sohn und Geist zum Ausdruck kommt, zum Erkennungszeichen einer geschichtlichen Auseinandersetzung zwischen östlicher und westlicher Kirche. In ökumenischen Gottesdiensten wird heute – nach dem Vorbild römischer Liturgien, bei denen der griechische Urtext ohne »filioque« verwendet wird – auf den Zusatz weitgehend verzichtet.

- ▶ Gestalten Sie ausgehend vom obigen Bild von Arno Scherling mit dem Titel »ruach« (hebr. = Hauch, Geist) eine eigene Darstellung des Lebensgeistes und setzen Sie dabei eigene symbolische Bezüge ins Bild.
- ▶ Bringen Sie als Schaubild oder Text zum Ausdruck, was für Sie »Geist« ausdrückt.

Der Geist, der Zukunft schafft

Die Besonderheit des christlichen Gottesverständnisses besteht in der Überzeugung, dass Gott kein absolut transzendenter ist, sondern sich in doppelter Hinsicht radikal auf die Welt eingelassen hat: zum einen in der Menschwerdung Jesu Christi und zum anderen in der beständigen Anwesenheit als die Welt durchdringender Geist Gottes. Die Vorstellung vom Heiligen Geist und seinem Wirken wurde in der Tradition der Kirche auf vielerlei Weise zu umschreiben versucht. Die Enzyklika *Dominum et vivificantem* und der Grundriss einer barocken Kirche zeigen zwei Zugänge aus verschiedenen Epochen.

Der Heilige Geist und die Zeit der Kirche

»›Als das Werk vollendet war, das der Vater dem Sohn auf Erden zu tun aufgetragen hatte (vgl. Joh 17,4), wurde am Pfingsttag der Heilige Geist gesandt, auf dass er die Kirche immerfort heilige und die Gläubigen so durch Christus in einem Geiste Zugang hätten zum Vater (vgl. Eph 2,18).‹ ... In dieser Weise spricht das II. Vatikanische Konzil von der Geburt der Kirche am Pfingsttag ... Der auferstandene Christus kam und ›brachte‹ den Aposteln den Heiligen Geist. Er schenkt ihn mit den Worten: ›Empfangt den Heiligen Geist‹ ... Auf diese Weise erfüllt sich die Verheißung: ›Er (der Geist) wird für mich Zeugnis ablegen. Und auch ihr sollt Zeugnis ablegen, weil ihr von Anfang an bei mir seid‹.
In einem anderen Dokument des II. Vatikanischen Konzils lesen wir: ›Ohne Zweifel wirkte der Heilige Geist schon in der Welt, ehe Christus verherrlicht wurde. Am Pfingsttage jedoch ist er auf die Jünger herabgekommen, um auf immer bei ihnen zu bleiben. Die Kirche wurde vor der Menge öffentlich bekannt gemacht, und die Ausbreitung des Evangeliums unter den Heiden durch die Verkündigung nahm ihren Anfang‹. Die Zeit der Kirche hat begonnen mit dem ›Kommen‹, das heißt mit der Herabkunft des Heiligen Geistes auf die Apostel.
Die Zeit der Kirche hat in jenem Augenblick begonnen, als die Verheißungen und Ankündigungen, die sich so ausdrücklich auf den Beistand, auf den Geist der Wahrheit, bezogen, anfingen, sich in aller Macht und Deutlichkeit an den Aposteln zu erfüllen und so die Geburt der Kirche zu bewirken. Hiervon spricht ausführlich und an vielen Stellen die Apostelgeschichte, aus der sich ergibt, dass der Heilige Geist im Bewusstsein der Urgemeinde, deren Überzeugungen Lukas wiedergibt, die unsichtbare – in gewisser Weise aber auch ›wahrnehmbare‹ – Führung derer übernommen hat, die sich nach dem Fortgang des Herrn Jesus zutiefst als Waisen zurückgelassen fühlten. Mit dem Kommen des Geistes sahen sie sich nun in die Lage versetzt, die ihnen anvertraute Sendung zu erfüllen. Sie fühlten sich voller Kraft.
Das Gnadengeschenk des Heiligen Geistes, das die Apostel durch die Auflegung der Hände an ihre Mitarbeiter weitergaben, wird ja in der Bischofsweihe immer wieder übertragen. Die Bischöfe ihrerseits geben im Weihesakrament den geistlichen Anteil an dieser Gnadengabe und sorgen dafür, dass im Firmsakrament alle, die wiedergeboren sind aus dem Wasser und dem Geist, darin bestärkt werden. So bleibt die Pfingstgnade in gewisser Weise immer in der Kirche gegenwärtig.«

Johannes Paul II., Dominum et vivificantem (1986), 25

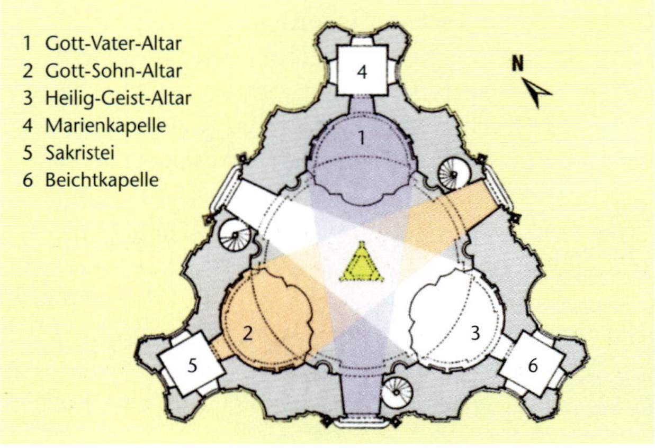

Die Wallfahrtskirche Stadl-Paura (Oberösterreich) »Zur Heiligen Dreifaltigkeit« wurde in den Jahren 1714-1724 von Johann Michael Prunner erbaut. Der Baumeister hat durch die Anordnung der Achsen des Bauwerks und durch die entsprechende Zuordnung der Altarapsiden versucht, die Beziehung von Gott Vater, Sohn und Heiligem Geist architektonisch auszudrücken.

Mystiker – der Christ der Zukunft

Das heutige Christentum verliert zusehends Boden an die Esoterik, die mit dem Anspruch, Einblick in unbekannte geistige Bereiche zu ermöglichen, eine Gegenwelt zur christlichen aufbaut. Viele, die sich esoterischen Strömungen zuwenden, tun dies in der Enttäuschung darüber, dass die Kirche zu wenig auf die Suche nach spiritueller Erfahrung eingehe; anstelle des ersehnten Brotes biete sie die harten Steine der Direktiven, Ge- und Verbote. Demgegenüber machen spirituelle Lehrerinnen und Lehrer darauf aufmerksam, dass das Christentum keine moralische, sondern eine mystische und therapeutische Religion sei. Doch was ist Mystik? Darauf antwortet der Theologe Karl Rahner mit der Prognose, der Christ der Zukunft werde ein Mystiker oder überhaupt nicht sein. Präziser sagt er, dass ein Mystiker nicht nach spektakulären Begleiterscheinungen wie Visionen, Auditionen und Stigmatisationen, sondern nach Gotteserfahrung strebe. Das entspricht vollauf der Wende vom Bekenntnis- zum Erlebnisglauben, dem es darum geht, den Inhalt des von den Glaubenssätzen Umschriebenen in Erfahrung zu bringen. Für Paulus bewirkt das der Gottesgeist, der sogar »die Tiefen der Gottheit« erforscht (vgl. 1 Kor 2,10).
Paulus unterscheidet in den von ihm gebrauchten Formeln zwischen »in Christus« sein und dem »Christus in mir«. Dadurch betont er den Geist, der alle »Glieder« belebt und bewegt, der aber zugleich als solcher der Geist selbst und anwesend ist. Dieser Austausch zwischen Geist »in mir« und anwesendem Geist vollzieht sich im Gebet, in das sich der Gottesgeist als Fürsprecher einmischt, um ihm zum Ziel zu verhelfen.

Nach Eugen Biser, Theologe

Die sieben Gaben des Heiligen Geistes

Das Sakrament der Taufe wird durch die Gabe des Heiligen Geistes vollendet. Im Sakrament der Firmung soll »die Kraft des Geistes Christi geschenkt werden«: Der Heilige Geist stärke durch die Fülle seiner Gaben und mache die gefirmten Christen durch seine Salbung Christus, dem Sohn Gottes, ähnlich (Firmritus). Bei der Spendung der Firmung sieht die Liturgie folgendes Gebet über die Firmlinge vor:

Allmächtiger Gott, Vater unseres Herrn
Jesus Christus, du hast diese jungen
Christen in der Taufe von der Schuld
Adams befreit, du hast ihnen aus dem
Wasser und dem Heiligen Geist neues
Leben geschenkt. Wir bitten dich, Herr,
sende ihnen den Geist der Weisheit
und der Einsicht, des Rates,
der Erkenntnis und der Stärke,
den Geist der Frömmigkeit und
der Gottesfurcht.
Durch Christus, unseren Herrn.
Amen.

- Wo und inwiefern ist die moderne Gesellschaft auf die jeweilige einzelne Gabe des Heiligen Geistes, wie sie im obigen Firmgebet genannt werden, angewiesen, um die Welt verantwortlich zu gestalten? Welche Bedeutung haben die einzelnen Gaben für Sie? Benennen Sie persönliche Schwerpunkte.
- Erläutern Sie die Konsequenzen, die Eugen Biser aus Karl Rahners Prognose zieht, der Christ werde ein Mystiker oder überhaupt nicht sein.
- Fassen Sie die Funktion des Heiligen Geistes für die Kirche heute zusammen. Erklären Sie den Zusammenhang zwischen Ekklesiologie (»Lehre von der Kirche«) und der architektonischen Grundidee (www.paurakirche.at) des barocken Baumeisters von Stadl-Paura (106).

Das trinitarische Gottesverständnis ...

Gefragt nach dem wesentlichen Kern des christlichen Glaubens, dem dreifaltigen Gott, ist vielen Christinnen und Christen eine gewisse Sprachlosigkeit anzumerken. Gerade im interreligiösen Dialog bringt das entscheidend Christliche viele, auch engagierte Menschen in eine gewisse Verlegenheit. Sie sind nicht in der Lage, etwas Klares und Überzeugendes und zugleich Einfaches vorzubringen. Trotzdem ist die Theologie als Wissenschaft bemüht, das Geheimnis begrifflich zu fassen und es zu umschreiben. Der Theologe Karl Rahner (1904-1984) formulierte die Schwierigkeit, über das Geheimnis Gottes zu reden, einmal folgendermaßen: »Eigentlich können wir vor dem Geheimnis Gottes nur schweigen. Aber wir können erst schweigen, wenn wir vorher darüber geredet haben.«

Das trinitarische Gottesverständnis ist seit dem Anfang des Christentums Urgrund des lebendigen Glaubens. Gott wurde und wird erfahren als einer, der sich dem Menschen mitteilt. Dies findet seinen Ausdruck seit jeher in der Taufformel (Mt 28,19), in der Katechese, im Gebet der Kirche und in dem in die Eucharistiefeier übernommenen Gruß, den schon der Apostel Paulus im Brief an die Gemeinde von Korinth formuliert hat: »Die Gnade Jesu Christi, des Herrn, die Liebe Gottes [des Vaters] und die Gemeinschaft des Heiligen Geistes sei mit euch allen!« (2 Kor 13,13). Seit den ersten Jahrhunderten und fortlaufend durch die Geschichte wurde und wird – bedingt durch die geistigen, kulturellen und gesellschaftlichen Herausforderungen der jeweiligen Zeit – um die aktuelle Deutung des Glaubens und des Verständnisses von der Trinität gerungen. Weil viele Fragen geklärt und der Glaube gegen Häresien (Irrlehren) verteidigt werden musste, kam es zur immer weiteren Ausdifferenzierung der Glaubensaussagen. Einen Eindruck von diesem gewachsenen Kosmos des Glaubens vermittelt der »Katechismus der Katholischen Kirche« (KKK) von 1993: Es stehen 2865 nummerierte Abschnitte zur Verfügung, die über das Ganze des Glaubens Auskunft geben, die Trinität verdeutlichen hauptsächlich die Artikel 232-267.

Eine Antwort auf die trinitarische Gottesfrage ist deshalb schwer zu formulieren, weil die Glaubensausformulierungen selbst nicht einfach zu verstehen sind. Möglicherweise hilft ein Blick in die Geschichte Gottes mit den Menschen: Gott kreist ja nicht nur um sich selbst und wartet, dass Menschen sich zu ihm aufmachen, um ihn zu erfahren und zu finden. Er erweist sich vielmehr als nahe, er ist »zuvorkommend«: zuerst in der Schöpfung, dann in der Geschichte Israels, zuletzt und auf einmalige Weise in seinem Sohn Jesus Christus. Gott teilt sich den Menschen mit, er macht sich verständlich, er offenbart sich. Darin besteht das Geheimnis: Der Absolute erweist sich als personales Wesen.
Indem sich Christen zur Dreieinigkeit Gottes bekennen, bekennen sie von Jesus, dass in ihm nicht nur ein Abgesandter Gottes auf Erden erschienen ist, wie einer der Propheten, sondern Gott selbst. Seit Gott Mensch geworden ist, begegnet Gott dem Menschen im Menschen Jesus, in seinen Sakramenten, in der Kirche, ja sogar in mitmenschlichen Begegnungen. Gott ist Mensch geworden. Das ist das Geheimnis und der springende Punkt im Glauben an einen dreifaltigen Gott. In der Dreifaltigkeit Gottes gründet die Dynamik seiner Liebesbeziehung zu den Menschen. Gott ist als Geheimnis über ihnen, Gott ist in Jesus Christus mit ihnen, Gott ist im Heiligen Geist in ihnen.

- ► Erklären Sie die Gründe für die Notwendigkeit einer Trinitätslehre aufgrund der bisherigen Informationen (vgl. Religion vernetzt 11, S. 76f.) und beziehen Sie zudem 1 Kor 1,23 mit ein.
- ► Lesen Sie Joh 1 und Joh 14 und formulieren Sie biblische Grundaussagen zur Trinität als Lehrbrief an einen Glaubensschüler/Katechumenen.
- ► Führen Sie folgenden bekannten Satz weiter und vergleichen Sie Ihre Ergebnisse: »Im Namen des Vaters und des Sohnes und des Heiligen Geistes ...«

... und die Schwierigkeit der Darstellung

Das biblische Bilderverbot mag ein Grund dafür sein, dass aus den ersten Jahrhunderten wenige Darstellungen der Dreieinigkeit überliefert sind. Erst im Jahre 787 hatte ein Konzil in Nizäa die Verehrung von Bildern wieder erlaubt, ja sogar gefordert. Und obwohl der Glaube an den dreieinigen Gott für mehrere Jahrhunderte im Mittelpunkt leidenschaftlicher Auseinandersetzungen stand, so gehört die bildliche Darstellung dieses Geheimnisses nicht zu den vorrangigen Themen der frühchristlichen Kunst. Gott (Vater) wurde auch lange Zeit als nicht darstellbar betrachtet. Zwar war seit 313 n. Chr. durch das Mailänder Edikt das Christentum keine verfolgte Minderheit mehr und man hätte annehmen können, dass die Christen nach dem Konzil von Nizäa (100) nun das erhabenste Geheimnis ihres Glaubens künstlerisch darzustellen versuchen würden; doch sie hatten eher das Gefühl, dieses Geheimnis übersteige sie, und deshalb betonten sie vielmehr die Unfassbarkeit des göttlichen Geheimnisses. Nur das Zeichen des Dreiecks, zum Teil versehen mit dem Christusmonogramm, taucht seit dem 4. Jahrhundert als Verzierung von Kreuzen auf den Wänden der Katakomben oder anderen Objekten gezeichnet oder geritzt auf.
Zu den abstrakten Motiven für die Trinität in der Anfangszeit des Christentums gehört auch das Christusmonogramm des Baptisteriums von Albenga. Das Mosaik im Gewölbe des Baptisteriums ist um 500 n. Chr. entstanden. Weiter verbreitet war und ist die Darstellung Jesu Christi z. B. als Hirte, als Pantokrator (98), als Abbild des Vaters. Und bis heute sind künstlerische Darstellungen der Trinität selten. Um dem Geheimnis der Dreieinigkeit Gottes nachzugehen, werden heute Bilder und Metaphern herangezogen, die abstrakt bleiben und sich dennoch dem Gottesbegriff anzunähern versuchen.

Ausschnitt aus dem Gewölbemosaik von Albenga, um 500

- Beschreiben Sie das Mosaik von Albenga bezüglich seiner christologischen sowie trinitarischen Aussagen.
- »Wer mich gesehen hat, hat den Vater gesehen« (Joh 14,9). Dieses Bibelwort vor Augen vermieden es viele Künstler im ersten Jahrtausend, Gott bildlich darzustellen. Und doch bezeugen Quellen solche Darstellungen. Recherchieren Sie Darstellungen der Trinität aus dem ersten Jahrtausend und präsentieren Sie Ihre Ergebnisse in geeigneter Weise.
- Sammeln Sie zeitgenössische Darstellungen der Trinität (vgl. 111, 138), setzen Sie diese mit Ihren Rechercheergebnissen zu frühchristlichen Darstellungen in Beziehung und gestalten Sie eine Schauwand.

Menschliche Deutungsversuche

Neben der Kunst ist das darstellende und beschreibende Wort eine weitere Möglichkeit, sich mitzuteilen. Jugendliche haben sich über ihren Glauben, ihr Verständnis der trinitarischen Sichtweise, Gedanken gemacht und formulierten ihre Bekenntnisse.

Der Wegbegleiter

Ich glaube an den allmächtigen Gott, den Ursprung allen Seins, der mich auf Wanderschaft schickt durchs Leben, mich dabei nimmt, wie ich bin, mich meinen Weg gehen lässt, der mich begleitet, mich beschützt alle Zeit meiner Suche, der mir Zuflucht gewährt und mich annimmt mit all meinen Schwächen, der barmherzig ist und mir meine Abwege auf meinem Weg verzeiht.

Ich glaube an Jesus, Gottes Sohn, der auf die Welt kam, um mir vorauszugehen, der mich auf meiner Wanderschaft begleitet und mir den rechten Weg weist, der mir Licht im Dunkeln gibt, um mich vor Irrwegen zu bewahren, der mich nicht alleinlässt auf steinigem Pfad und mich sicher geleitet ans Ziel.

Ich glaube an den Heiligen Geist, der mir Kraft gibt, der mich anstößt, nicht stehen zu bleiben auf meiner Suche, der mich vorantreibt auf meinem Weg.

Ich glaube an die Gemeinschaft der »Glaubensuchenden«, in der keiner alleingelassen wird und auf der Strecke bleibt, in der man sich gegenseitig stützt, sich austauscht, in der jeder aufgenommen und keiner ausgeschlossen wird.

Ich glaube an das Ziel am Ende des Weges, dass dort angekommen, die Unrast ein Ende hat und Ruhe einkehrt in mein Leben.

Daniel, 19 Jahre

Gott, der da ist

Ich glaube an den lieben Gott, der unser Vater ist. Der alles geschaffen hat, der für mich da ist, in guten und in schlechten Tagen (auch wenn vieles für mich nicht verständlich ist).

Ich glaube an Jesus, der für uns Mensch geworden ist, damit wir Gott besser verstehen können, und der uns Vorbild für unseren Glauben ist.

Ich glaube an den Heiligen Geist, der mir Stütze in meinem Glauben ist.

Ich glaube, dass Gott in den Menschen ist und in der Natur. Amen.

Maria, 18 Jahre

Glauben an das Unglaubliche

Ich glaube an einen Ursprung aller Liebe, aller göttlichen Kraft, die alles hervorbringt.

Ich glaube an das Göttliche in allem, was ist, und an eine Seele, die eins ist mit allem; die keinen Anfang und kein Ende hat.

Ich glaube an einen Tod, der zugleich Anfang ist.

Ich glaube an und vertraue auf das Unglaubliche.

Veronika, 19 Jahre

- ▶ Wählen Sie einen der Texte oben: Diskutieren Sie, wie sich die Aussagen des Textes zu den bisherigen Aussagen zur Trinität verhalten. Wo gibt es Verkürzungen, wo Ergänzungen?
- ▶ Formulieren Sie selber eine Bekenntnisschrift, nachdem Sie sich überlegt haben, wer »Gott«, »Jesus« und »Geist« für Sie sind und wie sie sich für Sie zueinander verhalten.

Der Liebe-Gott

Hans-Peter Eggerl, 1998

Gott ist Liebe, die sich mitteilt.
Der runde Kreis ist die Schnittmenge dreier weiterer Kreise.
Die drei nach außen gerichteten Teilsegmente eines Kreises
sind als nach außen offene Kreissegmente gestaltet.
Gott ist Dynamik.
Die Gesten der drei Figuren deuten mit der jeweils rechten Hand nach außen.
Gott ist also nicht nur selbstbegegnende Dynamik, Liebe in sich,
sondern auch Liebe und Beziehung nach außen, zu einem Gegenüber.
Gott ist der ganz Andere.
Der geschlossene Kreis – als Symbol für das Göttliche – deutet allerdings darauf hin,
dass Gott doch auch der ganz Andere ist,
der transzendente Gott.

- Das Bild trägt den Titel »Der Liebe-Gott«. Beschreiben Sie in eigenen Worten, wie die Liebe Gottes im Bild deutlich wird.
- Wenn Sie eine runde Scheibe mit drei gleich großen Flächen (wie Tortenstücke) in den drei Grundfarben Gelb, Rot und Blau gestalten und die Scheibe sehr schnell um den Mittelpunkt kreisen lassen, mischen sich die Farben zu Weiß. Diskutieren Sie, ob Gott Schnittmenge oder Mischprodukt verschiedener differenter Größen sein kann.
- Versuchen Sie, dem Geheimnis der Dreieinigkeit Gottes selber nachzugehen, indem Sie eigene Bilder, (Sprach-)Modelle oder Metaphern finden und die Trinität dabei (vereinfacht) darstellen.

Spiritualität – mein Leben gestalten

In diesem Kapitel sind Sie bisher aufgefordert worden, inhaltliche Grundaussagen des christlichen Glaubensbekenntnisses zu bearbeiten. Die folgenden Seiten regen Sie an, sich mit einigen Folgen dieser Aussagen auseinanderzusetzen. Im Mittelpunkt stehen Aspekte der Spiritualität, der Ethik und des interreligiösen Dialogs.

Was ist Spiritualität?

Ursprünglich kommt der Begriff Spiritualität (lat. *spiritus* = Geist; *spiritualis* = im Geist sein) aus dem Christentum und meint unterschiedliche Formen der Lebenspraxis aus dem Glauben. Häufig wurde er mit »Frömmigkeit« wiedergegeben.
Seit einigen Jahrzehnten hat sich die Verwendung des Begriffs »Spiritualität« von seiner christlichen Herkunft gelöst und bezeichnet eine Haltung, die auf irgendeine Weise mit Geistigkeit oder Innerlichkeit zu tun hat. Viele Menschen betrachten Spiritualität sogar als eine Form der Religiosität, die nicht an das Christentum oder eine kirchliche Tradition gebunden ist. Buddhistische Zen-Meditation und Yoga, die Mystik des islamischen Sufismus und die jüdische Kabbalistik, aber auch Anthroposophie, Astrologie oder Mischungen aus unterschiedlichen Elementen verschiedener Religionen und Praktiken bilden Beispiele, die unter dem Begriff Spiritualität firmieren.
Um den Zusammenhang mit den inhaltlichen Aussagen des christlichen Credos zu wahren, bezieht sich diese Doppelseite ausschließlich auf Formen christlicher Spiritualität. Neben einer grundsätzlichen Klärung werden vier ausgewählte Handlungsfelder christlicher Spiritualität vorgestellt.

Die beiden Seiten christlicher Spiritualität

Christliche Spiritualität wirkt nach innen: Nach innen meint eine Besinnung auf einen göttlichen Ursprung, die im Gebet, in Formen der Meditation, im Gottesdienst Orientierung und Gewissheit verleiht. Christliche Spiritualität ist nicht einfach vorhanden, sondern sie bildet sich in einem (lebens-)langen Prozess. Dabei geht sie von der Zusage aus, dass Gott seinen Geist sendet. Christliche Spiritualität vollzieht sich als Antwort der Menschen auf diese Zusage.
Christliche Spiritualität wirkt nach außen: Nach außen zeigt sie sich in einer Praxis, die die Antwort der Menschen auf die Geistzusage Gottes konkret werden lässt. Wie das im Einzelnen geschieht, hängt von der Situation ab, in der man sich befindet. Christliche Spiritualität ist keine überzeitliche Norm, sondern eine bewegte und bewegende Lebensgestaltung in bestimmten geschichtlichen Kontexten. Sie orientiert sich an der lebensbejahenden Praxis Jesu Christi.
Die beiden Seiten christlicher Spiritualität stehen in einer engen Wechselbeziehung zueinander. Was jemand tut, wirkt sich auf die Gestalt seiner inneren Spiritualität aus. Wie sich jemand für den Geist Gottes öffnet, beeinflusst seine Handlungen.

- Beschreiben Sie eine fiktive oder reale Person, die Sie für spirituell halten.
- Für die beiden Seiten christlicher Spiritualität gibt es Kurzformeln, z. B. »Mystik und Politik« oder »Kampf und Kontemplation«. Informieren Sie sich über den Gehalt dieser Formeln und beschreiben Sie, wie diese Formeln den Zusammenhang von innerer und äußerer Spiritualität erläutern.
- Seit vielen Jahren hat das bischöfliche Hilfswerk »Misereor« die alte Tradition der Hunger- bzw. Fastentücher wieder aufleben lassen. Sie werden von Künstlern aus der ganzen Welt gestaltet (vgl. 35) und beziehen sich häufig auf den Zusammenhang von innerer und äußerer Spiritualität (www.misereor.de/aktionen-kampagnen/hungertuch/hungertuchgalerie.html). Sie können sich ein markantes Beispiel aussuchen und die bildhafte Umsetzung dieses Zusammenhangs analysieren.
- Christliche Spiritualität hat viele Gestaltungs- und Ausdrucksformen. Gebet, Andacht, Feier des Gottesdienstes sind intensive Formen, die in einer dichten Wechselbeziehung zu christlich motivierten Handlungen stehen. Auf 113 finden Sie vier Praxisfelder, die aus einem Selbstverständnis christlicher Spiritualität beschrieben werden. Kommentieren Sie eines oder mehrere dieser Felder, ergänzen und beschreiben Sie andere Felder oder diskutieren Sie Umsetzungsmöglichkeiten.

Empathie einüben

Wir stimmen uns in der Empathie auf die Erfahrungen eines anderen Menschen und auf seine/ihre Welt ein, ohne ganz aufzugehen in dieser Welt. Ich spüre, wie es der anderen Person geht, ohne zu vergessen, wie es mir selbst geht. Ich nehme nicht meinen Standpunkt zum Maßstab, sondern die subjektive Realität des Gegenübers, also wie mein Gegenüber die Welt sieht, empfindet und deutet. Dabei mache ich auch die Erfahrung, dass mir manches fremd bleibt. Ich muss das Fremde nicht gleich bewerten, nicht gleich für gut oder schlecht befinden. Empathie meint vielmehr, genau hinzuschauen. Dies kann ich, wenn mir meine eigenen Begriffe, Wertungen und Kriterien klar sind. Dann kann ich das Risiko mindern, sie den anderen aufzuzwingen. Übe ich mich darin ein, realisiert sich ganz praktisch der Zusammenhang von Selbst- und Nächstenliebe.

Humor entwickeln

Humor ist, wenn man trotzdem lacht. Humor ist eine Haltung, in der ich widrigen Situationen, die mich betreffen oder mich betroffen machen, so begegnen kann, dass ihre unbedingte Aufdringlichkeit ein wenig reduziert wird. Ich entwickle Humor, wenn ich Situationen meines Lebens aus verschiedenen Blickwinkeln betrachte. Dabei entdecke ich, dass vieles nicht ganz so ernst oder unausweichlich ist, wie es auf den ersten Blick erscheint, und ich kann der Situation mit einem Lächeln begegnen. Es gibt biblische Erzählungen, die mir helfen, die Möglichkeit eines anderen Blicks vor die Wirklichkeit zu setzen. Wenn das, was ist, auch anders sein kann, gibt es Alternativen und einen Grund für ein »Trotzdem«.
Dann ist die Lage vielleicht hoffnungslos, aber nicht ganz ernst.

Einsamkeit wagen

Wenn ich mich in die Stille hineinwage, spüre ich zuerst oft eine gewisse Unruhe: Ein diffuses Gefühl, gefüllt von unterschiedlichen Erfahrungen, wohltuenden und bedrohlichen. Im Annehmen dieser Ambivalenz, im Aushalten dieses Zurückgeworfenseins auf mich selbst und auf all das, was mein Leben ausmacht, Kraftvolles und Erdrückendes, liegt der Schlüssel, um meiner Existenz Tiefgang zu ermöglichen.
Vielfältig können die Möglichkeiten sein, um die Stille kreativ zu gestalten: im Wandern, Schwimmen, Lesen, Malen, Schreiben, Singen ... Unsere Seele braucht Räume, in denen es immer ruhiger wird in uns, in denen Schmerzvolles sich ausdrücken kann, in denen Glück nachklingen darf. Dabei kann ich mein Leben vertiefen, neu verwurzeln, im Nachspüren der Dankbarkeit und im Versuch, Scheitern und Unzufriedenheit loszulassen.

Sexualität genießen

In der Mitte der biblischen und christlichen Botschaft zur Sexualität steht immer die Würde des Menschen vor Gott. Menschen entsprechen ihr in der Bereitschaft, ihr sexuelles Verhalten unter der Maßgabe der Liebe und der Verantwortung zu entwickeln. Die biblische Botschaft zeigt, dass Sexualität, Freude an ihr und die Möglichkeit, Leben weiterzugeben, gute Gaben Gottes sind. Menschen spüren diese Gabe in einem lust- und verantwortungsvollen Gestalten der eigenen Sexualität. Sie nehmen wahr, was ihnen guttut und der Würde des Menschen vor Gott entspricht. Für die Gestaltung gibt es vor der vollen sexuellen Gemeinschaft ein breites Spektrum sexueller Ausdrucksformen, auch eine Stufenleiter der Zärtlichkeiten. Diese Beziehungen können als gut und richtig gelten, solange sie Ausdruck der Vorläufigkeit sind. Volle geschlechtliche Beziehungen freilich haben ihren Ort in der Ehe.

Kirche – als Gottesvolk Leben gestalten

»Wie ich die Welt deute, ob und wie ich glaube und mein Leben gestalte, ist meine Angelegenheit.« So lässt sich schlagwortartig eine Position vieler Menschen beschreiben. Andererseits zeigt der Blick auf die großen Religionen, dass Glaube immer in unterschiedliche Formen von Gemeinschaft eingebettet ist. Im Christentum bildet Kirche diese Form. Wie verhalten sich mein Glaube und die Gemeinschaft der Glaubenden zueinander?

Zeugnis ablegen

Kirche dient den Menschen und der Gesellschaft

- mit dem Zeugnis für Lebensalternativen, an denen die Fülle des Lebens wenigstens erahnt und gefeiert werden kann;
- mit dem Zeugnis für Versöhnung und Versöhnungsbereitschaft, die keinen Menschen aufgibt, da er für seine Mitmenschen und für Gott unverlierbar wichtig ist;
- mit dem Zeugnis des Ernstnehmens, das nicht hinweggeht über Entwürdigung und Ungerechtigkeit, über Leid und Scheitern und zugleich darauf hofft, dass das hier und jetzt Ernstgenommene eine gute Zukunft hat;
- mit dem Zeugnis einer messianischen Gottesleidenschaft, die nichts unverändert lassen will, was nicht gut und menschengerecht ist, die ungeduldig danach sucht, wie es besser werden kann, aber auch Geduld hat mit den Menschen und mit Ihm, damit die große Verwandlung nicht durch Gewalt, sondern in der Liebe geschehe.

Jürgen Werbick, Theologe

Gottesvolk sein und werden

Wird die Kirche als Gottesvolk verstanden, so ist eindeutig: Kirche ist nie nur eine bestimmte Klasse oder Kaste, nie nur eine bestimmte Behörde oder Clique innerhalb der Gemeinschaft der Glaubenden. Kirche ist immer und überall das ganze Gottesvolk. Alle sind das auserwählte Geschlecht, die königliche Priesterschaft, das heilige Volk. Alle Glieder dieses Gottesvolkes sind von Gott berufen, in Christus gerechtfertigt, im Heiligen Geist geheiligt. Darin sind alle in der Kirche gleich. Und alle Glieder dieses Gottesvolkes sind durch Jesu Christi Botschaft zum Glauben, zum Gehorsam, zur vollen Hingabe der Liebe aufgefordert. Auch darin sind alle in der Kirche gleich. Diese grundlegende Gleichheit ist sehr viel wichtiger als alle die Unterschiede, die es im Volke Gottes auch gibt und die keineswegs geleugnet werden müssen.
Wird die Kirche als Gottesvolk verstanden, so ist eindeutig: Kirche ist nie ein über den konkreten Menschen und ihrer Entscheidung schwebendes Superwesen. Kirche ist immer und überall nur aufgrund der freien menschlichen Zustimmung. Gewiss, die Kirche ist Setzung Gottes. Aber nie ist Kirche ohne Menschen. Wie Kirche nur möglich ist aufgrund der gnädigen, liebenden Berufung und Erwählung Gottes, so auch nur – zugleich und in Abhängigkeit davon – aufgrund der glaubenden, gehorsamen Antwort und Zustimmung des Menschen. Wie kein Volk Gottes ohne Gottes freie Gnade und Liebe, so kein Volk Gottes ohne der berufenen Menschen freien Glauben und Gehorsam, der ständig wieder neu vollzogen werden muss! Dieses Gottesvolk, das da versammelt wird, ist alles andere als eine Herde willenloser Schafe.
Versteht sich die Kirche wirklich als Gottesvolk, so ist unübersehbar: Kirche ist nie eine statische und übergeschichtliche Größe, die unberührt über den irdischen Räumen und den weltlichen Zeiten west. Kirche ist immer und überall ein lebendiges, aus den Völkern dieser Welt immer wieder neu gesammeltes und mitten durch die Zeiten wanderndes Volk. Kirche ist wesentlich auf dem Weg, auf der Wanderschaft, auf der Pilgerschaft. Kirche, die am Ort tritt, die nicht immer wieder neu nach neuen Horizonten Ausschau hält, die nicht immer wieder neu aufbricht, verfehlt ihren Auftrag. Als das wandernde Gottesvolk weist sich die Kirche immer wieder als geschichtliche Größe aus.

Hans Küng, Theologe

Michaela Karch, 2002

- Umschreiben Sie, bevor Sie die Texte dieser Seite lesen, was Sie unter Kirche verstehen. Dann lesen Sie aufmerksam die beiden Texte und stellen Übereinstimmungen und Unterschiede zu Ihrem Bild von Kirche fest.
- »Ecce homo« betitelt die Künstlerin Michaela Karch das Altarbild der Kapuzinerkirche St. Laurentius in Bingen. Inwiefern kann das Kunstwerk eine Metapher für Kirche sein? Beachten Sie bei Ihrer Antwort die Gestaltung der Szenerie, die Zeitebenen im Bild und die Frage nach möglichen Mitfahrern.
- Sie können eine Kopie des Bilds bearbeiten oder Aussagen des Bilds schriftlich festhalten und in Beziehung zu den beiden Texten 114 setzen.
- Es gibt eine Reihe von Metaphern, die versuchen, Kirche zu umschreiben. Diese Form findet sich auch schon im Neuen Testament: Joh 15,1-8 verwendet das Bild vom Weinstock und den Reben, 1 Kor 12,12-27 entfaltet das Bild von Kirche als dem Leib Christi. Übersetzen Sie die biblischen Bildaussagen in einige Sätze, welche die Frage »Was ist Kirche?« beantworten. Sie können die erarbeiteten Antworten mit der Metapher von der Kirche als »Gottesvolk« (114) vergleichen.

Christliche Spiritualität braucht Kirche

Eine These

»Gerade im Bereich des Religiösen kommt vielen Menschen alles Institutionelle eher hinderlich vor: So artikuliert sich die Religion eines Menschen heute häufig nicht mehr in Gestalt der mit einer Glaubensgemeinschaft geteilten Konfession, sondern als die individuelle Religiosität eines Einzelnen, der sich in Glaubensdingen ›nichts vorschreiben‹ lassen will. Nun ist der Glaube auch aus christlicher Sicht ein unvertretbarer existenzieller Akt. Gleichzeitig ist er aber immer auch Teilhabe am Glauben der Kirche. Sehr allgemein gesprochen: Persönlicher Glaube wird als ein inhaltlich bestimmtes Bekenntnis erst möglich durch die Vorgabe religiöser Überlieferungen, insofern diese den Einzelnen religiös überhaupt erst artikulationsfähig machen. Denn solche Überlieferungen bieten ihm eine Art religiöser Grammatik bzw. Semantik, die ihm auch dann noch nützlich ist, wenn er sich von der spezifischen inhaltlichen Bestimmtheit dieser Überlieferungen distanziert. Damit soll hier zunächst einmal gesagt sein: Ohne die Pflege von Überlieferungen und ohne eine gewisse institutionelle Absicherung dieser Pflege in Form kultischer, theologischer, ethischer und praktischer Verbindlichkeiten drohte eine vermeintlich autonome Religiosität schnell auf ein dürftiges Niveau herabzusinken. Der verständliche Wunsch nach einer wirklich ›authentischen‹ und für viele von daher nicht anders als höchst individuell denkbaren Religiosität lässt sich nur erfüllen, wenn es auch im Bereich des Religiösen Vorgaben, Verbindlichkeiten und eben das Moment des Institutionellen gibt.«

Rudolf Englert, Theologe

Einige Argumente

1. Kirche gibt individueller Spiritualität einen Raum

Kirche ist als ein Gebäude sichtbar, das sich in vielen unterschiedlichen architektonischen Gestalten aufsuchen lässt. Kirchliche Räume sind geformte Vorgaben, die begangen und entdeckt werden wollen. Dabei werden nicht nur liturgische oder kunstgeschichtliche Details erkundet, sondern die Wirkung des Raumes erspürt. Denn die Frage, wer wir sind, hängt auch davon ab, wo wir sind. Menschliche Identität bildet sich in Räumen aus. Auch Glaube benötigt Räume, um sich entwickeln und ausdrücken zu können.

▶ Sie können Kirchen aufsuchen, um ihrer Eigenart, Atmosphäre und Aura zu begegnen. Begehen Sie den Raum, suchen Sie sich einen guten Platz, nehmen Sie den Raum riechend, hörend, tastend und schauend wahr. Was erzählt der Bau außen und innen über Leben und Tod? Welches Bild von Gemeinde und Gesellschaft lässt der Raum erkennen? Zu welcher Form von Feier, Andacht und Fest animiert der Raum? Welche Handlungs- und Kommunikationsformen fördert er, welche schließt er aus? Welche Rätsel gibt er Ihnen auf? Finden Sie eine Form, Ihrer Lerngruppe von Ihren Raumerfahrungen zu berichten.

2. Kirche vergrößert die Ausdrucksformen individueller Spiritualität

Kirche ist feiernde Gemeinde. Von der Tauf- bis zur Begräbnisliturgie, vom Taizé-Gebet bis zum Sonntagsgottesdienst, von der Rosenkranzandacht bis zum Weltjugendtaggottesdienst reicht das breite Spektrum kirchlicher Formen des Feierns. Körpersprache, Musik, Stille, Farbe und Sprache sind nur einige Elemente, die sich in kirchlichen Feiern in einem dichten, inhaltlich differenzierten Gewebe aufeinander beziehen.
Sie stellen dem individuellen Glauben Formen zur Verfügung, in die er sich einbringen und einüben und auf deren Gehalt er sich verlassen kann. Das bedeutet auch, diese Formen nicht selbst erfinden zu müssen und sich von ihnen anregen zu lassen.

▶ Auch profane Feiern besitzen ähnliche Elemente und haben kulturell tradierte Formen. Die Unterschiede rühren von verschiedenen Anlässen und Inhalten, denn der Geburtstag wird nicht in der gleichen Form wie das Sterben, das Abitur nicht in gleicher Weise wie die Versöhnung mit der eigenen Schuld gefeiert. Notieren Sie sich, wie Anlässe bzw. Inhalte verschiedener Feiern und ihre Formen zueinanderpassen. Wie sind freie, spontane und festgelegte Elemente einander zugeordnet?

3. Kirche verleiht individueller Spiritualität eine soziale Dimension

Kirche ist eine Großorganisation, die sich sozial, kulturell, pädagogisch und entwicklungspolitisch engagiert. Für die Bewältigung dieser Aufgaben beschäftigt sie viele Menschen. In Deutschland wird sie zum größten Teil durch die Kirchensteuer finanziert. Der institutionelle Charakter der Kirche führt zu ambivalenten Urteilen: Einerseits erweckt sie bei manchen Menschen – auch bei Mitgliedern – den Eindruck eines behördlichen Apparats mit schwerfälligen Strukturen, andererseits bindet sie individuellen Glauben in ein soziales Engagement ein, das für viele Menschen innerhalb und außerhalb der Kirche (überlebens-)wichtig ist.

► Sie können sich im Internet über den institutionellen Aufbau und den Haushaltsplan einer deutschen Diözese informieren. Wenden Sie Ihre Kenntnisse auf folgenden Fall an: In einer Kirchengemeinde, die in einem sozialen Brennpunkt einer Großstadt liegt, muss die irreparable Orgel der Gemeindekirche ersetzt werden. Zugleich fallen notwendige Instandhaltungsarbeiten im Kindergarten an, dessen Träger die Kirchengemeinde ist. Das Geld reicht aber nicht für beide Aufgaben. Diskutieren Sie unterschiedliche Lösungsmöglichkeiten dieses Dilemmas.

4. Kirche konfrontiert individuelle Spiritualität mit Politik

Kirche ist nach katholischem Verständnis Sakrament, d. h. sie zeigt und verwirklicht das Geheimnis der Liebe Gottes zu den Menschen. Wenn eine Person in die Nachfolge Jesu eintritt – sie also an ihn glaubt –, wird sie selbst zum wirkenden Zeichen – Sakrament – für die verwandelnde Lebenskraft Gottes, die in Jesus Christus deutlich wird. Dies gilt auch für die Gemeinschaft der Gläubigen. Dabei ist zu beachten:

1. Die Kraft Gottes ist größer, als sie in bestimmten Situationen von Menschen gezeigt werden kann. In der Welt lässt sie sich nur mit den endlichen Mitteln menschlicher Praxis verwirklichen.
2. Kirche als Sakrament zeigt sich unter konkreten Bedingungen, sie wirkt im Mittelalter anders als in der Gegenwart, in einem afrikanischen Land anders als in Deutschland.

Das Wirken des Glaubens in der Welt darf sich nicht nur auf die Sorge um die Einzelperson beschränken, sie muss sich auch auf die Strukturen des Miteinanders beziehen. Seit vielen Jahrhunderten werden die Strukturen des Miteinanders durch Politik geregelt. Deshalb muss sich Kirche in die politische Gestaltung des Lebens einmischen und dort die Leben spendende Kraft des Glaubens einbringen. Wo ethische und existenzielle Grundfragen zur Debatte stehen, bezieht Kirche regional, national und global Position. Insofern verleiht Kirche dem individuellen Glauben eine politische Dimension, die über die Handlungsmöglichkeiten der Einzelperson hinausgeht.

► »Christlicher Glaube ist politisch.« Überprüfen Sie diese These, indem Sie nach Beispielen suchen, wie sich Kirche in Ihrer Region durch Schriften der Bischöfe oder der Weltkirche (vgl. www.dbk.de) in die politische Debatte einbringt. Diskutieren Sie an einem Beispiel Grenzen und Chancen dieses Engagements.

5. Kirche regt individuelle Spiritualität durch historische Modelle an

Kirche ist ohne ihre Geschichte nicht denkbar, weil sie sich von einer geschichtlichen Person her – Jesus von Nazaret – begründet und dessen Geschichte in unterschiedliche Zeiten jeweils neu vergegenwärtigt. Dabei haben Christen in verschiedenen Kontexten und auf unterschiedliche Weisen Möglichkeiten gefunden, in die Nachfolge Jesu Christi einzutreten und seine Geschichte gegenwärtig zu machen. In Bildern, Erzählungen, Liedern und Sachbüchern sind ihre Lebensgeschichten aufgehoben und gedeutet. Individueller Glaube kann sich von ihnen für die Glaubenspraxis anregen lassen. Das bedeutet nicht, eine andere Lebensgeschichte einfach zu übernehmen. Gefragt ist vielmehr eine gründliche Auseinandersetzung mit ihrer spirituellen Praxis, um sie in den eigenen Lebenskontext kreativ und neuen Anforderungen gemäß integrieren zu können.

► Gibt es Modelle, die für Sie wichtig sind? Um ein Modell zu vergegenwärtigen, kann man sich auf eine Einzelheit aus dessen Leben beziehen, eine Haltung aktualisieren, sich an der Andersartigkeit abarbeiten ... Wählen Sie ein Beispiel aus und versuchen Sie eine Vergegenwärtigung.

»Dann geh und handle genauso!« (Lk 10,37)

Das christliche Credo beschränkt sich gemäß seiner Entstehung und Aussageabsicht (vgl. 90 f.) auf Glaubensaussagen, ohne konkrete Handlungsanweisungen zu nennen. Dies heißt nicht, dass christliche Ethik, also Reflexion der Lebensführung nach christlichen Wertmaßstäben, Nebensache ist. Es gilt das Zusammenspiel von Zuspruch und Anspruch des Glaubens, von Indikativ und Imperativ der Gnade. Eine ethische Dimension lässt sich aber aus dem dreiteiligen Aufbau des Credo, das mit Blick auf die drei göttlichen Personen strukturiert ist, ableiten: Aus dem Glauben an den Schöpfergott ergibt sich menschliche Schöpfungsverantwortung, aus dem Glauben an Jesus Christus das Ernstnehmen seines Liebesgebotes und aus dem Glauben an den Heiligen Geist die geistbegabte Verantwortlichkeit aller Christen als Teile der Kirche.

Der folgende Liedtext spiegelt in unserer Gesellschaft verbreitete Wertmaßstäbe wider, die christlich, aber auch stark von den Entwicklungen unserer Zeit geprägt sind.

Wer gibt dem, der unten liegt, die Hand?

Ein kleiner Blick in den Spiegel.
Hast Du Dich da selbst erkannt?
Oder ist der, den Du siehst, nur dem Erfolg nachgerannt?
Verbannt, das Gefühl, das Du einst gekannt hast.
Verdrängt und gelenkt
vom Verstand und der erfand
das, was Dir heut' nur noch wichtig ist
und fragst manchmal selbst, ob es richtig ist,
alles einseitig zu sehen, obwohl's vielschichtig ist,
und Du denkst, Du handelst so lange, bis Du hinfällst
oder jemand fallen siehst,
ihm entweder hilfst oder blind vorübergehst.
Denn jeder will in der Mitte stehen und nicht am Rand,
doch wer gibt dem, der unten liegt, seine Hand?

... der im Gefängnis saß, dort sein Gewissen wieder fand.
Zu Hause dann stand er vor verschlossenen Toren,
kurzerhand verbannt, von wo er einst geboren.
Der jüngste Sohn war zum Verbrecher geworden.
Orden trug der Vater, Erwartung ward zur Marter,
materiell, maschinell, schnell, schneller, viel zu schnell,
der Stern seiner Familie schon viel zu hell.
Gelbe Zähne, Bahnhofsklos statt Hygiene.
Er liegt am Straßenrand ohne Plane, ohne Pläne –
vom Fabrikantensohn zur Großstadthyäne.
Wer gibt ihm seine Hand?
Whiskeyfahne, strähnige Mähne.
Ene mene miste, waste hast, das biste,
ene mene meck und Du bist weg!
Zwecklos, hoff' nicht auf 'ne Fee, mit der Du wegfliegst.
Es gibt Dir niemand seine Hand, wenn Du im Dreck liegst ...

Fettes Brot

- Wäre es sinnvoll, das Credo um die ethische Dimension zu ergänzen? Sie können entsprechende Zusätze formulieren und dann deren Wirkung diskutieren. Entwickeln Sie daraus eine theologische Begründung für Ihre Entscheidung.
- Welche Handlungsmotive nennt das Lied? Bringen Sie diese in eine Rangfolge heute gesellschaftlich gültiger Handlungsmaßstäbe. Kennzeichnen Sie Werte mit christlich-jüdischen Wurzeln und deuten Sie deren Rang in der Skala.
- Inwiefern verdichtet sich in dem Bild (119) das christliche Ethos? Ordnen Sie es in ein Mindmap zur christlichen Ethik ein. In dieses können Sie neben den auf dieser Doppelseite wiederholten biblischen Kernpunkten auch die in Kapitel 1 erläuterten anderen Quellen christlicher Ethik integrieren. Vergleichen Sie dann Ihre Ergebnisse, die Sie auch zur Abiturvorbereitung nutzen können.
- Die modern-ironische Ergänzung zum Gleichnis vom barmherzigen Samariter auf 119 verweist auf verschiedene Diskussionsthemen christlicher Ethik, z. B. das Verhältnis von Individual- und Strukturethik (Sozialethik) sowie auf die Forderung nach Feindesliebe und Gewaltverzicht. Formulieren Sie zunächst Ihre Meinung zu dieser Adaption, finden Sie geeignete Beispiele dazu und führen Sie dann in Ihrem Kurs eine Diskussion darüber.

Christliche Ethik

Paula Modersohn-Becker, 1907

Im Bundesangebot und Bundesschluss zwischen Gott und Noach, Abraham und Mose binden sich Gott und Menschen frei aneinander. Nach der Befreiung aus dem ägyptischen Frondienst gibt Gott seinem Volk den Dekalog als »Bundesurkunde«:
»Ihr habt gesehen, was ich den Ägyptern angetan habe, wie ich euch auf Adlerflügeln getragen und hierher zu mir gebracht habe. Jetzt aber, wenn ihr auf meine Stimme hört und meinen Bund haltet, werdet ihr unter allen Völkern mein besonderes Eigentum sein. Mir gehört die ganze Erde, ihr aber sollt mir als ein Reich von Priestern und als ein heiliges Volk gehören. Das sind die Worte, die du den Israeliten mitteilen sollst (Ex 19,4-6).«

Als Richtschnur und Gruppenethos soll der Dekalog ein gutes Zusammenleben ermöglichen. Auch für Jesus war der Dekalog die Grundcharta sittlichen Handelns, der er durch die Verkündigung der Gottesherrschaft eine neue Dimension verleiht: In den Seligpreisungen deutet sich an, wie Jesus sich eine friedliche Welt vorstellt. Von dieser Verheißung geht auch eine radikale Aufforderung aus, deren zentraler Kern das dreifache Liebesgebot ist: Auf die Frage eines Gesetzeslehrers, was er tun müsse, um das ewige Leben zu gewinnen, verweist Jesus auf Aussagen der Tora (vgl. Lev 19,18; Dtn 6,5): »Du sollst den Herrn, deinen Gott, lieben mit ganzem Herzen und ganzer Seele, mit all deiner Kraft und all deinen Gedanken. Deinen Nächsten sollst du lieben wie dich selbst (Lk 10,27).«
In der Parabel vom barmherzigen Samariter wird zugleich deutlich, dass immer diejenigen die »Nächsten« sind, die aktuell Hilfe benötigen. Daraus entwickelte sich in der Theologie u. a. die »christliche Option für die Armen«, der zurfolge menschliches und soziales Handeln vor allem danach beurteilt werden muss, inwiefern es den Armen einer Gesellschaft nützt.
Die Menschen haben die Freiheit, auf die Einladung zu Umkehr, Glaube und Nachfolge Jesu zu antworten. Ein Ja besteht dann sowohl aus dem Bezeugen des eigenen Glaubens, z. B. im Credo, aber auch aus einer Lebensführung, die etwas erkennen und erspüren lässt von Glaube, Liebe und Hoffnung.

»Als der barmherzige Samariter zum 36. Male von Jericho nach Jerusalem hinaufgezogen war und seinen 36. Verletzten, der unter die Räuber gefallen war, geborgen hatte, weigerte er sich, weiterhin den barmherzigen Samariter zu spielen, und zählte sein Geld, dingte sich für 5.000 Euro einige Söldner und marschierte mit ihnen zum Räubernest, hob es aus und fortan war die Straße von Jericho nach Jerusalem eine der sichersten im Land.«

Wahrheit und Verständigung – Dialog der Religionen

Aus der eigenen Positionierung in einer Glaubensrichtung bzw. -gemeinschaft ergeben sich stets wichtige weitergehende Fragen:

- Gibt es eine allgemeine Wahrheit? Ist diese erkennbar?
- Vertritt die katholische Kirche sie allein?
- Ist es für menschliches Heil entscheidend oder egal, ob und welcher Religion jemand angehört?
- Schließt das Glaubensbekenntnis andere Religionen automatisch aus?
- Wie sollen sich die verschiedenen Religionen dieser Welt zueinander verhalten?

In katholischen lehramtlichen Dokumenten ist Folgendes dazu zu lesen:
»Denn nur durch die katholische Kirche Christi, die das allgemeine Hilfsmittel des Heiles ist, kann man Zutritt zu der ganzen Fülle der Heilsmittel haben« (aus: Dekret *Unitatis Redintegratio [1964], 3*). Diese Haltung ist im Jahr 2000 durch die vom damaligen Kardinal Joseph Ratzinger ausgearbeitete Erklärung *Dominus Jesus* von Papst Johannes Paul II. bestätigt worden und hat einigen Wirbel verursacht – als vermeintliche Gefährdung der Ökumene sowie auch des interreligiösen Dialogs. Folgende Äußerungen von Schülerinnen und Schülern werfen ein Schlaglicht auf die damalige Stimmung:

Was ich glaube, hängt vor allem davon ab, wo man geboren ist – also ein großes Stück Zufall. Das soll heilsentscheidend sein? Das kann ich mir nicht vorstellen. Das wäre ja ungerecht. Deshalb können sich die Religionen unbefangen begegnen – als regionale, kulturelle Gegebenheit.

Es gibt wohl schon eine Wahrheit hinter allem, sonst wäre die ganze Welt ja relativ und chaotisch. Aber ich glaube nicht, dass die Kirche sie allein vertritt, sonst würden sich die meisten Menschen ja irren. Außerdem nehmen Buddhisten und Muslime ihren Glauben auch ernst und machen sich Hoffnungen. Ich seh' da auch kein Problem, es kann doch jeder glauben, was er will.

Ich glaube eh nicht so fest an Gott. Dass es so viele Religionen gibt und alle behaupten, alleine recht zu haben, schreckt mich ab. Für mich ist Gott eher was Unbestimmtes – eine höhere Macht oder so. In diesem Glauben können sich doch die meisten Menschen wiederfinden, oder?

Ich glaube fest an Gott und gehe damit so indirekt ja schon davon aus, dass die anderen Religionen sich irren, weil sich mein Glaube und deren Glaube ja ausschließen. Ich würde das aber nie so direkt formulieren, das ist ja ziemlich arrogant. Man muss mehr das Gemeinsame suchen und betonen – wie z. B. beim »Weltethos«.

Mich erinnern diese Fragen an Lessings »Ringparabel«: Ja, es gibt eine Wahrheit, aber keine der Religionen weiß, wo sie steckt. Trotzdem glauben alle, sie zu ›besitzen‹, und streiten deshalb. Die Lösung der Parabel sollten wir berücksichtigen: Alle leben, so gut sie können, und versuchen so zu zeigen, dass sie der »wahren Religion« angehören. Dann hätten wir wenigstens Frieden.

- ▶ Beantworten Sie ganz persönlich die im Text oben gestellten Fragen und tauschen Sie dann Ihre Positionen aus.
- ▶ Kategorisieren Sie die Äußerungen der Schülerinnen und Schüler sinnvoll und entwickeln Sie jeweils die Konsequenzen für einen interreligiösen Dialog, die sich aus solch einer Haltung ergeben.
- ▶ Überlegen Sie in Kleingruppen: Was bedeutet für uns »interreligiöser Dialog«? Welches Ziel verfolgt er? Aus welchen Anlässen heraus entsteht er? Um welche Themen sollte sich der Dialog drehen? Gestalten Sie eine fiktive Einladung zu einem »Dialog der Religionen« in Ihrer Stadt/Ihrem Ort und lassen Sie dabei Antwortperspektiven aus den eingangs gestellten Fragen mit einfließen.

Wie viele Wege zu Gott gibt es?

»Nur den Weg über Jesus Christus« – diesen Exklusivitätsanspruch hat das Christentum lange vertreten.
Das Zweite Vatikanische Konzil setzte religiösen Inklusivismus dagegen: »Die katholische Kirche lehnt nichts von alledem ab, was in diesen Religionen wahr und heilig ist. Mit aufrichtigem Ernst betrachtet sie jene Handlungs- und Lebensweisen, jene Vorschriften und Lehren, die zwar in manchem von dem abweichen, was sie selbst für wahr hält und lehrt, doch nicht selten einen Strahl jener Wahrheit erkennen lassen, die alle Menschen erleuchtet.«

Nostra Aetate, 2

In der christlichen Theologie umstritten und als »Relativismus« gebrandmarkt ist das Modell des Pluralismus, dem zufolge mehrere Religionen in gleicher Weise den Weg zum Heil eröffnen. Im Anschluss an ein Wort von Papst Johannes Paul II., wonach der Mensch der Weg Gottes in der Welt sei und es demnach so viele Wege zu Gott gebe wie Menschen, antwortete Kardinal Joseph Ratzinger, der spätere Papst Benedikt XVI., auf die oben gestellte Frage: »So viele, wie es Menschen gibt. Denn auch innerhalb des gleichen Glaubens ist der Weg eines jeden Menschen ein ganz persönlicher.«

Verständigung zwischen Toleranz und Beliebigkeit

Die Aussage des späteren Papstes Benedikt XVI. kann den Weg zu einem fruchtbaren Dialog der Religionen weisen; denn dieser Weg muss zwischen Abgrenzung auf der einen und Beliebigkeit oder Gleichmacherei auf der anderen Seite über den spannungsvollen Begriff der »Wahrheit« selbst führen. Der Wahrheitsbegriff kann auf drei Ebenen betrachtet werden:

Wahrheit an sich	Elementare religiöse Wahrheiten	Wahrheit für mich
Gott als radikal unabhängige Größe – zeigt sich in seinen Offenbarungen	zentrale Glaubensinhalte	Was ich selbst als wahr erkannt bzw. akzeptiert habe und ich anderen gegenüber als wahr und verheißungsvoll vertrete – ich muss mich persönlich zum Offenbarungsangebot verhalten

Die Theologie geht von unveränderlichen Wahrheiten aus, die von Gott geoffenbart wurden. Diese sind aber nur in menschlicher Sprache, zeitgeschichtlichem Kontext und dem entsprechenden Verstehenshorizont vermittelbar. Das Credo ist Ergebnis eines solchen zeit- und kulturgeprägten Ringens um ein angemessenes Gottesverständnis und eine Formulierung dessen, was die Glaubensgemeinschaft diesbezüglich für wahr hält.

Bedeutsam werden absolute Wahrheiten für Menschen, wenn sie diese konstruktiv in ihr Gedankengebäude integrieren können. Erst dieser dynamische Erkenntnisprozess, der das Eintreten für die eigenen Wahrheiten mit der Einsicht verbindet, dass diese wandelbar sind, eröffnet eine starke Position im »Dialog der Religionen« – ohne eigene Wahrheiten relativieren oder gar verleugnen zu müssen.

- Fassen Sie in einer Skizze zusammen, wie sich Ihr persönlicher Glaube zum Glauben Ihrer und anderer Religionsgemeinschaften verhält, und beziehen Sie auch die Frage nach dem Offenbarungsglauben und dem Gottesbild mit ein. Anhand Ihres Ergebnisses können Sie die unterschiedlichen Modelle des Exklusivismus, des Inklusivismus und des Pluralismus erklären.
- Erörtern Sie, ob die Antwort des Papstes und die Idee der »Wahrheit für mich« nicht auch der Vorwurf des Relativismus oder der subjektiven Beliebigkeit treffen könnte. Beziehen Sie in Ihre Überlegungen die Entstehung des Apostolischen Glaubensbekenntnisses (**90** f.) und die Bedeutung der Glaubensgemeinschaft für die Gläubigen (**114**) mit ein.
- Formulieren Sie Grundregeln für einen konstruktiven Dialog der Religionen und grenzen Sie dabei »schwache« und »starke« Toleranz voneinander ab. Dieses Buch hat Beispiele für interreligiöse Dialoge angeführt, z. B. die Interreligiöse Fraueninitiative Bamberg (**82** f.) oder das »Projekt Weltethos« **49** (www.weltethos.de). Prüfen Sie, inwieweit diese Ihren Grundregeln und den Ansprüchen auf Wahrheit und Verständigung gerecht werden.
- Der letzte Absatz dieser Doppelseite lässt Raum für eigene Umsetzungen: Formulieren Sie zunächst Ihre 5-10 wichtigsten eigenen Glaubenssätze und treten Sie dann in einen Dialog darüber ein – entweder gruppenintern oder auch mit Vertretern anderer Religionen.

Das Abitur vorbereiten

Das folgende Kapitel zur Abiturvorbereitung will Sie auf die Bearbeitung einer »offiziellen« Abituraufgabe vorbereiten. Insbesondere lernen Sie Methoden kennen, wie sich Aufgabenstellungen Schritt für Schritt erschließen lassen. Die gezeigten Arbeitstechniken sollen es Ihnen ermöglichen, Abituraufgaben und Fragen zu analysieren und Aufgabenstrukturen zu erfassen. Außerdem bietet das Kapitel wichtige TIPPS zur Wiederholung und Auffrischung Ihres Wissens und gibt Hinweise für die Planung der Abiturvorbereitung.

Aufgabenarten und Lernstoff

In der schriftlichen Abiturprüfung erhalten Sie vier Aufgaben zur Auswahl. Einen Überblick zu den möglichen Aufgabenarten und dem Lernstoff für die Vorbereitung gibt die Tabelle auf der folgenden Seite (123). Detaillierte Tipps zur Vorbereitung auf die einzelnen Aufgabentypen finden Sie auf 125 - 129. Für alle Aufgaben ist eine sprachlich überzeugende Darstellung und schlüssiges Argumentieren erforderlich.

Allgemeine Hinweise zur Aufgabenanalyse und Vorbereitung

Jede Aufgabe hat einen *Themaschwerpunkt*. Dieser verdeutlicht die inhaltliche Verknüpfung zu einem oder mehreren Themenbereichen der (Halb-)Jahre. Der Themenschwerpunkt muss jedoch niemals die gesamte Abituraufgabe prägen, denn jede Aufgabe hat ein eigenes Thema. Ungeachtet dessen werden in den *Teilaufgaben* Inhalte aus den verschiedenen Themenbereichen der 11. und 12. Jahrgangsstufe kombiniert (vgl. die Aufgaben zu »Vernetzungen im Schulbuch« auf den PINNWAND-Seiten von »Religion vernetzt 11 und 12«). Bei der Vorbereitung darf deshalb der Stoff nicht eingegrenzt werden.
Die verschiedenen Aufgabenarten sind in Teilaufgaben untergliedert, die durch *Thesen*, *Überschriften* oder *Zitate* eingeleitet werden. Die Arbeitsanweisungen in den Teilaufgaben sind durch *Operatoren* angegeben. Diese Arbeitsanweisungen werden mit Schlüsselwörtern formuliert, die eine Aufforderung enthalten, z. B.: »Erläutern Sie ...«, »Stellen Sie dar ...«, »Begründen Sie ...« etc. Die Operatoren sagen Ihnen, welche Tätigkeiten bei der Lösung einer Aufgabe von Ihnen erwartet werden. Die Operatoren sind nach drei »Anforderungsbereichen« gegliedert:

Anforderungsbereich I:	Wiedergabe von Kenntnissen
Anforderungsbereich II:	Anwenden von Kenntnissen
Anforderungsbereich III:	Problemlösen und Werten

Beispiel: Skizzieren (Operator Anforderungsbereich I) und begründen Sie (Operator Anforderungsbereich II) **wesentliche Züge des biblisch-christlichen Menschenbildes**. (Thema)

Überblick zu Aufgabenarten und Lernstoff

Aufgabenart	Lernstoff aus den vier Halbjahren und methodische Fähigkeiten
Aufgabe I: Themaaufgabe – mit Themaschwerpunkt – mit mehreren Teilaufgaben, die jeweils nicht vom Themenschwerpunkt geprägt werden müssen	Der Themaschwerpunkt zeigt den Bezug zu bestimmten Themenbereichen der Halbjahre an.
Aufgabe II: Textaufgabe – mit Basistext und Themaschwerpunkt – mit mehreren Teilaufgaben, wovon die erste eine Texterschließung erfordert und die weiteren Teilaufgaben von der Textgrundlage oder dem Themenschwerpunkt ausgehen können	Themaschwerpunkt und Basistext machen den Bezug der Themenbereiche deutlich. – Methoden zum Erschließen von Sachtexten – Überzeugendes textbezogenes Argumentieren
Aufgabe III: Erweiterte Textaufgabe – mit Basistext und Themenschwerpunkt – mit zusätzlichen Materialien unabhängig von Themenschwerpunkt und Basistext – mit Teilaufgaben zur Erschließung der Texte und Materialien und erweiternden Fragen	– Methoden zur Erschließung von Sachtexten, evtl. auch von Bildern und Grafiken – Methoden zur vergleichenden Analyse von Sachtexten, Bildern und Grafiken – Gattungstheoretische Grundbegriffe
Aufgabe IV: Aufgabe mit gestalterischem Anteil – mit mehreren Quellen, neben Texten (eventuell auch Basistext) auch andere Materialien oder Bilder – mit inhaltlichem Schwerpunkt und mehreren Teilaufgaben – mit mindestens einer gestalterischen Teilaufgabe	– Texterschließung und Analyse von Bildern und Grafiken – eigenständige Gestaltung eines Textes mit Adressatenbezug in einer bestimmten Gattung, z. B. Leserbrief, Beitrag für eine Homepage, fiktiver Dialog oder Kommentar (dabei sind formal, im Aufbau und inhaltlich gattungsspezifische Kriterien einzuhalten, stilistische Spezialkenntnisse werden nicht vorausgesetzt)

In diesem Kapitel wird zur Veranschaulichung der Methoden und Vorgehensweisen für alle Aufgabenarten von folgendem Themenschwerpunkt ausgegangen: **»Der Mensch als Abbild Gottes (Gen 1,26) vor den ethischen Herausforderungen der Gegenwart.«**

TIPPS FÜR DIE THEMENWAHL

- Lesen Sie die vorgelegten Abituraufgaben mit den Texten und Materialien sorgfältig durch; verschaffen Sie sich so einen Überblick über alle Aufgaben und notieren Sie erste Eindrücke.
- Prüfen und erfassen Sie die Aufgabenstellungen, die aus text- und materialbezogenen und textübergreifenden Fragestellungen bestehen.
- Klären Sie, welche Leistungen von Ihnen erwartet werden, indem Sie besonders auf die Prädikate der Aufgabenstellung (»Operatoren«) achten, z. B.: »Zeigen Sie auf ...«, »Weisen Sie nach ...«, »Entwickeln Sie Perspektiven ...« etc.
- Wählen Sie erst nach diesen Überlegungen die Aufgabe aus, die Sie bearbeiten wollen.
- Sehen Sie maximal eine halbe Stunde zur Wahl der Aufgabe vor.

► Suchen Sie aus den Aufgaben auf den AKZENT-Seiten dieses Buches die Operatoren, erstellen Sie eine Liste und bestimmen Sie jeweils den Tätigkeits- und Anforderungsbereich (vgl. www.religionvernetzt.de → Infos zum Schulbuch, Jgst. 12).
► Stellen Sie in Übersichten den gesamten Lehrstoff der beiden Schulbücher Religion vernetzt 11 und 12 zusammen.
► Überprüfen Sie die Vollständigkeit der eigenen Unterrichtsmitschriften, der Arbeits- und Übungsblätter und vervollständigen Sie gegebenenfalls Ihre Materialien.

Mindmap zum Themenschwerpunkt und zu Teilaufgaben

Lernleistungen lassen sich vor allem dadurch steigern, dass mehrere Sinne für das Lernen genutzt werden. Visuelle Darstellungen, z. B. ein Mindmap, bieten besondere Möglichkeiten der Veranschaulichung und Einprägung von Lernzusammenhängen. Mit einem Mindmap lassen sich in kreativer Weise Ideen zu einem Thema entwickeln und gliedern; zudem wird – wie beim kreativen Schreiben (128 f.) – der Blick für das Wesentliche gestärkt.
Einen ersten Überblick zu den Bereichen und Inhalten des Schwerpunktthemas einer Aufgabe können Sie sich durch ein Mindmap erarbeiten. Im *Zentrum* des Mindmap steht der Kern des Themas bzw. der Aufgabe, durch Schlüsselwörter definiert. Von diesem Mittelpunkt zweigen in Form von *Hauptästen* Schwerpunkte ab, die sich wiederum verzweigen und so Differenzierungen bilden. Beim Erstellen eines Mindmap erfassen Sie wichtige Aspekte und Teilaspekte des Themas und der Problemstellung. Durch Verästelungen werden die Begriffe geordnet, zugleich erläutert und veranschaulicht. So erhalten Sie reichhaltiges und facettenreiches Material, das Sie noch durch die Analyse weiterer Quellen zur Aufgabe ergänzen können. Danach erscheinen die Verknüpfungen des Themenschwerpunktes zu bestimmten Themenbereichen der (Halb-)Jahre in sinnvollen Zusammenhängen. Das Beispielthema, »Der Mensch als Abbild Gottes (Gen 1,26) vor den ethischen Herausforderungen der Gegenwart«, kann über die Schlüsselbegriffe *»Mensch als Abbild Gottes«* und *»ethische Herausforderungen der Gegenwart«* den Themenbereichen 11.4 (»Was ist der Mensch?«, Christliches Menschenbild), 12.1 (»Ethisch handeln«, Ethische Orientierung im Wertepluralismus) und 12.2 (»Christliche Soziallehre in der Welt von heute«, Aktuelle Herausforderungen aus christlicher Sicht) zugeordnet werden.

Mindmap zum Beispielthema

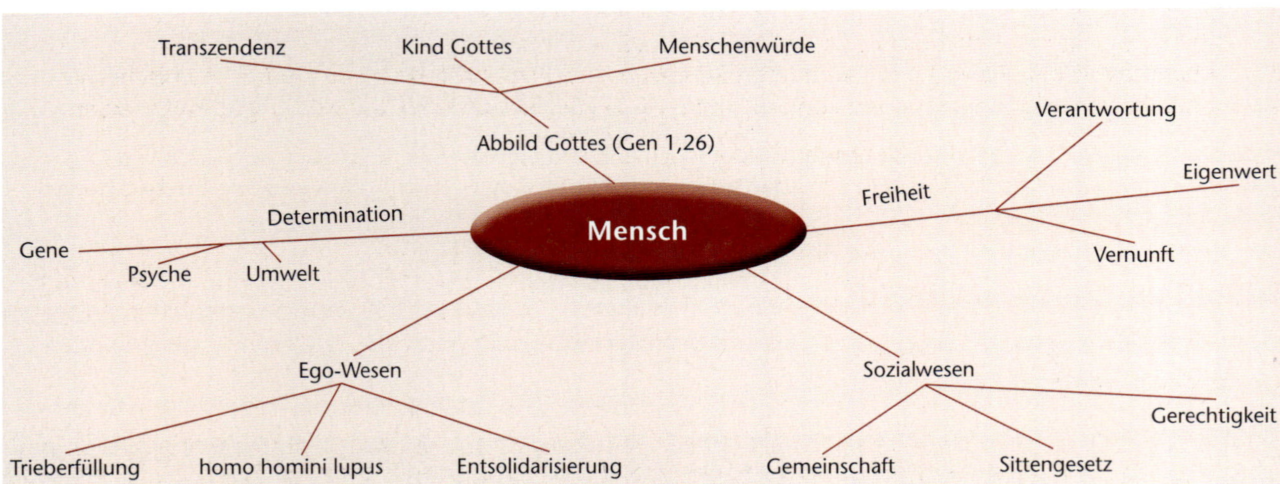

Ein Mindmap, ein Cluster oder ein Schaubild zu den Überschriften oder Thesen der Teilaufgaben zeigen Ihnen Verknüpfungen zum Themenschwerpunkt. Sie können gedankliche Brücken schlagen und erhalten für Ihre Darstellung eine logische Gliederung und sinnvolle Argumentationsketten. Sie erkennen damit ebenfalls, ob eine Teilaufgabe nicht mit dem Themenschwerpunkt zusammenhängt.

- Entwerfen Sie je ein Mindmap zu folgenden Schlüsselbegriffen: Gott, Staat, Technik, Liebe.
- Bestimmen Sie die Themenbereiche der (Halb-)Jahre, welche durch Ihre Ausdifferenzierungen infrage kommen.
- Formulieren Sie aus Ihren erstellten Mindmaps Themenschwerpunkte für mögliche Aufgaben.

Die Themaaufgabe

Bei der Themaaufgabe steht kein Basistext zur Verfügung. Die Teilaufgaben stellen in der Regel thematische Einheiten dar, sie sind deshalb mit Überschriften, Zitaten oder Thesen voneinander abgegrenzt, stehen aber im engeren oder weiteren Sinn in Verbindung mit dem Themenschwerpunkt. Sie können durch die Begriffe in den Mindmaps die Zusammenhänge erkennen und bestimmen.
Jede Teilaufgabe umfasst zwei Aufgabenstellungen mit Operatoren als Arbeitsanweisungen.

Themaaufgabe mit Themenschwerpunkt:

1 Menschenbilder – Maßstab für die Solidarisierung in der Gesellschaft

1.1 Vergleichen Sie ein nicht christliches Menschenbild aus dem Bereich der Psychologie oder der Naturwissenschaft mit dem christlichen Menschenbild.

1.2 Stellen Sie einen ethischen Grundkonsens dar.
Erörtern Sie anschließend, welche Bedeutung der Gottesglaube für die Entwicklung eines ethischen Grundkonsenses hat, und nehmen Sie kritisch zum Versuch Stellung, in unserer pluralistischen Gesellschaft dauerhaft ethische Werte begründen zu wollen.

2 Das Reich Gottes in der Welt des Menschen

2.1 Arbeiten Sie anhand von einschlägigen Perikopen aus Mt 5 – 6 die wesentlichen Züge der Reich-Gottes-Botschaft Jesu heraus und erörtern Sie kritisch, inwieweit der biblische Impuls für ein Leben in Gerechtigkeit in unserer Gesellschaft noch eine Ausformung findet.

2.2 Zeigen Sie anhand eines Entwurfes sogenannter politischer Theologie auf, wie die Reich-Gottes-Botschaft konkret umgesetzt werden kann.

3 Der Christ als verantwortlich Handelnder vor Gott und den Menschen

3.1 Stellen Sie ein nicht christliches Modell der Normenbegründung dar.

3.2 Veranschaulichen Sie an einem konkreten Beispiel, wie unter Christen unterschiedliche ethische Entscheidungen zustande kommen können, wenn diese jeweils aus dem Gewissen begründet werden.

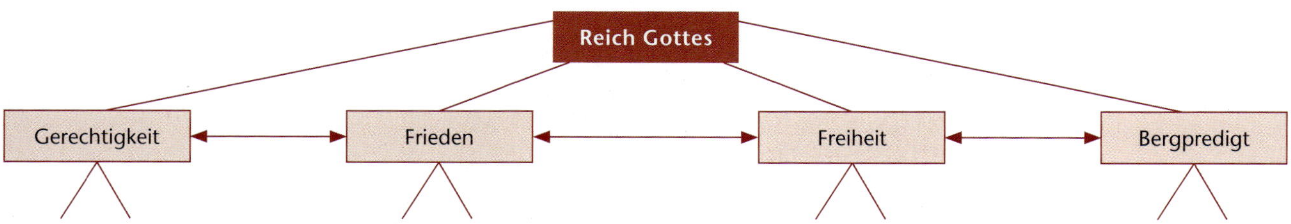

Beispiel-Mindmap zu Teilaufgabe 2

▶ Erstellen Sie **auf einem eigenen Blatt** eine Analyse der Teilaufgaben und Aufgabenstellungen nach folgendem Schema.

	Arbeitsauftrag/Operator	Anforderungsbereiche I, II, III	Themenbereiche der (Halb-)Jahre
1.1			
1.2			

▶ Entfalten Sie das Beispiel-Mindmap zu Teilaufgabe 2 **auf einem eigenen Blatt**.

▶ Erstellen Sie Mindmaps zu den beiden anderen Teilaufgaben.

▶ Bearbeiten Sie anschließend drei selbst gewählte Aufgabenstellungen.

Textaufgabe mit Basistext

Die klassische »Textaufgabe«, die »Erweiterte Textaufgabe« und die »Gestaltungsaufgabe« enthalten einen Basistext. Der Basistext zum Themenschwerpunkt stellt die Grundlage für die Bearbeitung der Teilaufgaben dar. Dabei muss sich aber nicht notwendig jede Aufgabe auf den Text beziehen.
Zur Verdeutlichung der Unterschiede der Aufgabentypen und zur genaueren Übersicht der Analyse der Arbeitsaufträge, Erwartungen und Kombination der Themenbereiche dient als Beispiel-Basistext »Dürfen wir noch fliegen?« 33 (**M 1**).
Um einen Text zu erschließen, ist es notwendig, den Text gegebenenfalls zu gliedern und zentrale Textstellen zu markieren, die für die Lösung der Aufgabe wichtig sind. Hilfreich können außerdem Randmarkierungen sein, die erste Eindrücke festhalten und wichtige inhaltliche Beobachtungen widerspiegeln. Aber Vorsicht: Bei einem Übermaß an Markierungen sind gezielte Hervorhebungen oder Gewichtungen kaum noch erkennbar. Markieren Sie deshalb in einem Text besonnen. Sie können zentrale Begriffe oder Aussagen z. B. durch folgende Markierungen hervorheben:

Unterstreichung   Markierung   Einkästeln   Einkreisen

Als Randmarkierungen können Sie verwenden:

|	wichtiger Gesichtspunkt
!	auffälliger Aspekt, der in besonderer Weise der eigenen Auffassung entspricht
?	für mich (vorerst) unklare Stelle, über die ich noch nachdenken muss
??	zweifelhaft
① ② ③	Nummerierung von Abschnitten nach bestimmten Gesichtspunkten

Nur wenn Sie bei der Textanalyse schrittweise vorgehen, ist gewährleistet, dass Sie die wichtigsten Gedanken oder zentralen Thesen des Textes lückenlos erarbeiten.

TIPPS ZUM ERSCHLIESSEN EINES TEXTES

1. Markieren Sie die Kernstellen und Schlüsselbegriffe des Textes.
2. Machen Sie Randnotizen zu Auffälligkeiten und Fragen.
3. Halten Sie die Ergebnisse Ihrer genauen Lektüre in einer Stoffsammlung schriftlich fest und erstellen Sie danach eine Gliederung (Sinnabschnitte mit Zeilenangabe).
4. Entwerfen Sie einen Schreibplan als Strukturskizze, welche die Zusammenhänge verdeutlicht.

Sie können nun die Kerngedanken des Textes »**M 1**« schriftlich zusammenfassen, die wichtigsten Thesen erläutern und die Intention herausarbeiten. Die erste Textaufgabe ist textbezogen und erfordert das gründliche Überarbeiten des Textes.

Mögliche Aufgabenstellung der 1. Teilaufgabe *(zu Basistext* **M 1***):*
1.1 Fassen Sie die Hauptgedanken des Textes zusammen und erläutern Sie die Intention des Textes.
1.2 Erarbeiten Sie auf der Grundlage der Kerngedanken des Textes zwei unterschiedliche Normenbegründungsmodelle und vergleichen Sie diese unter dem Gesichtspunkt der ethischen Herausforderung des Christen.

Die weiteren Teilaufgaben können textübergreifend und textunabhängig sein, haben aber meist einen Bezug zum Schwerpunktthema.

- ▶ Analysieren Sie den Basistext gemäß den TIPPS zur Texterschließung im Kasten oben.
- ▶ Bearbeiten Sie die Aufgabenstellung der 1. Teilaufgabe.
- ▶ Stellen Sie zu den Kernaussagen des Textes Verknüpfungen zum Mindmap des Themenschwerpunktes her (124).
- ▶ Nun können Sie zum Schwerpunktthema textübergreifende Aufgabenstellungen für die 2. und 3. Teilaufgabe formulieren.

Erweiterte Textaufgabe

Die »Erweiterte Textaufgabe« unterscheidet sich von der »Textaufgabe« (**126**) insbesondere dadurch, dass sie nicht nur einen Text als Basis aufweist, sondern auf mehrere Quellen zurückgreift. Diese Quellen können neben weiteren Texten auch Bilder oder andere Materialien sein. Dabei haben die einzelnen Materialien im Vergleich zur reinen Textaufgabe einen geringeren Umfang. Zudem kann die Anzahl der Teilaufgaben variieren. Die Teilaufgaben sind nicht notwendig durch Überschriften, Thesen oder Zitate eingeleitet. Auch können sie völlig unabhängig vom Basistext stehen; dann ist eine vielschichtigere Auseinandersetzung mit den Themenbereichen durch die Einbindung dieser Elemente möglich.
Die zusätzlichen Materialien stehen in Verbindung mit dem Themenschwerpunkt; mithilfe des Mindmap zum Themenschwerpunkt können Sie eine Einordnung in entsprechende Themenbereiche vornehmen. Eine genaue Analyse dieser Quellen ist also empfehlenswert. Zu beachten ist außerdem, dass sich bei der Erweiterten Textaufgabe einzelne Teilaufgaben auch nur auf eine weitere Quelle beziehen können.

M 2

Zusätzliche Materialien
Zum genannten Themenschwerpunkt sind für die Erweiterte Textaufgabe folgende zusätzliche Materialien vorgegeben:

»Das Thema Entwicklung ist heute stark an die Verpflichtungen gebunden, die aus der *Beziehung des Menschen zur natürlichen Umwelt* entstehen. Diese Beziehung wurde allen von Gott geschenkt. Der Umgang mit ihr stellt für uns eine Verantwortung gegenüber den Armen, den künftigen Generationen und der ganzen Menschheit dar. Wenn die Natur und allen voran der Mensch als Frucht des Zufalls oder des Evolutionsdeterminismus angesehen werden, wird das Verantwortungsbewusstsein in den Gewissen schwächer. Der Gläubige erkennt hingegen in der Natur das wunderbare Werk des schöpferischen Eingreifens Gottes, das der Mensch verantwortlich gebrauchen darf, um in Achtung vor der inneren Ausgewogenheit der Schöpfung selbst seine berechtigten materiellen und geistigen Bedürfnisse zu befriedigen.«

Papst Benedikt XVI., Caritas in Veritate, 48 (**M 3**)

- Überprüfen Sie, ob der Basistext (M 1) Anknüpfungspunkte für die Materialien M 2 und M 3 bietet!
- Formulieren Sie eine Aufgabenstellung, die sich nur auf M 2 oder M 3 bezieht.
- Ordnen Sie unter Berücksichtigung der Mindmaps (vgl. **124**) den Materialien M 2 und M 3 Themenbereiche des Schwerpunktthemas zu.
- Entwerfen Sie mit Einbezug der Materialien nach dem Schema der folgenden Aufgabenstellung konkrete Bearbeitungsanweisungen (auch Fragestellungen sind möglich). Benutzen Sie dabei das Mindmap zum Themenschwerpunkt (**124**). – Bei Teilaufgabe 2 soll M 2, bei Teilaufgabe 3 soll M 3, bei Teilaufgabe 4 sollen M 1 und M 2 miteinbezogen werden.

AUFGABENSTELLUNGSSCHEMA		
Teilaufgabe/Operator	Anforderungsbereich (vgl. **122**)	Themenbereiche/(Halb-Jahre)
2	II	11/2, 11/4, 12/2
3	I und III	12/1, 12/2
4	II und III	11/4, 12/2, 12/3

Gestaltungsaufgabe bzw. Aufgabe mit gestalterischem Anteil

Eigenständige Auseinandersetzung in einer vorgegebenen Gattung
Der gestalterische Aufgabenteil (oder die gesamte Abiturprüfungsaufgabe) ist natürlich einem inhaltlichen Schwerpunkt zugeordnet; auch ein Basistext kann gegeben sein. Neben der üblichen Bearbeitung der Aufgabenstellungen wird von den Abiturientinnen und Abiturienten verlangt, einen eigenständigen, thematisch vorgegebenen Text in einer bestimmten Gattung bzw. mit einem entsprechenden Adressatenbezug zu gestalten, z. B. einen Leserbrief, einen Beitrag für die Homepage oder einen fiktiven Dialog. Dabei müssen formal, im Aufbau und inhaltlich gattungsspezifische Kriterien eingehalten werden. Diese setzen jedoch keine sprachlichen oder stilistischen Spezialkenntnisse voraus.

Teilaufgabe 1 zur Gestaltungsaufgabe zum Basistext »Dürfen wir noch fliegen?« (33)

1. Unterschiedliche Maßstäbe der Verantwortung – ein fiktives Gespräch über den Schutz des Weltklimas

1.1 Erläutern Sie in einem fiktiven Streitgespräch die im Text **M 1** angesprochene Problematik der Flugreisen und vergleichen Sie die Probleme mit der gegenwärtigen Entwicklung des Flugtourismus.

1.2 Begründen Sie im weiteren Gesprächsverlauf Wege der Umweltethik und Umweltpolitik.

Zu den restlichen Teilaufgaben wird nun anderes Quellenmaterial miteinbezogen. Diese Aufgabenform zieht verschiedene Materialien heran.

Vielfältige Materialien
Im Vergleich zur reinen Textaufgabe haben die einzelnen Materialien reduzierten Umfang. Quellen können neben Texten auch Bilder oder andere Materialien sein:

TEXTE	
Literarische Formen	– Parabel – Gedicht – Sentenz – Romanauszug – ...
Journalistische Formen	– Nachricht – Kommentar – Reportage – Glosse – Interview – Leitartikel

ABBILDUNGEN
– Foto – Bild – Schema – Tabelle, Diagramm, Grafik – Landkarte – Karikatur
SONSTIGE MATERIALIEN
– Dokumentation – Lexikonartikel – Anzeige – Werbung – ...

Die Ergebnisse nach der Erschließung und Analyse des Quellenmaterials müssen in unterschiedlichen Schreib- und Darstellungsformen umgesetzt werden. Die Textsorten unterscheiden sich unter anderem hinsichtlich ihrer Intention und der vorherrschenden Sprechhaltung.

Textsorte	Intention	Sprechhaltung, Stil
Kommentar	informieren, überzeugen, zur Meinungsbildung anregen	Stellung nehmend, wertend, sachlich, argumentierend, pointiert
Essay	überzeugen, unterhalten, emotional ansprechen	subjektiv, unterschiedliche Haltungen, von sachlich über ironisch bis polemisch
...	...	...

- ► Ergänzen Sie **auf einem eigenen Blatt** die Übersicht der Schreibformen mit »Leserbrief«, »fiktiver Dialog«, »Plädoyer« und »Beitrag für eine Homepage«.
- ► Bearbeiten Sie die im Text oben formulierte Teilaufgabe 1.

Themenschwerpunkt und Materialien

Das Schwerpunktthema wird in der Gestaltungsaufgabe in den Teilaufgaben 2 und 3 (evtl. auch in einer vierten Teilaufgabe) aus der Perspektive verschiedener Texte und Bilder beleuchtet. Dabei ist ein Kombinieren vieler Themenbereiche der Halbjahre möglich. Das Mindmap zum Themenschwerpunkt (124) eignet sich, um auch hier Verbindungen anzuzeigen. Deshalb lohnt es sich, bei der Bild- und Textanalyse Beobachtungsergebnisse (z. B. Analyse der Abbildungen durch W-Fragen) und Textaussagen schriftlich zu fixieren (vgl. 126).

Folgende Materialien sind beispielsweise für die Teilaufgaben vorgegeben:

»Los, Los« (M 4)

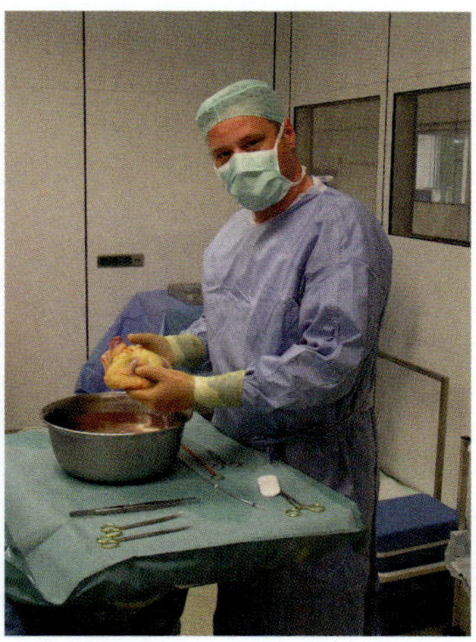

PD Dr. Hilker mit Spenderherz, Uniklinik Regensburg (M 5)

Ruinenstätte

Umkleiden mit Fleisch
die Skelette. Wiederaufrichten
der Mauern. Atem einblasen
allem Toten und zuschauen
wie es neu lebt
um zu sterben: Unhaltbar
so wie im Schlaf deine Hand
der meinen entgleitet.

Günter Kunert, 1990 (**M 6**)

TIPP

Vorsicht bei gestalterischen Aufgaben! Bewertet werden sowohl der Inhalt – nicht nur die Kreativität – als auch die formale Gestaltung!

Beispiel für eine Teilaufgabe: Vergleichen Sie die Karikatur »Los, Los« mit dem Foto aus der Herz-Thorax-Chirurgie. Welche Gefahren und Chancen bringt die Organtransplantation mit sich?

- Stellen Sie im Rahmen des Schwerpunktthemas unterschiedliche Positionen der Beurteilung des Problems dar (das Mindmap 124 kann Ihnen dabei die Richtung der Gedankenführung angeben).
- Überlegen Sie, welcher Anforderungsbereich bei der persönlichen Sichtweise angestrebt werden sollte.
- Überprüfen Sie, ob für die persönliche Auseinandersetzung mit der Problematik ein Interview, ein fiktiver Dialog oder ein Plädoyer die angemessene formale Gattung für die gestalterische Aufgabe ist.
- Nehmen Sie in einem Kommentar einer regionalen Tageszeitung mit Einbezug der Materialien M 4 und M 5 Stellung zu der Aussage »Organspende als Akt der christlichen Nächstenliebe war ein Trugbild, eine Einbahnstraße«.
- Diskutieren Sie in einem fiktiven Dialog über das Auferstehungsmotiv in Günter Kunerts Gedicht »Ruinenstätte«.

Lexikon – Theologie kompakt

Apokalyptik

Mit Apokalyptik (von griech. *apoká-lypsis* = Enthüllung, Offenbarung) wird eine im Vorderen Orient des 2. Jahrhunderts v. Chr. entstandene und bis ins 1. Jahrhundert n. Chr. andauernde Geistesströmung verstanden. Sie entwickelte im Judentum in prophetischer Tradition eine Antwort auf die Erfahrungen des Volkes Israel im Babylonischen Exil und die Verfolgungserlebnisse in hellenistischer Zeit.
Die wachsende Bedrohung der politischen und kulturellen Identität durch die Herrschaft der Römer und die dadurch entstehende Minderheitensituation führten auf der einen Seite vor allem die frommen Juden, die darin Gottes Wirken in der Welt nicht mehr erkennen konnten, in den geistigen Rückzug. Sie wandten sich der Beschäftigung mit verborgenen Plänen Gottes zu und kamen zu der Überzeugung, dass Gottes Eingreifen zugunsten der Frommen unmittelbar bevorstehe. Diese Vorstellung breitete sich aus und hing sowohl mit negativen Visionen vom Weltende als auch mit einer dualistischen Weltsicht zusammen. Diese ging davon aus, dass der gegenwärtigen Welt der Finsternis und des Teufels eine göttliche Welt des Lichts gegenübersteht, die von außen her über die alte Welt hereinbrechen wird. Die Gegenwart mit ihren katastrophal negativen Erscheinungen wurde dabei als Anzeichen dafür gedeutet, dass das Ende mit dem Anbruch der ewigen und alles umgreifenden Gottesherrschaft unmittelbar bevorstehe. Die Gläubigen, welche die Entwicklung der Welt in Gottes Ratschluss vorbestimmt und sich selbst auf der Seite des Guten sahen, konnten geduldig die bereits beginnende Vernichtung des alten Äons (Zeitalters) und den Beginn des neuen abwarten, der die → Auferstehung der Toten und das → Gericht über die Welt (Dan 7,9-14; 12,2f.) bringen sollte.
Auf der anderen Seite entzündeten sich an den Erwartungen einer messianischen Erlöserfigur auch politische Aufstandsbewegungen, die das Eingreifen Gottes zugunsten der unterdrückten Juden herbeizwingen wollten.
Die Apokalyptik entwickelte ein eigenes Lebensgefühl, das auch als wesentliche Entstehungsbedingung des Christentums gilt. So tragen z. B. die Gerichtsandrohung und die Bekehrungsaufrufe von Johannes dem Täufer apokalyptischen Charakter (z. B. Mt 3,7-12 par). Jesu Predigt vom Reich Gottes betont zwar eine andere »Form« von Gottesherrschaft, traf aber die apokalyptischen Erwartungen seiner Zeit. Seine Auferstehung konnte z. B. als Entmachtung des alten Äons gedeutet und als gegenwärtiger Anbruch des → Heils angesehen werden. Deutlich wird diese Haltung bei Jesu Anhängerinnen und Anhängern in deren Erwartung der baldigen Wiederkunft Jesu Christi nach seiner Auferstehung (Parusie).
Die Geistesströmung der Apokalyptik schlägt sich literarisch in verschiedenen Apokalypsen mit düsteren, teilweise sehr drastischen Sprachbildern nieder, z. B. dem alttestamentlichen Buch Daniel oder der neutestamentlichen Offenbarung des Johannes. Daneben finden sich apokalyptische Abschnitte auch in den Büchern Jesaja, Ezechiel und Sacharja sowie in einzelnen neutestamentlichen Briefen.
In der Apokalyptik steckt insofern gesellschaftlich-politischer Sprengstoff, als sie diese Welt als etwas Vorläufiges, etwas zu Überwindendes ansieht, hinter der eine neue, bessere Welt wartet. Diese Annahme wurde in weltimmanenterer Denkweise z. B. vom Marxismus vertreten und lässt sich bis heute bei religiösen Gruppierungen wie den Siebenten-Tags-Adventisten oder in übersteigert pessimistischer Variante auch im Satanismus erkennen.
Die heutige Theologie sieht in der Apokalyptik wichtige Symbole, um bedrohliche Ereignisse der Gegenwart anschaulich und tröstend zu deuten. Wenn diese sich nämlich als Teilhabe an »Kreuz und Auferstehung Jesu« verstehen lassen, so können die Gläubigen sicher sein, dass keine der negativen Entwicklungen und Mächte dieser Zeit sie von Gott und dem von ihm verheißenen Heil trennen kann – so wie sich aus dem scheinbaren Untergang Jesu seine Errettung durch Gott ergeben hat.
Die intensive Symbolik der Apokalyptik wird für Weltuntergangsszenarien aller Art in Kunst, Literatur, Film und Musik in ihrer Drastik und Vieldeutigkeit häufig verwendet. Die Rolle eines »messianischen Retters« bleibt dabei aber oft leer oder wird mit eigenen Heldenfiguren besetzt.

Auferstehung/Auferweckung

Beide Begriffe meinen die Errettung des Menschen aus dem Tod und die Vollendung des menschlichen Lebens in Gott, wobei der passivische Begriff »Auferweckung« klarer als jener der »Auferstehung« deutlich macht, dass sich die Überwindung des Todes dem alleinigen Handeln Gottes verdankt. Obwohl sich im Glauben Israels relativ früh Hinweise finden, Gott habe auch Macht über den Bereich der Totenwelt (Scheol; vgl. Ps 88,11-13; Ez 37; Jes 25,8), konnte sich erst

im zweiten vorchristlichen Jahrhundert allmählich die Hoffnung herausbilden, dass Gott den Gesetzestreuen, die für ihren Glauben gestorben sind, Gerechtigkeit widerfahren lässt und sie zum Leben erweckt (Dan 12,2f.; 2 Makk 7).
Zentraler Bezugspunkt für die christliche Auferstehungshoffnung ist die Auferweckung Jesu, die den menschlich-innerweltlichen Erfahrungshorizont übersteigt, weshalb sich vor allem in Bildern und Metaphern von diesem Geschehen sprechen lässt.
Anders als in den zugrunde liegenden jüdischen Vorstellungen erfolgt die Auferstehung Jesu nicht erst am Ende der Zeiten, sondern bereits im Hier und Jetzt. Mit ihr ist die Erfahrung des göttlichen Heils bereits in der Gegenwart möglich. Die Frage nach dem Zeitpunkt der Auferstehung wird für die frühen Christen zum Problem, da sich im Neuen Testament sowohl die Auffassung von einer Auferstehung im Tod als auch einer Auferstehung am Ende der Zeiten findet. Hier bietet das aus dem griechischen Denken stammende Leib-Seele-Modell zunächst eine Lösung: Danach ist nur die Seele unsterblich, der Leib hingegen wird mit dem Tod vernichtet. Die Seele wird also aus dem Gefängnis des materiellen Leibes befreit. Die Vorstellung von der Auferweckung des Leibes verblasste so allmählich und die Auffassung von der Unsterblichkeit der Seele setzte sich durch.
Gegen eine solche »leibfeindliche« Tendenz hält die Theologie heute an der Leiblichkeit der Auferstehung fest. Leib und Seele sind aufeinander verwiesen und können nicht einfach voneinander getrennt werden, obwohl keine materielle Identität zwischen irdischem Leib und Auferstehungsleib besteht, wie bereits Paulus betont (vgl. 1 Kor 15,36-41). Die Leiblichkeit der Auferstehung ist von einem personalen Leibverständnis her zu deuten. Dieses umfasst mehr als die materielle Existenz des Menschen, nämlich den Menschen in all seinen Beziehungen zu Mitmenschen und zur Umwelt, mit seiner Geschichte und den Hervorbringungen in Kultur und Technik. Leibliche Auferstehung heißt demnach die Vollendung, das Heil-Werden des ganzen Menschen mit all seinen Beziehungen durch das Handeln Gottes.

Christologie

Die Christologie (= Lehre von Christus) beschreibt als Teilgebiet der Theologie das Wesen Jesu, des Mannes aus Nazaret und des Christus/Messias. Nachdem Jesus in den Evangelien alttestamentliche Hoheitstitel, z. B. Sohn Gottes, Messias, Sohn Davids, zugesprochen wurden, formulierten die Theologen des 4. und 5. Jahrhunderts – auch als Antwort auf Häresien, also Lehren, die verworfen und verurteilt worden sind – das Trinitätsdogma, einen verbindlichen religiösen und kirchlichen Lehrsatz zur → Trinität, und das christologische Dogma von der vollkommenen Göttlichkeit und der vollkommenen Menschlichkeit Jesu auf den Konzilien von Nizäa (325) und Chalzedon (451).
Zeitgenössische Christologie versucht, die gegenwärtige Erfahrungs- und Begriffswelt mit dem historisch-kritisch erhobenen biblischen Zeugnis von Jesus in Beziehung zu setzen.

Dilemma

Dilemma (griech. *di-lemma* = zweigliedrige Annahme; Plural: Dilemmas oder Dilemmata) bezeichnet eine schwierige und meist komplexe Situation, in der eine handelnde Person zwischen mindestens zwei Alternativen, für die jeweils gleichwertige und gute Gründe sprechen, wählen und sich aber nur für eine der Möglichkeiten entscheiden kann, soll oder muss.
Wenn die Wahlmöglichkeiten auf jeden Fall zu unerwünschten Resultaten führen, wird das Dilemma in seiner Ausweglosigkeit als paradox empfunden. Bei mehr als zwei Möglichkeiten spricht man von einem »Polylemma«.
Es kann zwischen logischen und moralischen Dilemmata unterschieden werden, wobei Erstere im Bereich der Ethik nicht relevant sind. Ein moralisches Dilemma beschreibt eine Situation, in der mindestens zwei moralische Prinzipien miteinander – oder sogar mit sich selbst – in Konflikt geraten, indem sie dem Handelnden zwei völlig entgegengesetzte Handlungen vorschreiben. Ein klassisches Beispiel ist das sogenannte Heinz-Dilemma (vgl. Religion vernetzt 10, S. 15: Heinz steht vor der Frage, ob er ein völlig überteuertes Medikament aus einer Apotheke stehlen soll, um das Leben seiner schwer kranken Frau zu retten. Recht auf Eigentum versus Leben der Frau).
Bei diesem Beispiel wird deutlich, dass in einer Dilemmasituation bei der → Güterabwägung auch von Bedeutung ist, dass das Unterlassen bzw. Nicht-Ausführen einer Handlungsalternative eine Entscheidung ist, in einer bestimmten Art und Weise zu handeln: nämlich weder das Medikament zu stehlen noch das Leben der Frau zu retten und damit jegliche Hilfsmaßnahmen zu unterlassen.
Nicht selten kann diskutiert werden, ob es sich bei bestimmten Situationen tatsächlich um echte Dilemmata handelt, bei denen jede Entscheidung bedeutet, dass man etwas schuldig bleibt, oder ob es nicht doch stets eine moralisch einwandfreie Lösung gibt, bei welcher der Mensch keinerlei Schuld auf sich lädt.

Zu den Dilemma-Entscheidungen sind auch die sogenannten »Handlungen mit doppelter Wirkung« zu rechnen. Darüber gibt es vor allem in der katholischen Moraltheologie, aber auch innerhalb der philosophischen Ethik eine breite Diskussion. Es geht dabei um Handlungen, die Nebenfolgen haben, die moralisch problematisch sind. Sie werfen in ethischer Hinsicht die Frage auf, welche Kriterien erfüllt sein müssen, damit diese Nebenfolgen in Kauf genommen werden dürfen. Ein Beispiel ist die Inkaufnahme des Todes von Zivilisten beim Einsatz militärischer Gewalt. Angenommen, dieser Einsatz dient einem moralisch gerechtfertigten oder gebotenen Ziel – man denke an eine humanitäre Intervention zur Verhinderung eines Genozids –, dann steht hier auf der einen Seite das Gebot, dieses Ziel zu verfolgen, und auf der anderen Seite das Verbot, unschuldige Menschen bzw. nicht aktiv an der Auseinandersetzung Beteiligte zu töten. Die Verfolgung dieses Ziels ist also mit der Einhaltung dieses Verbots unvereinbar und umgekehrt.

Diskurs/Diskursethik

Diskurs (von lat. *discurrere* = umherlaufen; Unterredung, Erörterung) ist nach den beiden deutschen Philosophen und Vertretern der Diskursethik Karl-Otto Apel (geb. 1922) und Jürgen Habermas (geb. 1929) (33 f.) das Verfahren der argumentativen dialogischen Prüfung strittiger Geltungsansprüche von Behauptungen oder Aufforderungen mit dem Ziel, universellen Konsens herbeizuführen. Außerdem geht es darum, die jeweiligen Diskurse zu differenzieren und die in ihnen vorherrschenden Argumentationsmuster herauszuarbeiten, da sich Diskurse nicht im herrschaftsfreien Raum vollziehen, sondern interessengelenkt und -geleitet und damit eben auch machtorientiert sein können.

Die Diskursethik ist eine Methode der Begründung moralischer Normen, wobei nach Habermas vier Grundannahmen, die allgemein anerkannt sind, vorauszusetzen sind:

- Jeder Sprecher beansprucht, dass seine Äußerungen verständlich sind.
- Jeder Sprecher beansprucht, dass seine Äußerungen die Wahrheit treffen.
- Jeder Sprecher beansprucht die Richtigkeit der Normen, die er in seinen Äußerungen voraussetzt.
- Jeder Sprecher beansprucht die Wahrhaftigkeit seiner Neigungen und Absichten.

Eschatologie

»Bei allem, was du tust, denk an das Ende« (Sir 7,36) – auf diese biblische Mahnung gründend entwickelte sich im 17. Jahrhundert die Eschatologie (von griech. *ta eschata* = die letzten Dinge; Lehre von den Letzten Dingen) als eigenständiger Teilbereich der christlichen Glaubenslehre (Dogmatik). Sie befasst sich mit der Zukunft und Vollendung des einzelnen Menschen (individuelle Eschatologie) und der Schöpfung insgesamt (universale Eschatologie).
In der frühen Kirche wurden die Aussagen zu Tod und → Auferstehung, Himmel und Hölle, Seele und Ewigkeit und der Wiederkunft Jesu Christi als Richter der Lebenden und der Toten (→ Gericht) zwar eingehend behandelt, jedoch nicht zu einer umfassenden Lehre verbunden. Da die biblischen Zeugnisse zu diesen Fragen kein einheitliches Gedankengebäude darstellen, erfuhren außerbiblische Vorstellungen große Aufmerksamkeit. Den gedanklichen Hintergrund bildete das antike Weltbild, das von einem Himmel als Wohnstätte Gottes und dem Aufenthaltsort der Seligen sowie von einer Unterwelt als unterirdischem Straf-Ort ausging. Daraus entstand im Mittelalter eine regelrechte »Jenseitsgeografie«, wie sie etwa literarisch höchst eindrucksvoll in Dante Alighieris Werk »Die göttliche Komödie« (ca. 1307-1320) ausgestaltet worden ist und zum Teil die Vorstellungen bis in die Gegenwart prägt.
Heutige Theologie geht von der → Reich-Gottes-Botschaft Jesu als zentralem Hoffnungsbild der Vollendung aus. Dieses meint keine raum-zeitliche »Parallelwelt«, in der sich »die letzten Dinge« abspielen, sondern beschreibt eine heilvolle Realität, in der Gott sich mit den Menschen und der gesamten Schöpfung vereinigt und sie zu ihrer eigentlichen Bestimmung vollendet. Der Fokus der Auslegung eschatologischer Aussagen der Bibel liegt – angeregt vor allem durch den Theologen Karl Rahner – weniger darauf, diese als Vorschau auf das Ausstehende zu verstehen, als vielmehr auf einer Gegenwartsdeutung, welche den Blick dafür eröffnet, was in der jetzt gegenwärtigen Zeit und Situation im Zeichen der Gottes- und Menschenliebe dafür getan werden kann, eine humanere Welt zu schaffen. Diese Deutung kann Menschen dazu befreien, für das Ankommen der endgültigen Zukunft, die Gott selbst ist, offen zu werden.

Ethik

Ethik (von griech. *éthos* = Gewohnheit, Sitte, Brauch) ist die philosophische Teildisziplin, die nach dem rechten Handeln fragt und somit über Moral, Werte, Normen und Gesetz und ihre jeweilige Begründung nachdenkt. In der abendländischen Ethik bürgert sich die Verwendung von Begriffspaaren ein, welche die verschiedenen Typen ethischer Modelle erfassen und zur Unterscheidung dienen: So wird Ethik entweder als *heteronom* (griech. = von fremden Gesetzen abhängend)

bezeichnet, also z. B. durch Gott statt durch Menschen begründet (d. h., ihre Werte stammen aus der religiösen Tradition, z. B. der Bergpredigt oder dem Dekalog), oder als *autonom* (griech. = nach eigenen Gesetzen/Regeln), also durch den Menschen begründet (d. h., die Werte werden durch die menschliche Gemeinschaft festgelegt, z. B. die Erklärung der Menschenrechte). Sind die anvisierten Personengruppen das Unterscheidungsmerkmal, so kann zwischen Individualethik (7 ff.), die sich mit ethischen Ansprüchen an Einzelpersonen befasst, und Gesellschafts- oder Sozialethik (35 ff.), die sich mit Fragen nach der Stellung des Individuums in gesellschaftlichen Strukturen und deren Zusammenwirken für ein gelingendes Leben, differenziert werden.
Des Weiteren kann zwischen deontologischer (von griech. *déon* = das, was zu tun ist; Pflicht) und eudaimonistischer Ethik (von griech. *eudaimonía* = Glückseligkeit) unterschieden werden, wenn das Verhältnis der handelnden Person zum jeweiligen Entscheidungsgrund beschrieben werden soll: Handelt die Person aus Pflicht (vgl. → kategorischer Imperativ) oder aus persönlicher Zustimmung? Außerdem wird zwischen Gesinnungs- und Verantwortungsethik (»Folgeethik«) unterschieden: Erstere beurteilt die handelnde Person nach ihren grundsätzlichen Prinzipien, unabhängig davon, ob diese für den aktuellen Einzelfall hilfreich sind; die Folgeethik (teleologische Ethik, von griech. *télos* = Ziel) berücksichtigt die Folgen der Handlung im konkreten Einzelfall. Heute stellt die Vielzahl an technischen Möglichkeiten die aktuelle Herausforderung für die Ethik dar, sodass auch nach Anwendungsbereichen unterschieden werden kann, z. B.: Bioethik, Medizinische Ethik, Wirtschaftsethik, Umweltethik, Cyberethik etc. Angewandte wie normative Ethik stellt jeweils und immer neu die Frage »Wie soll ich handeln?« und sucht nach tragfähigen Antworten.

Michelangelo, Das Jüngste → Gericht (Sixtinische Kapelle), 1536-1541

Gericht/Jüngstes Gericht

Die Vorstellung eines Welt- oder Endgerichts, bei dem Gott richtend (= Recht schaffend) in die Geschichte oder an deren Ende eingreift, findet sich in vielen Religionen. Das Alte Testament erzählt vom Strafgericht Gottes z. B. in Fällen gottlosen und schuldhaften Verhaltens der Menschen; ihnen gegenüber wird Gott als gerechter Richter über Völker und den ganzen Kosmos gerühmt (→ Apokalyptik). Die Prophetie kündigt das Gericht am nahenden Ende der Zeit an. Im Neuen Testament predigt vor allem Johannes der Täufer das bevorstehende Gericht (vgl. Mk 1,2-8 par) und motiviert so zur Umkehr. Ähnlich wird auch Jesus vom Gericht Gottes gesprochen haben, allerdings kommt bei ihm die Ankündigung hinzu, die Frage nach dem Bekenntnis zu ihm werde dabei heilsentscheidend sein (vgl. Lk 12,8f.). Von diesen biblischen

Grundlagen aus entwickelt sich in der frühchristlichen Predigt die Redewendung, dass Jesus Christus der Richter der Lebenden und der Toten sein wird (vgl. Apg 10,42; 2 Tim 4,1; 1 Petr 4,5). Vor allem die große Rede »Vom Weltgericht« in Mt 25,31-46, in der Jesus als endzeitlicher Richter mit den Notleidenden identifiziert wird und vor allem nach tätiger Nächstenliebe (und nicht nach Bekenntnis) richtet, entfaltete eine große Wirkungsgeschichte.
Spannungsvolle Fragen im Zusammenhang mit der Vorstellung eines Weltgerichts liegen z. B. im nicht harmonisch in Einklang zu bringenden Zueinander von Gerechtigkeit und Erbarmen Gottes, was in der Theologiegeschichte dazu führte, dass sich der Gedanke eines für Sünder notwendigen »Läuterungsprozesses« entwickelte. Nicht ganz zu klären ist auch die Frage nach dem Verhältnis von individueller und universaler → Eschatologie bzw. der Frage, wie beides zeitlich zu denken ist und ob die »Zeit« dazwischen überhaupt wahrnehmbar ist und als solche benannt werden kann.
Heute betont die Theologie – gegen die Tendenzen, Gerichtsvorstellungen als Drohkulisse zu instrumentalisieren – vor allem den Aspekt der Verantwortung, welche die Menschen hinsichtlich ihrer Freiheit für ihre Gesinnung und ihr Handeln tragen. Diese schließt nach christlichem Verständnis ein, dass der Mensch den bewussten Gebrauch seiner Freiheit auch vor Gott zu verantworten hat. Zudem ist heute die Überzeugung vorherrschend, im biblischen Zeugnis von Jesus als Weltenrichter sei die Verheißung enthalten, dass das Gericht ein Gnadengericht sei, bei dem Gott allein in der Lage sei, Menschen mit seiner Vergebung so zu heilen, dass sie durch die Bewusstwerdung ihres ethischen Zustands in einem gerechten und barmherzigen Gericht gerettet werden können. Hilfreich kann für ein angstfreies, aber auch nicht verharmlosendes Verständnis der christlichen Gerichtsbotschaft auch ein Wechsel der Perspektive sein: Vielen notleidenden Menschen kann erst und nur durch Gottes Gericht am Ende der Zeiten wirklich Gerechtigkeit widerfahren.

Goldene Regel

Bezeichnung für das in Lk 6,31 (vgl. Mt 7,12) geforderte und empfohlene sittliche Verhalten gegenüber den Mitmenschen: »Alles, was ihr also von anderen erwartet, das tut auch ihnen.«
Die Goldene Regel findet sich in einer negativen Formulierungsvariante vielfach in der Religionsgeschichte – z. B. in Gesprächen des Konfuzius, in der griechischen und römischen Antike, in Indien – und kursiert als Sprichwort: »Was du nicht willst, dass man dir tu', das füg auch keinem anderen zu.«
Selbst- und Eigenerwartung sind der Maßstab zwischenmenschlichen Verhaltens; so drückte diese Regel in den unterschiedlichsten Kulturen eine Lebenserfahrung aus, die den Menschen unmittelbar einsichtig war. Sowohl negativ als auch positiv formuliert fordert sie dazu auf, sich vom bloßen Selbstinteresse und einer Vergeltungsmoral zu distanzieren und bereit zu sein, die Position des betroffenen Mitmenschen mitzubedenken. Dieser moralische Standpunkt hat die Bedeutung eines Maßstabs sittlich richtiger Handlungen und Normen und stellt ein Moralkriterium dar, das keine konkreten Handlungsanweisungen ausführt, z. B.: »Du sollst nicht lügen, nicht stehlen« etc.
Der Spruch findet sich in seiner negativ formulierten Variante im Alten Testament (Tob 4,15) und ist mit dem Gebot der Selbst- und Nächstenliebe verbunden (Sir 31,15). In der jüdischen und rabbinischen Literatur wird er ebenso beachtet wie in den Traditionen der chinesischen, christlichen, islamischen und philosophischen Ethik. Deshalb kann man in der Goldenen Regel eine fundamentale Übereinstimmung der Menschen über das sittlich Richtige und ein Argument gegen den Wandel aller Moral sehen.
Der Evangelist Matthäus bringt die Goldene Regel im Kontext des Hauptteils der Bergpredigt (Mt 5,17 – 7,29) als Schlusssatz der Weisungen über das rechte Verhalten. Durch den redaktionellen Zusatz (»Darin besteht das Gesetz und die Propheten«, Mt 7,12b) zielt er auf eine Veränderung, die das Prinzip des Vernünftigen und der Plausibilität der Gegenseitigkeit hinter sich lässt und zum Erfüllen des Wortes Gottes durch tätige Nächstenliebe auffordert, weil durch Leben und Lehre Jesu »Gesetz und Propheten« erfüllt sind. Theologisch-ethisch umschreibt die Goldene Regel wie das Liebesgebot (Mt 22,37-39) das sittliche Grundprinzip der Verantwortung gegenüber dem Mitmenschen, weil dieser »Nächste« so ist wie jedes Ich. Dabei besteht die Notwendigkeit, die mit meinem Nächsten in Widerstreit liegenden eigenen Interessen und Bedürfnisse zum Ausgleich zu bringen.
Die Goldene Regel eignet sich als Kriterium für vernunftgemäßes soziales Handeln und wegen ihrer Einfachheit für die moralische Erziehung. Sie stellt jedoch keinen genauen Maßstab für sittliches Einzelverhalten dar.

Güterabwägung

Die Güterabwägung (Dignitätsprinzip) ist eine Methode in der Ethik, die angewendet wird, wenn zwei oder mehrere gleichwertige Güter nicht gleichzeitig verwirklicht werden können und somit eine Interessenkollision vorliegt. Die Verwirklichung der bestmöglichen Folge(n) einer Handlung erfordert dabei, mehrere infrage kommende Handlungsalternativen hinsichtlich ihrer vorhersehbaren Konsequenzen und damit auch ihres ethischen Wertes abzuwägen. Um zu einer verantwortbaren Entscheidung zu kommen, sind *Wertvorzugsregeln* bei der Güterabwägung hilfreich:

- Der höhere Wert ist dem niederen vorzuziehen (qualitatives Kriterium), z. B. Menschenleben dem Tierleben.
- Die Sorge für eine größere Anzahl Menschen geht – bei gleich großer Hilfsbedürftigkeit – der Sorge für eine kleinere Zahl vor (quantitatives Kriterium).
- Die Handlung mit größerer Erfolgsaussicht geht einer Handlung mit geringerer Erfolgschance vor, z. B. passiver Widerstand einer fast aussichtslosen Revolution (vgl. Mahatma Gandhi).
- Die dringlichere Handlung geht der weniger wichtigen vor, z. B. die Rettung eines Verunglückten vor der Sorge um die eigene Familie, die sich nicht in einer gleich großen Notlage befindet; bei gleicher Hilfsbedürftigkeit geht allerdings die Sorge für die nächsten Angehörigen der Sorge für Fernerstehende vor (»Nächstenliebe vor Fernstenliebe«).
- Der besser Geeignete ist eher zu einer bestimmten Handlung verpflichtet als der weniger Geeignete, z. B. ein guter Schwimmer eher zur Rettung eines Ertrinkenden als ein ungeübter.
- Gemeinnutz geht vor Eigennutz, solange nicht die Grundrechte des Einzelnen missachtet werden, z. B. Umweltschutz geht privatem Naturgenuss vor (etwa in einem Naturschutzgebiet).
- Bei Handlungen mit Doppelwirkung (= mit guter und schlechter Folge) darf die ethisch schlechte (Neben-)Wirkung in Kauf genommen werden, wenn
  a) die Handlung, aus der sie hervorgeht, nicht in sich schlecht ist;
  b) wenn die schlechte Wirkung sich ebenso unvermeidlich wie die gute aus der Handlung ergibt, wenn sie also nicht direkt und um ihrer selbst willen gewollt ist, sondern sich als nicht zu verhinderndes Übel einstellt, ohne das die gesamte Handlung und damit auch die beabsichtigte gute Wirkung undurchführbar wären;
  c) wenn sie nicht stärker ist als die gute Wirkung, wenn also aus der Unterlassung der gesamten Handlung mehr Unheil entstünde als durch ihre Ausführung.

  Ein Beispiel für eine Handlung mit Doppelwirkung ist die Schwangerschaftsunterbrechung aufgrund der medizinischen Indikation: Das Leben der werdenden Mutter ist nur durch Abtreibung zu retten; unterlässt man diese, würden die Mutter und das ungeborene Kind sterben.

Heil

Der theologische Zentralbegriff »Heil« steht für die Vollendung des menschlichen Verlangens nach dem endgültigen, ewigen Erreichen von Wahrheit, Liebe und Freiheit – letztlich nach der Gegenwart Gottes beim Menschen. Heil kann der Mensch nicht selbst herbeiführen, sondern es wird ihm durch das erlösende Handeln Gottes zuteil.
Im Alten Testament zeigt z. B. die Segensverheißung an Abraham (Gen 12,1-3; 13,15-17 u. ö.) sehr konkrete Heilsbilder: langes Leben, viele Nachkommen, fruchtbares Ackerland. Diese eher materiellen Güter sind über den Segen unmittelbar auf Gott bezogen.
Mit Jesus und seiner Kraft, Krankheit und Tod zu überwinden, ist das Reich Gottes angebrochen und Heil »greifbar« in die Welt gekommen. Allerdings besitzt auch der Begriff »Heil« ebenso wie → »Reich Gottes« eine → eschatologische Dimension und steht damit unter dem Vorbehalt seiner endgültigen Vollendung.
Angesichts des marxistischen Vorwurfs, die Reich-Gottes-Botschaft ziele auf reine Vertröstung auf das Erreichen von Heil in einem zukünftigen Jenseits, entstand zunehmend die Ansicht, Heil müsse in der sichtbaren Verbesserung gesellschaftlicher Zustände, z. B. in der Überwindung von Armut, Ungerechtigkeit, Gewalt etc., sichtbar werden, damit Heil in den menschlichen Lebensverhältnissen konkret erfahrbar werde. Allerdings darf dabei der transzendentale Charakter des theologischen Heilsbegriffs nicht verloren gehen.

Herrschaft Gottes

→ Reich Gottes

Kategorischer Imperativ

Der Kategorische Imperativ gilt als vernunftgeleitetes Entscheidungsinstrument für alle Menschen unter allen Bedingungen. Dies wird unter anderem in der folgenden Formel des kategorischen Imperativs deutlich: »Handle nur nach derjenigen Maxime, durch die du zugleich wollen kannst, dass sie ein allgemeines Gesetz werde.«
Kant hat den Kategorischen Imperativ nicht in einer einheitlichen Formulierung vorgelegt, sondern ihn in neuen Formen verwendet:

Universalisierungsformel
»Handle nur nach derjenigen Maxime, durch die du zugleich wollen kannst, dass sie ein allgemeines Gesetz werde.«
»Handle nach der Maxime, die sich

selbst zugleich zum allgemeinen Gesetze machen kann.«
»Handle so, dass die Maxime deines Willens jederzeit zugleich als Prinzip einer allgemeinen Gesetzgebung gelten könne.«
»[Handle so], dass der Wille durch seine Maxime sich selbst zugleich als allgemein gesetzgebend betrachten könne.«

Selbstzweckformel
»Handle so, dass du die Menschheit sowohl in deiner Person als in der Person eines jeden anderen jederzeit zugleich als Zweck, niemals bloß als Mittel brauchst.«
»Denn vernünftige Wesen stehen alle unter dem Gesetz, dass jedes derselben sich selbst und alle anderen niemals bloß als Mittel, sondern jederzeit zugleich als Zweck an sich selbst behandeln solle.«

Naturgesetzformel
»Handle so, als ob die Maxime deiner Handlung durch deinen Willen zum allgemeinen Naturgesetze werden sollte.«
»Handle nach Maximen, die sich selbst zugleich als allgemeine Naturgesetze zum Gegenstande haben können.«
Reich-der-Zwecke-Formel
»Demnach muss ein jedes vernünftiges Wesen so handeln, als ob es durch seine Maximen jederzeit ein gesetzgebendes Glied im allgemeinen Reiche der Zwecke wäre.«

Der Kategorische Imperativ stellt keine inhaltliche Norm dar, sondern ist einzig gültiges Handlungs- und Normenprüfkriterium. Wer wissen will, ob eine beabsichtigte, in Ausführung befindliche oder schon geschehene Handlung moralisch richtig ist, muss die jeweilige Handlungsbeschreibung durch Abstraktion von den involvierten Personen in eine allgemeine Regel verwandeln und dann beurteilen, ob er die Anwendung dieser Regel denken oder wollen kann, z. B. auch unter dem Gesichtspunkt des Eigeninteresses.
Nach Kant ist der Kategorische Imperativ nicht von ihm willkürlich aufgestellt worden. Kant untersucht die praktische Vernunft, insofern sie ein *a priori* enthält, also ein jeder realen Moral vorhergehendes Grundprinzip, das Moral überhaupt erst möglich macht und das im Menschen selbst natürlicherweise vorhanden ist. Dieses *a priori* bestimmt den Kategorischen Imperativ, d. h., er gilt absolut und überall. Jeder Mensch auf der Welt kann ihn immer anwenden.
Im Gegensatz zum Regel-Utilitarismus, bei dem Handlungsregeln nur nach dem Nutzen bewertet werden, den sie hervorbringen, und zum Handlungs-Konsequenzialismus, der Handlungen nur nach ihren Folgen bewertet, ist der Kategorische Imperativ deontologisch: Es wird nicht bewertet, was die Handlung bewirkt, sondern wie die Absicht beschaffen ist.

Menschenrechte
Rechte, die in universaler Gültigkeit uneinschränkbar jedem Menschen nur aufgrund seines Menschseins zukommen, heißen Menschenrechte. Sie sind allen anderen rechtlichen Regelungen vorgeordnet.
Ihre Wurzeln liegen im antiken Naturrechts- und im christlichen Persondenken, allerdings leiteten sich daraus noch keine subjektiven Rechte ab. Grundlage für ihre konkrete Entwicklung war das in der Neuzeit entstehende Subjektbewusstsein und die aufklärerische Forderung nach der Autonomie des Subjekts. Als Zentralereignis für die europäische Genese des Menschenrechtsgedankens lässt sich die Französische Revolution ansehen, welche die

Straße der → Menschenrechte, Nürnberg

Emanzipation des Bürgertums vom absolutistischen *ancien regime* und »Freiheit, Gleichheit und Brüderlichkeit« für alle Bürger forderte. Im Zentrum standen hier Freiheits- und politische Mitwirkungsrechte sowie Abwehrrechte gegenüber dem Staat, die allerdings nur männlichen Angehörigen des bürgerlichen Standes zugesprochen wurden, während Olympe Marie de Gouges, die Verfasserin der »Erklärung der Rechte der Frau und Bürgerin«, noch 1793 guillotiniert wurde.
Hier wie in der weiteren Geschichte erwiesen sich die Menschenrechte als Krisenphänomen, d. h., sie entwi-

ckelten sich als Reaktion auf die Erfahrung struktureller Ungerechtigkeit. In der Folge der im 19. Jahrhundert drängenden sozialen Frage entstanden soziale Anspruchsrechte gegenüber dem Staat. Diese Sozialrechte gelten als »zweite Generation« der Menschenrechte, die notwendig geworden war, um mit sozialer Absicherung die Verwirklichung der grundlegenden politischen Rechte für die sozial Verelendeten überhaupt erst zu ermöglichen.
Eine dritte Menschenrechtsgeneration mit internationalen, weltweiten Sozialrechten wuchs im 20. Jahrhundert in nachkolonialer Zeit aufgrund des wachsenden Armutsgefälles zwischen sogenannter Erster und Dritter Welt heran. Hierzu gehören die Rechte auf Entwicklung, Frieden, kulturelle Vielfalt, intakte Umwelt etc. Diese sind zwar nur teilweise als UN-Konventionen institutionalisiert, wirken aber als moralischer Anspruch. Auch ganze Völker oder Volksgruppen werden jetzt zu Rechtssubjekten.
Als Reaktion auf die unmenschlichen Erfahrungen der zwei Weltkriege legte die UNO-Generalversammlung am 10. Dezember 1948 die Allgemeine Erklärung der Menschenrechte als Verpflichtung für alle Staaten der Welt in einer schriftlichen Fassung vor. Diese konnte aber erst 1976 nach einem langwierigen Ratifizierungsprozess in Kraft treten. Seitdem erweitern immer neue UN-Konventionen die Menschenrechte.
Obwohl die Menschenrechte als globale Rechtsordnung durchaus anerkannt sind, gibt es auch immer wieder Kritik an ihrer Konzeption, Umsetzung und Durchsetzbarkeit. Problematisch ist es z. B., hinsichtlich der Frauenfrage den universalen Anspruch der Menschenrechte mit den Rechten auf kulturelle und religiöse Selbstbestimmung der Völker in Einklang zu bringen. Dort entstehen immer wieder neue Konflikte, durch die den wichtigen menschlichen Grundrechten Relativierung droht, die sich aber menschenrechtlich decken lassen.
Menschenrechtsorganisationen weisen jährlich auf gravierende Menschenrechtsverletzungen wie Folter, Todesstrafe, Einschränkung der Meinungsfreiheit, Umgang mit Migranten und Asylanten etc. in vielen Staaten dieser Welt hin – auch in den demokratischen Industriestaaten.

Reich Gottes

Der biblische Begriff *basileía tou theou* (griech. = Königtum Gottes) wird mit Herrschaft Gottes, Himmelreich oder Königsherrschaft Gottes übersetzt. Er ist zentral für die Verkündigung Jesu, prägte aber auch – ohne explizite Verwendung – den Glauben des Volkes Israel von Anfang an. So zeigt sich der Glaube an die Herrschaft Gottes z. B. bei der Erwählung Israels oder der Exodus-Erfahrung. Sie ist auch die Grundlage aller kultischen Gottesverehrung, in der Israel bezeugt: Gott allein ist unser Herr. Nach prophetischer und apokalyptischer Vorstellung (z. B. Jes 11,1-9 bzw. Dan 2,31-45) wird sich das endzeitlich (gegen alle anderen Mächte) durchsetzende Reich Gottes in einem universalen Friedensreich zeigen.
Jesus spricht von der Herrschaft Gottes vor allem in Gleichnissen (vgl. Mk 4) und verdeutlicht so, dass Wertordnung und Struktur nicht mit irdischer »Herrschaft« zu vergleichen sind. Ihm geht es um eine Kultur des Dienens (vgl. Mt 20,25ff.; 23,11), die nur Gott als Herrn und König anerkennt.
Jesus erkennt in seiner Verkündigung und in seinem Handeln die Herrschaft Gottes als bereits angebrochen (in Mk 1,15 gibt die Einheitsübersetzung schwach wieder: »nahe gekommen«; vgl. Lk 10,9). Das zeigt sich in Krankenheilungen (vgl. Mt 8), Exorzismen (vgl. Lk 11,20), Kritik am Reichtum (Mt 19,23), Seligpreisung der Armen, Hungernden und Trauernden (Mt 5,3ff. vgl. Lk 6,20ff.) sowie öffentlicher Zuwendung zu gesellschaftlichen Randgruppen und Sündern (z. B. Mk 9,36f.; Mt 21,31).
Jesus sieht das anfanghafte Sich-Durchsetzen der Herrschaft Gottes und verkündet es als Frohbotschaft. Darin und in seiner Anrede Gottes als »abba« (»Väterchen, Papa«) wird etwas vom »Charakter« dieser Herrschaft Gottes deutlich: Sie ist von Liebe, Geborgenheit und Vertrauen geprägt.
Die Herrschaft Gottes soll nach Jesu Verkündigung – anders als in den apokalyptischen Vorstellungen – nicht abrupt mit kosmischen Katastrophen hereinbrechen, sondern sie naht sich langsam wie wachsende Saat. Mit seinem Auftreten sieht Jesus den Samen des Reiches Gottes bereits in die Erde gelegt, der aufgehen und reiche Ernte bringen wird (vgl. Mk 4,26-29). Tod und Auferweckung Jesu zeigen, wie sich die Gottesherrschaft realisieren kann. Die Spannung zwischen Gegenwart und dem Ausstehen der göttlichen Herrschaft bleibt dabei erhalten.
Spannungsreich ist nicht nur die Frage, wann das Reich Gottes voll verwirklicht wird, sondern auch wie bzw. wodurch. Zwar betonen biblische Perikopen, das Errichten oder Offenbaren dieser Herrschaft komme allein Gott zu (Mk 4,26-29) und die Gläubigen sollten lediglich um sein Kommen beten (vgl. »dein Reich komme« im Vaterunser), andererseits fordert Jesus konsequente Nachfolge (Mt 16,24-28), Nächsten- und gar Feindesliebe (Lk 6,27-36) und formuliert so Ansprüche an seine Anhänger und Anhängerinnen, in ihrem Reden und

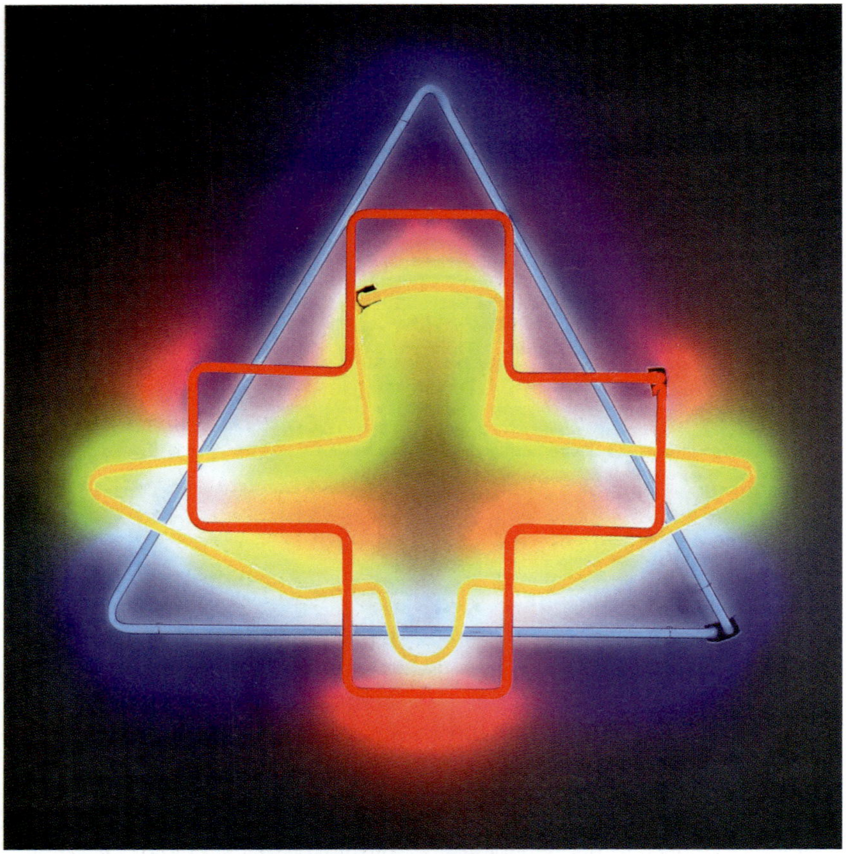

Philipp Schönborn, »Du bist mein geliebter Sohn«, 1999 → Trinität

Handeln etwas vom Reich Gottes in der Gegenwart erfahrbar zu machen. So bleibt die Verheißung vom Reich Gottes einerseits gnadenhafter, unverfügbarer Zuspruch, mit dem andererseits ein Anspruch verbunden ist. Dies verdeutlicht die theologische Wendung vom »Indikativ und Imperativ des Heils«.
Die Reich-Gottes-Botschaft beschreibt für viele Christinnen und Christen ein Hoffnungsbild menschlichen Zusammenlebens. Während manche Menschen das »Himmelreich« als »Vertröstung auf ein (besseres) Jenseits im Himmel« missverstehen, motiviert die Verkündigung Jesu andere Christinnen und Christen dazu, sich für eine humanere Welt einzusetzen. Die ausstehende volle Verwirklichung des Reiches Gottes steht dabei in jeder Hinsicht unter dem »eschatologischen Vorbehalt«. Dieser göttliche Vorbehalt schützt das »Reich Gottes« vor einer (totalitären) Vereinnahmung als rein soziale, weltimmanente → Utopie.

Stoa

Stoá (griech. = Halle) bezeichnet im engeren Sinn eine offene Markthalle mit bemalten Säulen. Zenon von Kition (ca. 333-264 v. Chr.) gründete auf dem alten Markt in Athen seine philosophische Schule in der *stoá poikíle*, d. h. in der »bunten Halle«, die mit Fresken geschmückt war. Während anfangs der Name »Stoa« lediglich diesen Versammlungsort bezeichnete, verband man zunehmend mit dem Begriff »Stoa« auch bestimmte philosophische Inhalte und Positionen, die dort in der Halle philosophisch thematisiert wurden, insbesondere auf dem Gebiet der → Ethik. Entsprechend hießen diese Philosophen Stoiker, also sinngemäß »Hallenphilosophen«.
Im Zentrum der stoischen Ethik steht der Begriff der *apátheia*. Auch wenn sich von diesem Begriff das Wort Apathie herleitet, meint es in der stoischen Philosophie doch etwas zentral anderes als Teilnahmslosigkeit oder Gleichgültigkeit. Zugrunde liegt *páthos* (griech. = passives Erleiden von guten wie von schlechten Einflüssen). Entsprechend ist die *a-pátheia* das Nicht-Erleiden, das Sich-nicht-berühren-Lassen, die »Erleidenslosigkeit«. Sie wird zwar nicht als Ziel (*télos*) oder höchstes Gut bezeichnet, aber sie steht mit der Glückseligkeit (*eudaimonía*) in engstem Zusammenhang. Stoische apátheia zielt vor allem auch die Abwesenheit von Affekten an, welche die Glückseligkeit stören würden, und meint, einfach zu leben und mit dem Schicksal zufrieden zu sein, das man hat.
Stoiker streben nach der inneren Einstellung der Gelassenheit. Damit ist aber keinesfalls ein passiver, resignierter Rückzug aus dem Leben gemeint; vielmehr fordert der Rat von Marc Aurel (röm. Kaiser, 121-180 n. Chr., Vertreter der »jüngeren Stoa«): »Wenn du kannst, so ändere den Urheber; kannst du das aber nicht, so ändere wenigstens die Sache«, geradezu zum aktiven Handeln auf.

Trinität

Mit dem Begriff Trinität (von lat. *trinitas* = Dreiheit) beschreibt der christliche Glauben die Lehre von der Dreieinigkeit Gottes. Hintergrund

dieser theologischen Festlegungen sind Streitfragen hinsichtlich der Beschreibung des Wesens Jesu Christi (→ Christologie) und der rechten Bestimmung der Relation Jesu zu Gott, den er als seinen Vater bezeichnet hat. Das Bekenntnis »Jesus ist der Mensch gewordene Sohn Gottes« musste insbesondere mit Blick auf die damaligen philosophischen Vorstellungen und Diskussionen genauer definiert werden. Es standen Fragen nach der Göttlichkeit und Menschlichkeit Jesu im Vordergrund. Eine Gruppe behauptete, Jesus sei eher oder ausschließlich von göttlicher Natur und nur scheinbar (griech. *dokeïn* = den Anschein haben) Mensch gewesen (»Doketismus«); eine andere Gruppe lehrte, er sei lediglich ein besonderer Mensch gewesen, der von Gott zum Sohn adoptiert worden sei (»Adoptianismus«). Es gab auch Erklärungsversuche, die Sohn und Geist als äußere Erscheinungsweisen (= Modi) verstanden (»Modalismus«) oder die den Sohn Gott-Vater unterzuordnen (lat. *subordinatio* = Unterordnung) suchten (»Subordinatianismus«).
Demgegenüber definierten Konzilien (Nizäa 325, Konstantinopel 381, Chalzedon 451): Jesus ist nicht nur ganz Mensch, er ist auch ganz Gott und als solcher »eines Wesens mit dem Vater«; Gottsein und Menschsein verbinden sich in der einen Person Jesu Christi, wobei beide Naturen »unvermischt und ungetrennt« in ihm vereinigt sind. Weitere Reflexionen bezogen die Wirkmächtigkeit Gottes im Heiligen Geist so mit ein, dass trinitätstheologisch definiert worden ist: Die Einheit in der Dreiheit (Vater, Sohn und Geist) besteht darin, dass die drei Personen ihrer göttlichen Natur nach ein einziger Gott sind.
Die komplexen und mit Paradoxen arbeitenden Formulierungen bringen dabei zum Ausdruck, dass derartige Umschreibungen des göttlichen Geheimnisses immer an Grenzen des menschlich Sagbaren und Vorstellbaren führen und an das Verbot, sich von Gott ein Bild zu machen (Ex 20,4; Dtn 5,8), gebunden sind.

Utopie

Utopía (griech.) bedeutet übersetzt »Nicht-Ort«. Thomas Morus entwarf 1516 in seinem Roman »Utopia« ein fiktives, ideales Staatswesen. Seither verbindet sich mit »Utopie« die Vorstellung eines möglichen, aber noch nicht realisierten gesellschaftlichen Wunschbildes. Dieses muss nicht literarisch niedergelegt sein, sondern kann auch philosophischen, politischen oder weltanschaulichen Charakter haben. Im 20. Jahrhundert führten die Ernüchterungen durch ungebremsten Kapitalismus, Totalitarismus und die Kriegserfahrungen zum Entstehen negativer Utopien (»Dystopien« genannt), die eher fiktive gesellschaftliche »Schreckensbilder« zeichnen.
Utopisches Denken fordert in jedem Fall die unvollkommene Wirklichkeit zur Veränderung heraus und kann so zur Diskussion über gesellschaftliche Ziele beitragen. Gerade das 20. Jahrhundert machte aber auch deutlich, dass Utopien in der Gefahr stehen, totalitär zu wirken, wenn sie normative Gesellschaftsordnungen vorschreiben, in denen es den Menschen nicht mehr freisteht, sich diesen auch zu entziehen.

Vernunft und Verstand

Mit Vernunft und Verstand bezeichnet man die geistigen Anlagen und Fähigkeiten des Menschen. Beide Ausdrücke werden oft in gleicher Bedeutung gebraucht. Werden sie unterschieden, dann bedeutet Vernunft gewöhnlich die höhere geistige Anlage des Menschen überhaupt, während mit Verstand die konkrete Fähigkeit zum logischen Denken und rationalen Abwägen gemeint ist. Diese Unterscheidung hat eine lange Traditionsgeschichte:
Platon (ca. 428-348 v. Chr.) weist der Vernunft die Fähigkeit zu, das Seiende in seinem Wesen zu erkennen, und bezeichnet den Verstand als die methodisch-diskursive Seite der Erkenntnis.
In der Zeit der Aufklärung (17./18. Jh.) war man davon überzeugt, dass die Vernunft imstande sei, die Wahrheit ans Licht zu bringen; eine Vernunftreligion sollte die dogmatische Unterdrückung und den Autoritätsglauben überwinden. Mit Immanuel Kant (1724-1804) kam endgültig der Vernunft ihre Bedeutung als dem gegenüber dem Verstand höheren Erkenntnisprinzip zu. Der Verstand ist nach Kant an Sinneseindrücke gebunden, die dieser verarbeitet. Bei der Vernunft unterschied er zwischen der (»reinen«) theoretischen und der praktischen Vernunft. Mit theoretischer Vernunft bezeichnet Kant die Fähigkeit, Schlüsse zu ziehen, sich selbst zu prüfen und unabhängig von der Erfahrung zu den Vernunftideen (Seele, Gott, Welt) zu gelangen. Die praktische Vernunft hingegen bezieht sich auf ethische Prinzipien, die das Handeln individuell und sozial begründen und leiten (→ Ethik).
Angesichts der Schrecken des 20. Jahrhunderts zweifeln Philosophen an der Absolutheit eines Vernunftglaubens. Jürgen Habermas stellt einer »instrumentellen Vernunft« eine »kommunikative« gegenüber, die auf Herrschafts- und Gewaltfreiheit und gegenseitiger Anerkennung basiert.

Wenn-dann-Entscheidung

→ Dilemma

Biblische Zitate

Altes Testament

Neues Testament

Stichwortregister

Text- und Bildnachweis

Cover Katharina Fritsch (geb. 1956), Tischgesellschaft, 1988, s. zu S. 11 – Mathis Gothart-Neidhard, genannt Grünewald (um 1475/1480-1528), Auferstehung Christi, Isenheimer Altar, Zweite Schauseite, linke Tafel, Detail, s. zu S. 101

4 Johann Wolfgang von Goethe, s. zu S. 7 – INTERFOTO / Mary Evans, s. zu S. 20 – Wolfgang Lettl, s. zu S. 17 – Noah Addis/ Corbis, s. zu S. 32 – Tony Nwachukwu, s. S. 35 – Ärzte für die Dritte Welt, s. zu S. 47

5 Schöpfung, s. zu S. 97 – Offenbarung, s. zu S. 78 – Christus Monogramm, s. zu S. 109 – Mathis Gothart-Neidhard, genannt Grünewald, s. zu S. 101 – Michaela Karch, s. zu S. 115

7 Johann Wolfgang von Goethe, Farbenkreis zur Symbolisierung des menschlichen Geistes- und Seelenlebens, 1809, © Frankfurter Goethe-Haus – Freies Deutsches Hochstift

10 Nach: Max Auer, Religion 12/13. Vorbereitung auf das Abitur Katholische Religionslehre, München [7]2008, und Jürgen Schwarz, Ethisch handeln lernen. Ein Weg zu begründetem Urteil. Lichtenau [5]2006, S. 11-14 (bearbeitet)

11 Katharina Fritsch (geb. 1956), Tischgesellschaft, 1988, Museum für Moderne Kunst, Frankfurt am Main, Dauerleihgabe der Dresdner Bank AG, Frankfurt am Main, Foto: Axel Schneider, Frankfurt am Main © VG Bild-Kunst, Bonn 2010

12 © ALFRED PASIEKA / SPL / Agentur Focus – Mutsuo Hirano (geb. 1952), Der Vielseher, 1999, Terracotta, 42 cm, Diözesanmuseum Würzburg – Johann Wolfgang von Goethe, Farbenkreis zur Symbolisierung des menschlichen Geistes- und Seelenlebens, 1809, © Frankfurter Goethe-Haus – Freies Deutsches Hochstift

14 In: Helmut F. Kaplan, Wozu Ethik? Über Sinn und Unsinn moralischen Denkens und Handelns, Bad Nauheim 2001, S. 7

16 Nach: Hartmut Rupp/Andreas Reinert (Hg.), Kursbuch Religion Oberstufe, Stuttgart [3]2007, S. 86 (bearbeitet)

17 Wolfgang Lettl (1919-2008), Die Begegnung, 1985, Copyright: Museum für surreale Kunst, Augsburg, www.lettl.de

19 Mester/Baaske Cartoons Müllheim

20 Foto: INTERFOTO / Mary Evans – Text: BR alpha, Kant für Anfänger. Maximen auf dem Prüfstand, www.br-online.de/br-alpha/kant-fuer-anfaenger/kategorischer-imperativ-maximen-ID661188595407.xml

21 Rainer Erlinger © 2003/2005, Verlag Süddeutsche Zeitung GmbH, München

22f. Nach: Max Auer, s. zu S. 10 – Foto: picture-alliance / dpa

23 In: Hans Jonas, Fatalismus wäre Todsünde. Gespräche über Ethik und Mitverantwortung im dritten Jahrtausend, hg. v. Dietrich Böhler, Münster 2005, S. 103

24 picture-alliance/dpa

24ff. Nach: Claudia Leuser, Christliche Ethik, Stark Verlag, Freising 2002, S. 64ff., 70ff.

29 Marc Chagall (1887-1985), Moses erhält die Gesetzestafeln, 1960-66 Verve-Bibel, Nizza © VG Bild-Kunst, Bonn 2010

31 Pastorale Konstitution Gaudium et spes (GS). Über die Kirche in der Welt von heute, II. Vatikanisches Konzil, 7. Dezember 1965, Art. 16 – Ecclesia Catholica, Katechismus der Katholischen Kirche, München/Wien/Leipzig/Freiburg/Linz 1993, S. 472f. (Auszug)

32 © Noah Addis/Corbis

33 Spiegel online, 5. März 2007 – Elisabeth von Thadden, in: DIE ZEIT Nr. 12, 15. März 2007

34 ddp images

35 MISEREOR-Hungertuch »Gottes Schöpfung bewahren – damit alle leben können« von Tony Nwachukwu © MVG Medienproduktion, 2009

36 Text: ILO Arbeitsmarktstatistik des Statistischen Bundesamtes, Pressemitteilung 364 v. 15.09.2006, bearbeitet – Cartoon: © 2007 Michael Augsten, www.augsten.at

37 Friedhelm Hengsbach, in: Initiative Mindestlohn, Interview: Auf der Suche nach dem Ausgleich, www.mindestlohn.de; das Interview führte Günter Rohleder

38 Keith Haring (1958-1990), aus der Serie »The 10 commandments«, Bordeaux, 1985, 770 x 500 cm, Acryl, Öl auf Leinwand, Sammlung Estate of Keith Haring, New York – Philipp Coenen, in: Passauer Neue Presse v. 5.7.2006, S. 31 (gekürzt) – Foto: picture-alliance/dpa – Marc Chagall (1887-1985), Adam und Eva, 1911/12, 27,5 x 24 cm © VG Bild-Kunst, Bonn 2010 – MISEREOR-Hungertuch »Gottes Schöpfung bewahren – damit alle leben können« von Tony Nwachukwu, s. zu S. 35

40 Tabelle nach: Hille Haker, www.ethik.uni-frankfurt.de – Andreas Lienkamp, in: F. Furger/A. Lienkamp/K.-W. Dahm (Hg.), Einführung in die Sozialethik, Münster 1996, S. 51f.

41 Kanadische Bischofskonferenz, Ethical Choices and Political Challenges, Ottawa 1983, zit. in: Peter Eicher/Norbert Mette (Hg.), Auf der Seite der Unterdrückten? Theologie der Befreiung im Kontext Europas, Düsseldorf 1989, S. 299f.

42/43 Nach: Ursula Nothelle-Wildfeuer, in: Das Menschenbild in der christlichen Soziallehre, S. 5-10, und dies., Religion im Spiegelbild der Gegenwart. Das christliche Menschenbild im interkulturellen Zusammenleben, in: Politische Meinung Nr. 402, S. 31ff. (bearbeitet)

42 Foto: Hans-Werner Kulinna, Paderborn – © epd-bild / Werner Krüper – Kunstzirkus/pixelio.de – iStockphoto/oneclearvision – Michael Hagner/pixelio.de – © IMK Medien und Kommunikation

43 ccvision/creativ collection – Foto: Rainer O. Molitor, München – © Walter M. Huber, photographic art Niederhasli – ccvision/creativ collection – Photodisc – Foto: © picture alliance/dpa – Jerzy/pixelio.de

44 Grafik nach: Helge Wulsdorf, Nachhaltigkeit. Ein christlicher Grundauftrag in einer globalisierten Welt, Regensburg 2005, S. 37

44/45 Nach: Lothar Ohlendorf/Karin Ohlendorf, Christen und gesellschaftliche Verantwortung. Eine Unterrichtsreihe für die 10. Klasse des Gymnasiums, in: RU-Notizen 2/2005, S. 60

46 © Deutsches Historisches Museum Berlin – INTERFOTO / Sammlung Rauch – Bildarchiv Preußischer Kulturbesitz

47 Papst Leo XII., Enzyklika Rerum novarum, 15.05.1891 © Libreria Editrice Vaticana – Papst Benedikt XVI., Enzyklika Caritas in Veritate 29.06.2009 © Libreria Editrice Vaticana – Ärzte für die Dritte Welt – ddp images

48 Generalversammlung der Vereinten Nationen, 1948

49 Nach: Andreas Gerster/Hartwig Riedel, in: Globaliserung, Internationale Politik und Konfliktbewältigung, Bamberg 2004, S. 10 – Cartoon: Plaßmann – Vgl. www.weltethos.org

50 Aus: The Atlas of the Real World: Mapping the Way We Live, © 2008 Daniel Dorling, Mark Newman and Anna Barford, Thames & Hudson Ltd, London, and Süddeutsche Zeitung, München

51 Katharina Koufen, in: taz, 27. Dezember 2009 (bearbeitet) – ZSK, Skatepunk-Band (1997-2007)

52/53 Nach: Konferenz für kirchliche Bahnhofsmission in Deutschland (Hg.), 100 Jahre Bahnhofsmission, 1994, S. 68f. (bearbeitet)

53 Text nach: www.bahnhofsmission-muenchen.de

54 Patchwork-, internat., trad. Familie, nach: Wolf Südbeck-Baur/Anja Buckenberger/Eva Baumann-Lerch, Publik-Forum 24/2008, 19.12.2008, S. 27ff. (bearbeitet); achtköpfige, Mutter-Kind-, Mittelschicht-Familie, nach: Süddeutsche Zeitung, Nr. 233, 10.10.2009, S. 11 (bearbeitet) – Fotos v.l.n.r.: Wolf Südbeck-Baur – Quelle unbekannt – Kösel-Archiv – privat – Bildagentur Waldhäusl/Robert Kneschke – picture-alliance/Süddeutsche Zeitung Photo

55 Jugend und Familie in Europa, hg. v. Statistischen Bundesamt, Wiesbaden 2009 – Deutsche Shell-Jugendstudie 2002 – Statistisches Bundesamt

56 Deutsche Bischofkonferenz (Hg.), Katholischer Erwachsenen-Katechismus, Bd. I, Bonn 1985, S. 392ff. (in Auszügen)

57 Deutsche Bischofskonferenz (Hg.), Katholischer Erwachsenen-Katechismus, Bd. II, Bonn 1985, S. 364f. (in Auszügen) – Gesine Hirtler-Rieger, in: Passauer Neue Presse, 7. Oktober 2009, S. 31 – Foto: Gesine Hirtler-Rieger

58 Bild: Konrad Zuse (1910-1995), Wachstum, 1984, Abbildung mit freundlicher Genehmigung von RT-Distribution.com, 58265 Gevelsberg, Germany. www.Konrad-Zuse.de – Alles über Konrad Zuse; www.Galeria-NonplusUltra.com – Kunst von Konrad Zuse – Texte nach: Wolfgang Kessler, Wohlstand ohne Wachstum, in: Publik-Forum Nr. 24/2009, 18.12.2009, S. 12

59 Dieter Hacker (geb. 1942), Der achte Tag, 2001 © Kunstreferat der Diözese Würzburg, Foto: Ulrich Kneise

60 »Für eine Zukunft in Solidarität und Gerechtigkeit« – Wort des Rates der EKD und der DBK zur wirtschaftlichen und sozialen Lage in Deutschland. Hg. vom Kirchenamt der EKD und vom Sekretariat der DBK (= Gemeinsame Texte 9), Nr. 122

61 In: Erich Fried, Das Nahe suchen, Berlin 1982 – © Sabrina Setlur, Das will ich sehen – 20th Century Fox/Cinetext

62/63 Julie Zeh, Seid keine Netz-Neandertaler. E-Mail aus einer Zukunft, in der das Internet auch Auto ist, Raumschiff und Zeitmaschine. Und in der der ganze Kram, den wir heute online stellen, leider immer noch existiert, in: DIE ZEIT. Internet Spezial vom Mai 2008, S. 30 (leicht bearbeitet)

64 Salvador Dalí (1904-1989), Liturgia poenitentiae liber Judith © Salvador Dalí, Fundació Gala-Salvador Dalí/VG Bild-Kunst, Bonn 2010 – Christoph Steinmeyer (geb. 1967), Disco Inferno, 2003, Spiegelplexi auf Polyestergemisch, 18,5 x 20 x 21 cm © VG Bild-Kunst, Bonn 2010, Foto: Achim Kukulies, Düsseldorf – Gerhard Mevissen, Fährte Mensch II.12.7 (Emmausweg), 2003, 74 x 52 cm © Gerhard Mevissen, Monschau, Foto: Heiko Barg – in: Johannes Scultetus (1595-1645), Armamentarium Chirurgicum, Trepanation (Schädelbohrung), Stich aus der Barockzeit, Abb.: Bettmann/Corbis – Dieter Hacker (geb. 1942), Der achte Tag, 2001, © Kunstreferat der Diözese Würzburg, Foto: Thomas Obermeier

65 Das jüngste Gericht, 1587, Wandgemälde in der Holzkapelle von Rohrmoos, Oberallgäu, Foto: Nadine Bauer, Würzburg

66 Matthias Horx, in: www.horx.com, Zukunftsinstitut Horx, Wien

67 Grafik: Christa Pfletschinger, München

68 Aus: Bert Brecht, Es wechseln die Zeiten (Das Lied von der Moldau), in: ders., Werke. Große kommentierte Berliner und Frankfurter Ausgabe, Bd. 15: Gedichte 5, Frankfurt 1993, S. 92 – Karl Popper, in: ders., Utopie und Gewalt. (1947 gehaltener Vortrag, in englischer Sprache). © 1975 by Sir Karl Popper – Jürgen Moltman, in: Orientierung 58 (1994), S. 98 – Ach was, ich habe ein dickes Fell. Portugals Nobelpreisträger José Saramago spricht über die Verfilmung seines Romans »Die Stadt der Blinden« und erklärt, warum er immer noch Kommunist ist. In: Die Zeit Nr. 44 vom 23.10.2008, S. 61

69 Margaret Atwood, Oryx und Crake, Berliner Taschenbuch-Verlag, Berlin 2005, S. 58f., 173f. (Auszüge)

71 Evangelischer Kirchentag, Wittenberg 1983, Foto: Deutsches Historisches Museum, Berlin

73 Francesco Clemente (geb. 1952), Hoffnung, 2008, 61 x 46 cm, Copyright © Francesco Clemente, aus: Lettre International Nr. 81/2008

75 In: Marie Luise Kaschnitz, Gesammelte Werke in sieben Bänden. Fünfter Band: Die Gedichte © Insel Verlag Frankfurt am Main 1985

76 Wolfgang Beinert, Tod und jenseits des Todes, Regensburg 2000, S. 105-107

77 Stefan Lochner (1400/1410-1451), Weltgericht, um 1435, Holz, 122 x 176 cm, Wallraf-Richartz-Museum, Köln; Rheinisches Bildarchiv, Köln

78 Offenbarung, Miniatur aus der Bamberger Apokalypse, um 1000, Staatsbibliothek Bamberg, Msc. Bibl. 140, fol. 57r, Foto: Gerald Raab

79 Max Beckmann (1884-1950), Apokalypse nach der Offenbarung des Johannes, 1941/1942, Das Holz des Lebens (Offenbarung XXII,2) © VG Bild-Kunst, Bonn 2010

80 Daniel Richter (geb. 1962), Trevelfast, 2004, Öl auf Leinwand, 383 x 232 cm © VG Bild-Kunst, Bonn 2010 – Söhne Mannheims

81 Marion Zuber (geb. 1973), Offenbar, 2008,Tusche und Aquarellfarben auf Papier, 30 x 30 cm – Sabrina Setlur

82 Fotos: privat

84 Aus: www.sueddeutsche.de/wissen/154/325019/text, 02.02.2007 © suedeutsche.de GmbH/Süddeutsche Zeitung GmbH – Nach: www.klima-und-gerechtigkeit.de (bearbeitet)

86 Papst Benedikt XVI., Enzyklika Spe Salvi, 30.11.2007 © Libreria Editrice Vaticana

87 Albrecht Dürer, Selbstbildnis im Pelzrock, 1500, Öl auf Holz, 67 x 49 cm

88 Thomas Plaßmann/Baaske Cartoons Müllheim

89 In: Publik-Forum, Credo-Projekt, Oberursel 1999

92 Georg Seeßlen, König der Juden oder König der Löwen. Religiöse Zitate und Muster im populären Film, Evangelische Zentralstelle

für Weltanschauungsfragen, Information Nr. 134, Berlin V/1996, S. 4 – Foto: Gisela Ott, Wittislingen – Wolfgang Huber, Vom Nutzen und Nachteil von Traditionen für das Leben. Die Kirchenväter und die Kirche von morgen, in: EvTh 63 (2003), S. 8-24, hier S. 11 – Henning Luther, Religion und Alltag. Bausteine zu einer Praktischen Theologie des Subjekts, Stuttgart 1992, S. 24f. – Cartoon: Jan Tomaschoff/Baaske Cartoons Müllheim

93 Annalies Klophaus (geb. 1940), Mensch in Blau, Exerzitie, 1986, 70x100 cm, Wort-Malerei auf Karton – Ulrich Beck, Der eigene Gott. Von der Friedensfähigkeit und dem Gewaltpotential der Religionen, Verlag der Weltreligionen, Leipzig 2008, S. 107, 109

94 Wolfram Weimer, in: Credo. Warum die Rückkehr der Religionen gut ist, Deutsche Verlagsanstalt, München 2006, S. 41f. – Hans Küng, in: Credo. Für Zeitgenossen des 21. Jahrhunderts. Zusammengefasst von Jean-Louis Gindt, in: Publik-Forum 1999 (= Publik-Forum Dossier), S. 13 – Hans Jürgen Fraas, Glaube und Identität. Grundlegung einer Didaktik religiöser Lernprozesse, Göttingen 1983, S. 9

95 Nach: Thomas Schärtl, Die Rationalität religiöser Überzeugungen, Stimmen der Zeit 134 (2009), S. 257ff. (bearbeitet)

97 Schöpfung, Miniatur aus der Kölner Bibel von 1478, koloriert und gedruckt von Anton Koberger, 1483, Württembergische Landesbibliothek, Stuttgart

98 Reinhard Körner, Credo. Mein christliches Glaubensbekenntnis, Leipzig 2007, S. 29, 31

99 In: Leonardo Boff, Das mütterliche Antlitz Gottes. Ein interdisziplinärer Versuch über das Weibliche und seine religiöse Bedeutung. Düsseldorf 1985, S. 246 – René Magritte (1898-1967), Le Rossignol, 1962, Öl/Leinwand, 116 x 89 cm, Privatsammlung / Giraudon / The Bridgeman Art Library Nationality, © VG Bild-Kunst, Bonn 2010

100 Rüdiger Kaldewey/Franz W. Niehl, Grundwissen Religion, Kösel-Verlag in der Verlagsgruppe Random House GmbH, München 2009, S. 159ff. (bearbeitet)

101 Nach: Arno Schilson, Art. Inkarnation/Menschwerdung. A. Aus der Sicht systematischer Theologie, in: Peter Eicher (Hg.), Neues Handbuch Theologischer Grundbegriffe. Bd. 2, München 2005, 197f., und Hans Kessler, Christologie, in: Theodor Schneider, Handbuch der Dogmatik. Bd. 1, Düsseldorf 1992, 436. – Mathis Gothart-Neidhard, genannt Grünewald (um 1475/1480-1528), Auferstehung Christi, Isenheimer Altar, Zweite Schauseite, linke Tafel, Detail, Unterlinden-Museum, Colmar © Colmar, musée d'Unterlinden

102 Aus: Unser Leben sei ein Fest (Elemente für ein Abendmahl), Text: Alois Albrecht, und KJG-Team; Musik: Peter Janssens © Peter Janssens Musikverlag

103 Foto: Hans-Jörg Karrenbrock, Klosterneuburg – Nach: Tobias Ziegler, Jesus als »unnahbarer Übermensch« oder »bester Freund«. Elementare Zugänge Jugendlicher zur Christologie als Herausforderung für Religionspädagogik und Theologie, Neukirchen-Vluyn 2006

104 Nach: Hans Küng, in: Credo. Für Zeitgenossen des 21. Jahrhunderts. Zusammengefasst von Jean-Louis Gindt, Oberursel 1999 (= Publik-Forum Dossier), S. 15f.

105 Arno Scherling, »ruach«, 2009

106 Papst Johannes Paul II., Enzyklika Dominum et vivificantem, 18. Mai 1985, © Libreria Editrice Vaticana – Grundriss der Wallfahrtskirche Zur Heiligen Dreifaltigkeit, 1714-1724, Stadl-Paura, Österreich

107 Nach: Eugen Biser, Die Neuentdeckung des Glaubens, Kreuz Verlag, Stuttgart 2004

109 Christus-Monogramm, Gewölbemosaik im Baptisterium von Albenga, Italien

110 Schülerzitate

111 Bild und Text: Hans-Peter Eggerl (geb. 1968), Der Liebe-Gott, 1998

113 Helga Kohler-Spiegel, Erfahrungen des Heiligen. Religion lernen und lehren, München 2008, S. 133-135 (gekürzt) – Klaus König, Eichstätt – Pierre Stutz, Alltagsrituale. Wege zur inneren Quelle, München [3]1998, S. 41 (gekürzt) – Brief der Jugendkommission der Deutschen Bischofskonferenz an die Verantwortlichen in der kirchlichen Jugendarbeit zu einigen Fragen der Sexualität und Sexualpädagogik (AH 148), Bonn 1999, S. 20 und 16

114 Jürgen Werbick, Grundfragen der Ekklesiologie, Freiburg 2009, S. 241 – Hans Küng, Die Kirche, München [2]1980, S. 151f., 156, 158

115 Michaela Karch, Altarbild »Ecce homo«, 2002, St. Laurentius, Bingen

116 Rudolf Englert, Wozu ist die Kirche gut? Ein religionspädagogischer Vorschlag zum Umgang mit einem schwierigen Thema, in: rhs 48 (2005), S. 75

118 © Fettes Brot

119 Paula Modersohn-Becker (1876-1907), Der barmherzige Samariter, 1907, Öl auf Papier auf Holz, 31,2 x 37 cm, Privatbesitz

120 Schülerzitate

121 Erklärung über das Verhältnis der Kirche zu den nichtchristlichen Religionen (»Nostra aetate«, Art. 2), in: Karl Rahner/Herbert Vorgrimler, Kleines Konzilskompendium, Freiburg i. Br. 1968, S. 356

122 Grafik: Thomas Sigl, Straßkirchen

127 Kladu/pixelio.de – Papst Benedikt XVI., Enzyklika Caritas in Veritate, 29.06.2009 © Libreria Editrice Vaticana

129 Lothar Ursinus/Baaske Cartoons Müllheim – Foto: privat – Günter Kunert, 1990 (Quelle unbekannt)

136 Dierk Schäfer, Bad Boll

138 Philipp Schönborn, Du bist mein geliebter Sohn, 1999, Neon auf Holz, 140x140x13 cm